장애인스포츠지도사, 특수체육교사를 위한
장애인스포츠론

장애인스포츠지도사, 특수체육교사를 위한
장애인스포츠론

저자 / 한민규

초판 1쇄 발행 / 2018년 8월 24일

기획 / 양원석
발행인 / 이광호
발행처 / 도서출판 대한미디어
등록번호 / 제2-4035호
전화 / (02) 2267-9731
팩스 / (02) 2271-1469
홈페이지 / www.daehanmedia.com
디자인 / 강희진

ISBN 978-89-5654-492-2 93690
정가 20,000원

※ 이 책의 저작권은 저자가 소유하며, 저작권법에 의하여 보호받는 저작물이므로 무단으로 전재하거나 복제할 수 없습니다.
※ 잘못 만들어진 책은 구입처 및 대한미디어 본사에서 교환해 드립니다.

장애인스포츠지도사, 특수체육교사를 위한
장애인스포츠론

한민규 지음

차례

장애인스포츠의 이해

01 장애인스포츠의 정의와 역사 _ 10
    1. 장애인스포츠의 정의
    2. 장애인스포츠의 역사

02 장애인스포츠 기구 _ 25
    1. 국제 장애인스포츠 기구
    2. 국내 장애인스포츠 조직

장애인스포츠 경기대회

01 국제 장애인경기대회 _ 50
    1. 패럴림픽대회
    2. 데플림픽대회
    3. 스페셜올림픽대회
    4. 장애인아시아경기대회
    5. 기타 국제경기대회

02 국내 장애인경기대회 _ 72
    1. 동·하계 전국장애인체육대회
    2. 전국장애학생체육대회
    3. 기타 국내 장애인체육대회

03 장애인스포츠 경기 종목 _ 83
    1. 장애인스포츠 경기 종목 현황
    2. 하계 경기 종목
    3. 동계 경기 종목

장애인스포츠지도사, 특수체육교사를 위한
장애인스포츠론

장애인스포츠 지도의 실제

01 장애인스포츠 코칭 _ 178
1. 장애유형별 지도법
2. 장애인선수를 위한 트레이닝 프로그램
3. 운동 상해 관리 및 예방
4. 도핑

02 스포츠 등급 분류 _ 216
1. 스포츠 등급 분류의 이해
2. 의무·기능적 분류
3. 종목별 스포츠 등급 분류
4. 이의신청제도
5. 장애인스포츠 등급 분류의 문제점

장애인스포츠 연혁

국제 장애인스포츠 연혁 _ 244
국내 장애인스포츠 연혁 _ 254

참고문헌 _ 258
저자소개 _ 264

서문

88서울패럴림픽대회조직위원회 경기부 근무를 시작으로 2002년 부산아시아태평양장애인경기대회의 경기본부장과 아시아패럴림픽위원회의 부위원장직을 저자가 수행하면서 30년이 훨씬 넘는 기간 동안 장애인스포츠 지도자들과 선수들의 피와 땀, 역사적인 감동의 현장을 직접 체험하였으며, 대학에서 특수체육교사 양성과 장애인스포츠 분야의 학문 발전을 위해 교육과 연구에 매진하였다. 이러한 과정에서 늘 고민하고 있었던 것은 장애인스포츠에 대한 이론적 지식과 현장에서의 지도 경험들을 종합하여 체계적으로 정리할 필요가 있다는 것이었다.

우리나라 장애인스포츠는 1988년 서울패럴림픽대회 개최를 통해 국민적 관심의 대상이 되었으며, 2005년 국민체육진흥법의 개정으로 장애인체육이 국민체육의 한 분야로 자리매김하게 되었고, 대한장애인체육회가 법정단체로 설립되면서 장애인스포츠는 매년 급격히 성장하고 있다. 또한 2015년 장애인스포츠지도사 검정제도가 도입·시행됨에 따라 장애인스포츠에 대한 이론적 지식과 장애인스포츠 현장에서의 지도방법 등을 정리하여 소개하고자 집필에 착수하였다.

이 책은 1급 장애인스포츠지도사 검정제도의 구성내용을 바탕으로 장애인스포츠의 이해, 장애인스포츠 경기대회, 장애인스포츠지도의 실제 등 장애인스포츠 이론과 실제에 대한 내용을 3부에 걸쳐 소개하고 있다.
제1부 장애인스포츠의 이해에서는 장애인스포츠 정의와 역사를 다루었고 국내외 장애인스포츠 기구의 종류와 역할을 설명하였다.
제2부 장애인스포츠 경기대회에서는 국제장애인경기대회인 패럴림픽대회, 데플림

장애인스포츠지도사, 특수체육교사를 위한
장애인스포츠론

픽대회, 스페셜올림픽대회, 장애인아시아경기대회, 기타 국제경기대회를 소개하였고, 국내장애인경기대회로 동·하계 전국장애인체육대회, 전국장애학생체육대회 등을 다루었다. 더불어 동·하계 장애인스포츠 경기종목의 경기방법과 규칙 등을 설명하였다.

제3부 장애인스포츠 지도의 실제에서는 장애유형별 지도법, 장애인선수를 위한 트레이닝 프로그램, 운동 상해 관리 및 예방, 도핑, 스포츠 등급 분류에 대한 내용을 다루었다.

이 책은 장애인스포츠를 전반적으로 이해할 수 있는 내용들과 장애인스포츠 지도 현장에서 효과적으로 활용 가능한 내용들로 구성하였다. 아무쪼록 이 책이 장애인스포츠지도자와 특수체육교사, 장애인스포츠의 관련 정보를 필요로 하는 모든 분들에게 유용하게 쓰일 수 있는 자료가 되기를 바란다.

2018년 8월
저자 **한 민 규**

장애인스포츠지도사, 특수체육교사를 위한 **장애인스포츠론**

장애인스포츠의 이해

01 장애인스포츠의 정의와 역사 _ 10
02 장애인스포츠 기구 _ 25

01 장애인스포츠의 정의와 역사

1. 장애인스포츠의 정의

장애인스포츠는 일반적으로 장애인들이 참여하는 경쟁적인 스포츠를 의미하며, 다양한 용어들이 사용되고 있지만 주로 'Disability sport'로 사용된다. 장애인스포츠를 이해하기 위한 장애인스포츠의 주요 개념, 장애인의 정의 및 분류, 장애인스포츠의 목적과 가치 등은 다음 내용과 같다.

1) 장애인스포츠의 주요 개념

장애인의 스포츠 참여가 활성화되면서 장애인스포츠와 관련된 새로운 용어들이 많이 생겨났다. 그 중에서 많이 쓰이는 용어는 장애인스포츠(Handicapped sports), 장애인을 위한 스포츠(Sport for the disabled), 적응스포츠(Adapted sport), 장애인스포츠(Disabled sport), 휠체어스포츠(Wheelchair sport), 농아인스포츠(Deaf sport) 등이다. 이러한 용어들은 대개 장애인들을 위해 만들어진 스포츠의 배경을 암시하거나 장애의 종류를 구체적으로 가리키고 있다. 그러나 이와 같은 용어들은 장애인선수들이 참여하는 스포츠, 즉 장애인선수들만 특별히 참가하는 스포츠와 장애인들과 비장애인들이 함께 참여하는 스포츠의 광범위한 의미를 적절히 설명하지 못하고 있다.

장애인스포츠(Disabled sport), 장애인을 위한 스포츠(Sport for the disabled)라는 용어

장애인스포츠와 관련된 다양한 용어
- 장애인을 위한 스포츠(Sport for the disabled)
- 적응스포츠(Adapted sport)
- 휠체어스포츠(Wheelchair sport)
- 농아인스포츠(Deaf sport)

는 장애인스포츠(Disability sport)와 동일한 의미를 갖는 용어로서 현재까지 사용되어 왔으며 아직도 각종 문헌에서 빈번하게 사용되고 있다. 그러나 장애인스포츠(Disability sport)라는 용어가 선호되는 이유는 장애인에게 스포츠가 장애가 될 수 없으며 "장애인을 위한(for the disabled)"이라는 용어는 사람에게 우선적인 가치를 두는 언어가 아니기 때문이다.

스포츠(Sport)라는 용어가 단독으로 사용되었을 때는 경쟁적 의미를 포함한다. 세계 각국에서 스포츠(Sport) 용어는 경쟁적 요소보다 포괄적인 의미를 포함하고 있지만, 장애인스포츠 영역에서는 제한적인 의미로만 사용되고 있다. 장애인스포츠는 주로 신체장애, 감각장애, 지적장애를 가진 장애인선수들을 위한 스포츠에 초점이 맞추어져 있다.

2) 장애인의 정의 및 분류

장애인의 정의(장애인복지법 제2조)
제2조(장애인의 정의 등)
① '장애인'이란 신체적·정신적 장애로 오랫동안 일상생활이나 사회생활에서 상당한 제약을 받는 자를 말한다.
② 장애인은 장애의 종류 및 기준에 해당하는 자를 말한다.

우리나라는 장애인에 대한 정의를 '장애인복지법 제2조'에서 다루고 있으며, 장애의 종류 및 기준은 '장애인복지법시행령'에 규정되어 있다. 장애인복지법에서의 장애인은 신체적 장애와 정신적 장애로 구분되어 있으며 15가지의 장애유형으로 분류된다. 장애인스포츠에 참여하기 위해서는 반드시 장애인스포츠 기준에 적합해야 하며 해당 종목의 스포츠 등급 분류를 받아야 한다.

표 1-1 장애의 분류

대분류	중분류	소분류	세분류
신체적 장애	외부 신체 기능의 장애	지체장애	절단장애, 관절장애, 지체기능장애, 변형 등의 장애
		뇌병변장애	뇌의 손상으로 인한 복합적인 장애
신체적 장애	외부 신체 기능의 장애	시각장애	시력장애, 시야결손장애
		청각장애	청력장애, 평형기능장애
		언어장애	언어장애, 음성장애, 구어장애
		안면장애	안면부의 추상, 함몰, 비후 등 변형으로 인한 장애
	내부기관의 장애	신장장애	투석치료중이거나 신장을 이식 받은 경우
		심장장애	일상생활이 현저히 제한되는 심장기능 이상
		간장애	일상생활이 현저히 제한되는 만성·중증의 간기능 이상
		호흡기장애	일상생활이 현저히 제한되는 만성·중증의 호흡기기능이상
		장루·요루장애	일상생활이 현저히 제한되는 장루·요루
		간질장애	일상생활이 현저히 제한되는 만성·중증의 간질
정신적 장애	발달장애	지적장애	지능지수가 70이하인 경우
		자폐성장애	소아청소년 자폐 등 자폐성 장애
	정신장애	정신장애	정신분열병, 분열형정동장애, 양극성정동장애, 반복성우울장애

※ 출처: 장애인복지법 시행규칙 별표 1

3) 장애인스포츠의 목적과 가치

장애인스포츠의 목적은 비장애인에게도 똑같이 적용되는 원칙들을 구현하고 장애인들의 육체적, 심리적, 사회적 재활에 핵심적 역할을 수행하는데 있으며 치료행위로서의 가치, 레크리에이션 및 심리학적 가치, 사회 복귀 수단으로서의 가치가 있다.

(1) 치료행위로서의 가치

장애인들에게 스포츠는 가장 자연스러운 치료 형태이며, 신체의 기능 회복을 위한 효율적 수단이다. 장애인스포츠는 근력 및 근지구력, 유연성, 심폐지구력, 신체구성, 순발력, 평형성 등 체력 회복에 있어서 매우 효과적이다. 또한 골절, 절단 및 마비 등의 장애 발생 후 회복단계의 초기 과정에서 흔히 나타나는 현상인 피로감을 극복하게 되어 신체 기능을 회복하는데 도움을 준다.

(2) 레크리에이션 및 심리학적 가치

장애인스포츠가 단순히 물리치료 수단이라기보다는 또 다른 의미로 레크리에이션으로서의 가치도 있다. 즉, 장애인스포츠에 참여함으로써 모든 인간이 기본적으로 타고난 스포츠 활동에 대한 열정과 삶의 즐거움을 추구하는 욕구를 회복시키는 동기유발이 가능하다는 데 있다. 또한 레크리에이션은 장애인으로 하여금 자신의 육체적 결함을 거부하지 않도록 하는 심리적 균형감각을 제고하는 데 매우 중요한 요소로 작용한다. 이는 장애인스포츠 참여를 통해 장애로 인한 부정적 심리상태를 극복하는데 도움이 되기 때문이다. 장애인스포츠가 지향하는 목적은 장애인들이 스포츠 참여를 통해 자신감, 자기억제 및 경쟁심과 협동심 등의 긍정적인 심리적 태도를 갖도록 하는 것이며 이러한 심리적 태도는 자기중심적인 성향을 극복하는 데 도움을 준다.

(3) 사회 복귀 수단으로서의 가치

장애인스포츠의 가장 중요한 목적인 장애인을 자신의 이웃들과 더불어 생활할 수 있도록 도와주는 것을 의미한다. 즉, 장애인스포츠는 장애인의 사회 복귀를 보다 용이하게 하며 이를 가속화시킨다. 일상생활에서 경험할 수 있는 다양한 체육 관련 활동들은 여러 가지 신체적 결함을 지닌 장애인들의 심리적 활동과 자존심을 회복시키기 위한 매우 유용한 수단으로 인식되고 있다. 이러한 스포츠는 장애인들과 비장애인 간의 상호 이해를 증진시켜 줄 뿐 아니라, 장애인의 사회 복귀에도 도움이 된다.

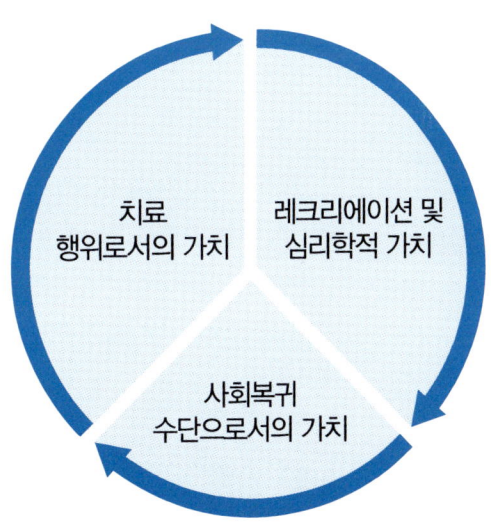

장애인스포츠의 가치(Guttmann, 1976)

2. 장애인스포츠의 역사

우리나라 장애인스포츠가 발전하기 위해서는 장애인스포츠가 국제적으로 어떻게 발전을 해왔고, 어떠한 변화를 겪으며 성장을 해왔는지에 대한 역사적 변천 과정을 이해하는 것이 무엇보다 중요하다.

1) 국제 장애인스포츠의 변천 과정

(1) 장애인스포츠의 초기 역사

장애인들의 공식적인 스포츠 참여는 청각장애인들로부터 시작되었다. 청각장애인의 스포츠 활동은 1888년 베를린에서 창립된 청각장애인 스포츠클럽으로 거슬러 올라간다. 1888년에서 1924년 사이에 청각장애인을 위한 6개의 경기단체가 벨기에, 체코슬로바키아, 프랑스, 영국, 네덜란드, 폴란드에서 발족했다. 이 6개의 경기단체가 모여서 1924년 프랑스에서 현재 데플림픽대회(Deaflympics)로 알려진 국제농아인체육대회(International Silent Games)를 처음으로 개최하였다.

이 대회를 주관한 경기단체의 모임은 국제농아인스포츠위원회(International Committee of Sports for the Deaf; ICSD)로 발전하였다. 이후 국제농아인체육대회(International Silent Games)는 세계농아인체육대회(World Games for the Deaf)로 발전하였고, 올림픽 다음해에 개최되는 데플림픽대회(Deaflympics)로 정착하였다.

※ 출처: 대한장애인체육회(2017a)

제1회 데플림픽대회 경기 모습

1932년 영국에서는 한 팔을 잃은 골프선수들의 모임인 영국 외팔골프협회가 글래스고우 법무차관이었던 폴록(A. Pollock)의 사무실에서 발족하였고, 이후 영국 전역에서 매년 골프 토너먼트가 열리고 있다. 2차 세계대전 이후 장애인에 대한 사회적 편견이 많이 바뀌면서 재활에 대해 많은 관심도 갖게 되었다. 전쟁이 일어나기 전에는 장애인들이 사회적인 부담으로 여겨졌으나 전쟁 후 참전 용사들이 장애를 갖게 되었음에도 동일한 사회 구성원으로 인정받는 사회적인 분위기로 인해 재활에 대한 필요성을 절실히 느끼게 되었다. 수많은 군인들이 상해를 입고 심리적인 도움이 필요한 상태로 귀환했기 때문에 새로운 재활 프로그램이 보완되어야 했다.

영국 정부는 이러한 필요성을 최초로 인지하여 1944년 에일즈버리에 스토크맨더빌 병원을 세우고 척수손상센터를 설립하였다. 이 센터의 원장인 구트만(Ludwig Guttmann)박사는 상이군인들의 재활을 위한 통합 활동으로 스포츠 경기를 최초로 도입하였다. 당시의 스포츠 경기로는 펀치 볼, 로프 기어오르기, 휠체어 폴로 등이 있었다.

1948년에는 구트만 박사의 후원 아래 척수장애인을 위한 최초의 스토크맨더빌경기대회(Stoke Mandeville Games)가 개최되었다. 이 대회에서는 3명의 여성을 포함한 26명의 상이군인들이 양궁 종목에 참여하였다. 1940년 후반에는 유럽 전역에 퍼진 의학적 재활로서의 스포츠가 미국에까지 상륙하였다. 이와 동시에 휠체어 선수들이 유럽대회와 각종 경기에 참여하기 시작했다.

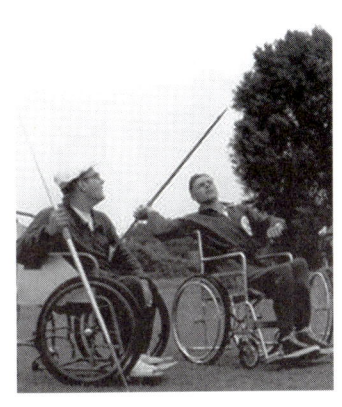

※ 출처: IPC(2017a)

스토크맨더빌경기대회 모습

1952년에는 구트만 박사가 휠체어 선수들을 위한 최초의 국제대회인 국제스토크맨더빌경기대회(International Stoke Mandeville Games)를 개최하였다. 스토크맨더빌에서 열린 이 대회에서는 영국선수와 네덜란드선수 130명이 참가하여 6개의 휠체어 경기종목에서 기량을 겨루었다. 1956년에는 국제올림픽위원회가 구트만박사의 공로를 인정하여 휠체어스포츠 운동으로부터 파생된 사회적·인간적 가치를 치하하는 피어리컵(Sir Thomas Fearnley Cup)을 그와 동료들에게 수여하였다.

스토크맨더빌대회를 기점으로 휠체어스포츠는 발전을 거듭하였고, 휠체어 양궁 외에 론볼, 탁구, 포환던지기, 창던지기, 곤봉던지기 등의 종목이 추가되었다. 1960년에 이르러서는 휠체

※ 출처: IPC(2017a)

1960년 로마패럴림픽대회 개회식

어농구, 펜싱, 수영, 당구(snooker), 역도가 새로이 도입되었으며 다른 국가들도 참여하기 시작했다. 1952년에 결성된 국제스토크맨더빌경기연맹(International Stoke Mandeville Games Federation; ISMGF)은 모든 국제척수장애인경기대회를 후원하였다. 국제스토크맨더빌경기연맹(ISMGF)은 초기 척수장애인 선수들에만 국한되었지만, 이 기구는 1989년에 척수장애 뿐만 아니라 절단장애인 등을 포함하는 국제스토크맨더빌휠체어경기연맹(ISMWSF)로 개편되었다.

1960년대에는 세계농아인체육대회나 스토크맨더빌대회에 참가하지 못하는 척수장애 이외의 장애유형 선수들을 위한 국제경기대회로 범위가 확장되었다. 이처럼 장애유형이 다른 장애인들이 참가하는 선수권대회를 주관하기 위해서 국제장애인경기연맹(International Sports Organization for the Disabled; ISOD)이 결성되었다. 국제장애인경기연맹(ISOD)은 1964년 파리에서 공식적으로 출범하였고, 시각장애, 절단장애, 기타 운동기능 장애인선수들에게 경기대회에 참여 기회를 주기 위해 활발한 활동을 벌였다. 국제장애인경기연맹의 창립자들은 그 구조와 기능이 국제올림픽위원회에 버금가는 것이 되기를 기대했다.

국제장애인경기연맹(ISOD) 설립 이전인 1960년에는 세계재향군인회(World Veterans Federation; WVF)의 후원 하에 장애인스포츠에 관한 국제실무위원회가 설립되었으나 이 위원회는 언어 문제뿐만 아니라 추구해야 할 목표에 대한 견해가 다양하게 나타나는 등 초기부터 난관에 봉착하게 되었다. 1964년 국제장애인경기연맹(ISOD)은 세계재향군인회의 영향에서 벗어나 절단장애인 및 시각장애인, 뇌성마비와 척수장애인 등을 포괄한 장애인스포츠기구로 독립하였다. 따라서 국제장애인경기연맹은 1964년에 설립되어 모든 장애유형에 관한 실질적인 스포츠 활동을 하고자 노력하였으나 국제스토크맨더빌경기연맹(ISMGF) 등 국제장애인스포츠기구와 장애유형의 중복으로 인해 1967년 이후부터는 척수장애를 제외한 절단장애, 시각장애, 그리고 뇌성마비 스포츠 분야에만 전념하였다.

국제스토크맨더빌경기연맹(ISMGF)과 국제장애인경기연맹(ISOD)의 위원장으로 있는 구트만 박사는 척수장애를 제외한 각 장애 유형은 국제장애인경기연맹 산하에 있어야 한다고 주장하였다. 그로 인해 1976년 토론토에서 개최된 패럴림픽대회에서 처음으로 절단장애인과 시각장애인이 참가하였고, 1980년 아른험패럴림픽대회에는 뇌성마비인이 추가로 참가하였다. 그러나 1980년 구트만 박사가 세상을 떠나자, 국제장애인경기연맹(ISOD)에 연합된 3개 장애 유형그룹은 통제력이 느슨해지는 것을 느꼈으며 계속해서 독립하기를 원했다.

1968년 프랑스에서는 뇌성마비인선수들의 첫 국제대회를 후원하기 위한 국제뇌성마비협회(International Cerebral Palsy Society; ICPS)가 결성되었다. 국제뇌성마비협회는 2년마다 대회를 개최하였으며, 이후 대회는 국제뇌성마비스포츠레크리에이션협회(CPISRA)가 국제장애인경기연맹(ISOD)에 의해 뇌성마비를 담당하는 스포츠기구로 공식적인 승인을 받아 1978년까지 대회를 계속 개최하였다.

국제장애인스포츠연맹 승인 기구
- **국제장애인경기연맹(ISOD):** 절단장애
- **국제뇌성마비스포츠레크리에이션협회(CPISRA):** 뇌성마비
- **국제시각장애인경기연맹(IBSA):** 시각장애

1981년에는 시각장애인의 대회 참여 확장을 위해 국제시각장애인경기연맹(IBSA)이 결성되었다. 이 두 개의 기구들(IBSA, CPISRA)이 국제장애인경기연맹(ISOD)으로부터 승인 허가를 받은 마지막 장애인스포츠기구들이다. 그러나 이러한 4개의 국제기구(ISMGF, ISOD, IBSA, CPISRA)는 재정적 빈곤으로 인하여 많은 사업을 수행할 수 없었다. 1980년 아른험패럴림픽대회는 대대적인 홍보로 많은 기금을 확보하였고, 1981년 5월에 개최된 국제장애인스포츠기구 회의에서 국제장애인스포츠기금(International Fund Sport for Disabled; IFSD)이 설립되었다.

국제장애인스포츠기금(IFSD)은 4개의 국제장애인스포츠기구에 압력을 행사하여 새로운 조직으로 통합을 시도하였으나 별 소득이 없었다. 통합조직이던 ISOD가 구트만 박사의 사망으

로 인해 결속력이 약해짐에 따라 와해되었다. 이는 1984년 패럴림픽대회 개최를 위해 각 기구의 원만만 합의를 이루지 못하였으며 결국 2개의 패럴림픽대회가 미국에서 준비되었다. 즉, 3개의 기구(ISOD, IBSA, CPISRA)는 뉴욕 낫소군에서 대회를 개최키로 하고, 국제스토크맨더빌경기연맹(ISMGF)은 미국 척수장애인경기연맹 주최로 일리노이주립대학에서 개최키로 하는 등 대회를 분리하여 추진하였다. 그러던 중 일리노이대회가 모금실패로 개최가 어렵게 되자 1983년 말에 국제스토크맨더빌경기연맹(ISMGF)은 패럴림픽대회의 척수장애 부문의 개최지를 영국 스토크맨더빌로 변경하였다. 다른 3개의 기구(ISOD, IBSA, CPISRA)는 뉴욕 낫소군에서 대회를 치렀으나 이 대회는 국제협력의 부족으로 하나의 패럴림픽이 3개 장애영역 부문으로 나누어지는 큰 불행을 초래하였다. 그리하여 국제장애인스포츠기금(IFSD)은 패럴림픽대회를 통합하고 조정시킬 목적으로 1982년 3월 설립된 세계장애인스포츠기구국제조정위원회(International Coordinating Committee of World Sports for the Disabled; ICC, 약칭 '국제조정위원회')를 후원하는데 동의하였다.

따라서 국제조정위원회(ICC)는 하위조직이 없는 단체였으나 여러 기구의 난립보다는 하나의 일관된 조직으로 대처하려는 필요에 의해 설립되었다. 각국 장애인스포츠기구는 이 과정에서 매우 혼란이 생겼으며, 4개의 장애 영역으로 나누어진 세계선수권대회는 장애인스포츠 발전을

표 1-2 장애인스포츠 조직 연표

연도	장애인스포츠 조직 연표
1888	독일 베를린에서 최초의 청각장애인스포츠클럽 결성
1924	국제농아인스포츠위원회(ICSD)
1932	영국외팔골프협회
1948	최초의 스토크맨더빌경기대회
1952	최초의 국제스토크맨더빌휠체어경기대회
1952	국제스토크맨더빌경기연맹(ISMGF)
1964	국제장애인경기연맹(ISOD)
1978	국제뇌성마비스포츠레크리에이션협회(CPISRA)
1981	국제시각장애인경기연맹(IBSA)
1982	세계장애인스포츠기구국제조정위원회(ICC)
1986	국제지적장애인경기연맹(INAS)
1989	국제패럴림픽위원회(IPC)
1992	모든 국제 장애인스포츠를 IPC가 담당

가로막는 커다란 장애물로 남았다. 1986년에는 국제농아인스포츠위원회(ICSD)와 국제지적장애인경기연맹(INAS)이 국제조정위원회(ICC)에 새롭게 참여하였다.

1982년에서 1987년에 이르기까지 국제조정위원회(ICC)가 국제스포츠기구의 힘겨운 역할을 수행하고 있을 때, 39개국의 대표와 6개의 국제단체들이 세계장애인스포츠의 미래를 논의하기 위해 한자리에 모였다. 아른험에서 열린 이 세미나에 참석한 단체들은 세계의 장애인선수들을 대표하기 위한 새로운 국제스포츠기구의 필요성을 논의하고, 새로운 단체의 헌장을 기초하기 위해 위원회를 소집하였다. 새로운 조직은 각국의 장애인스포츠 프로그램을 대표하고, 각 국의 협회를 거쳐 운영되게 하였다. 장애인선수와 장애인스포츠 기구들의 의견은 이제 국제적인

패럴림픽의 창시자, 루트비히 구트만(Ludwig Guttmann) 박사

루트비히 구트만 박사는 상이군인이 재활할 수 있는 방법을 찾기 위해 노력하였고, 그의 도움으로 많은 상이군인이 사회에 복귀하는데 성공하였다. 구트만 박사는 1944년에 건립된 스토크맨더빌 척수손상센터의 원장이 되었다. 그의 의무적인 스포츠 참가의 권장으로 인해, 스토크맨더빌에서는 스포츠가 치료 프로그램 중 중요한 부분으로 자리잡게 되었다. 이를 계기로 척수손상자를 위한 제1회 스토크맨더빌대회가 16명의 선수가 참가한 가운데 1948년 6월 28일 개최되었다. 스토크맨더빌대회는 1948년 이후에 매년 개최되었고 1952년 국제스토크맨더빌연맹(ISMGF)이 창설되며 국제대회로 범위를 확대하였다. 이후 1960년 로마에서 300명의 장애인선수가 참가한 패럴림픽대회가 개최되며 패럴림픽대회는 올림픽대회에 이은 세계에서 두 번째 큰 규모의 국제대회로 거듭나게 되었다. 구트만은 국제장애인경기연맹(ISOD)을 창설하였고 이를 계기로 국제뇌성마비스포츠레크리에이션협회(CPISRA), 국제시각장애인경기연맹(IBSA)과 같은 장애유형별 스포츠기구가 탄생하였다. 이후 장애인스포츠기구를 조정·관리하기 위한 국제조정위원회(ICC)가 조직되었고 그 이후 국제패럴림픽위원회(IPC)가 창설되었다.

구트만 박사는 장애인에게 있어서 스포츠는 치료적 가치가 매우 크며 육체적, 심리적, 사회적 재활에 핵심적 역할을 수행한다고 하였다. 이러한 점에서 장애인에게 스포츠는 삶의 질을 향상시키고 사회복귀를 위한 수단으로서 중요한 역할을 하는 데 그 의의가 있고, 일반적인 엘리트스포츠보다 가치를 갖는다는 것을 알 수 있다. 구트만 박사는 이러한 가치를 바탕으로 그는 우정(Friendship), 화합(Unity), 스포츠맨십(Sportsmanship) 등 장애인스포츠의 사상을 만들어냈다.

올림픽에 참가한 장애인선수

카롤리 타카스(Karoly Tacazs)라는 헝가리 국적의 선수는 사고로 오른손을 잃게 되자 강도 높은 훈련을 통하여 사고 이전에는 사용하지 않던 왼쪽 팔에 사격기술을 옮겼다. 그는 1948년 런던올림픽과 1952년 헬싱키올림픽 사격종목 권총부문에서 금메달을 획득하였다.

리즈 하텔(Liz Hartel)이라는 덴마크 선수는 23세가 되던 1943년 소아비비성 척수염에 걸려 휠체어를 사용해야 했지만 하텔은 처음에 딸과 함께 마루 바닥을 기는 것으로부터 출발하여 끝내는 모든 가족과 친구들의 놀라움 속에 다시 말을 탈 수 있게 되었다. 마비가 발생한 지 8년 후인 1952년 헬싱키올림픽에 출전하여 승마 마장마술 부문에서 은메달을 획득하였다.

※ 출처: IPC(2017a)

차원에서의 장애인스포츠 운영에 수렴되게 되었다. 이 새로운 기구는 국제적인 엘리트 스포츠뿐만 아니라 레크리에이션 활동과 개발 프로그램에 관한 책임도 갖게 되었다.

(2) 국제패럴림픽위원회(International Paralympic Committee; IPC) 시대

1989년 독일 뒤셀도르프에서 국제패럴림픽위원회(International Paralympic Committee; IPC)가 결성되었다. 이 위원회에서 임원들이 선출되었고 운영조직이 채택되었으며 헌장의 기초가 마련되었다. 국제패럴림픽위원회의 출범은 장애인스포츠의 역사에서 매우 커다란 의미를 갖는다. 초기의 활동은 조직을 효율적으로 운영하고 국제장애인스포츠를 조정하며, 국제패럴림픽위원회(IPC)와 국제올림픽위원회(IOC) 사이의 연계를 확립하는 데 주력하였다.

1992년 바르셀로나에서 열린 패럴림픽대회는 국제조정위원회(ICC)의 주관으로 열렸지만, 대회가 끝날 무렵에는 국제조정위원회(ICC)가 국제패럴림픽위원회(IPC)로 전환되었다. 1992

※ 출처: IPC(2017c)

국제패럴림픽위원회 본부

년을 기점으로 국제패럴림픽위원회(IPC)가 전 세계의 장애인선수를 대변하는 유일한 국제기구가 되었다. 국제패럴림픽위원회(IPC)는 효율적인 업무처리를 위하여 독일 본(Born)에 본부를 두고 있다.

독일정부와 본(Born)시에서는 국제패럴림픽위원회(IPC) 본부를 위하여 적절한 장소의 제공과 재정 지원에 도움을 주었다. 사무실 건물로 바뀐 1900년대 초반의 사유지는 새롭게 개조되어 휠체어출입이 가능한 공공 건축물로 만들었고, 본부의 사무실은 1999년 9월 3일에 개관하였다. 이 개관식의 참석자들은 세계 각지의 고위인사들, 임원들, 장애인선수, 코치 그리고 전문가들이었다. 그 당시 사마란치 IOC 위원장은 IPC 본부에 영구적으로 전시할 수 있는 휠체어 선수의 모습을 묘사한 동상을 스티드워드 국제패럴림픽위원회(IPC)위원장에게 선물하였다.

※ 출처: 국제패럴림픽위원회(2017b)

2012년 IOC과 IPC의 협약 체결

1988년부터 올림픽 개최지에서 패럴림픽대회가 개최되었다. 이어서 2000년 호주 시드니에서 사마란치 IOC위원장과 스티드워드 IPC위원장에 의해 공식적인 협약이 체결되었다. 2008년부터 개최지 선정 과정에서 올림픽 개최지는 패럴림픽을 반드시 치러야 한다는 것이 협약되면서 더욱 공고히 되어졌다. 이 협약서에서 IPC와 IOC는 "모든 인류는 육체적, 정신적 성장을 추구할 권리에 대한 공통적 신념"을 공유하고, IOC 위원회와 단체에 IPC의 참여를 공고히 하며, IPC 위원장인 스티드워드는 IPC 위원장임과 동시에 IOC 위원이 되도록 하는 것이었다 (DePauw, 2001).

2012년에는 영국 런던에서 로게 IOC 위원장과 크라븐 IPC 위원장은 2018년 평창 동계올림픽과 2020년 하계 올림픽까지 두 위원회 간의 협약을 연장하기로 하였다. 이를 통해 국제패럴림픽위원회(IPC)는 장애인스포츠의 지속적인 발전을 위한 조직 간의 긴밀한 협력 체계를 구축하였으며, 2012년에는 조직위원회를 분리하지 않고 올림픽·패럴림픽위원회도 통합 운영하는 것에 합의하였다.

2) 국내 장애인스포츠의 변천과정

우리나라의 장애인스포츠는 1960년대 중반 한국전쟁 전상자들의 재활을 위한 수단으로 시작되었다. 1961년에는 전상자들의 치료 및 재활을 위해 국립원호병원이 설립되었다. 그 후 1975년에 정립회관이 개관되면서 교육재활로서의 장애인스포츠가 정착되기 시작했다. 정립회관의 체육시설은 운동장, 실내수영장, 체육관, 사격장, 양궁장 등을 갖춘 소아마비 학생을 위한 종합체육시설로서 전국의 초·중·고·대학교와 재활시설의 지체장애청소년이 모여 종합대회, 종목별 대회를 개최하는 등 장애인스포츠를 보급하고 교육재활 의지를 고취시키는데 공헌을 하였다.

최초의 전국적인 규모의 장애인체육대회는 국토방위를 위하여 헌신하다가 상해를 입은 상이군경들의 재활을 위해 1967년 4월 25일 국립원호병원에서 개최된 제1회 전국상이군경체육대회이다. 이 대회는 우리나라의 장애인체육대회 중에서 가장 역사가 오래된 대회이며, 현재까지 지속되고 있다.

※ 출처: e영상역사관(2017a)
제30회 전국 상이군경 체육대회 개회식

1975년 10월 23일에는 전국의 지적장애 특수학교에서 500여명의 학생과 학부모 및 교사가 참석한 가운데 제1회 '단국대학교 총장기 쟁탈 전국특수학교체육대회'가 개최되었다. 이 대회는 2년간 계속 개최하였으나 다른 기관과의 대회 개최 중복을 피하기 위해 중단되었다.

정립회관은 1977년 10월에 전국의 초·중·고·대학 및 일반 지체장애 청소년을 대상으로 제1회 전국지체부자유청소년체육대회를 개최하였다. 이 대회에는 6개 시·도의 선수가 참가하여 7개(수영, 사격, 양궁, 탁구, 축구, 농구, 소프트볼) 종목의 경기를 치렀다. 매년 대회 규모가 커지면서 장애인 체육활성화에 크게 기여하였으나, 1990년대에는 대회개최를 중단하였다. 정립회관은 이밖에도 1975년 수영, 1997년 사격, 1980년부터 종목별 양궁선수권대회를 매년 개최하며 국제대회에 참가할 수 있는 우수한 선수들을 많이 양성하였으며 서울패럴림픽대회에서 우리나라가 상위 입상하는 데 기여하였다.

1981년 UN이 제정한 세계장애인의 해를 맞이하여 장애인스포츠는 발전의 전기를 맞이하게 되었다. 이를 계기로 모든 장애(척수장애, 뇌성마비, 절단 및 기타 장애, 시각장애, 청각장애, 지적장애)유형이 참가하는 제1회 전국장애인체육대회가 국내 최초로 열리게 되었다. 제1회 대회는 한국장애인재활협회 주최로 1981년 10월 2일부터 10월 4일까지 정립회관, 현대건설운동장, YMCA체육관 등에서 육상, 수영 등 5개 종목의 1,011명선수가 참가하였다. 한국장애인재활협회는 4회까지 이 대회를 여의도 체육공원 등에서 개최하였다.

한편 1982년에는 전국농아인축구대회가 서울 효창운동장에서 개최되어 청각장애인스포츠의 새로운 장을 열었다. 전국 14개 시·도 팀이 참가한 대회에는 한국농아인협회 각 시·도지부별로 1개 팀만이 참가할 수 있으며 매년 대회를 지속적으로 개최하고 있다. 이후 전국지적장애인축구대회, 전국시각장애인야구대회, 전국장애학생체육대회 등 장애인단체에서 주최하는 대회들이 잇달아 개최되었다. 1992년 바르셀로나패럴림픽대회에서 기능적 분류체계가 도입된 이후 종목별 국내 경기단체의 설립이 줄을 이었고 이들 경기단체에서 주최하는 사이클, 탁구, 역도, 유도, 사격, 휠체어테니스, 휠체어농구, 스키, 육상, 양궁, 수영, 배드민턴, 론볼, 아이스슬레지하키 등 각종 종목의 전국대회가 개최되고 있다.

※ 출처: e영상역사관(2017b)
서울패럴림픽대회조직위원회 현판식

※ 출처: e영상역사관(2017c)
1988년 서울패럴림픽대회 개막식

반면, 서울이 1988년 올림픽 개최지로 선정됨에 따라 관례에 의해 패럴림픽의 서울 개최를 국제스토크맨더빌경기연맹(ISMGF)으로부터 요청받았으며, 우리나라는 관계부처와의 협의를 거쳐 국제조정위원회(ICC)로부터 서울패럴림픽대회 개최를 승인 받았다. 이에 따라 발족된 서울패럴림픽조직위원회는 대회 준비의 일환으로 전국장애인체육대회 개최를 주관하게 되었으며 서울패럴림픽조직위원회 주최로 제5회 대회가 1985년 10월 19~20일 양일간 성남공설운동장에서 개최되었다. 대회 규모도 매년 신장되어 7회 대회에서부터는 16개 전 종목이 모두 치러졌다.

1988년 서울패럴림픽대회가 성공적으로 개최된 후 장애인 체육을 관장할 전문적인 기구의 필요성이 대두되면서, 한시 기구인 서울패럴림픽조직위원회를 승계한 한국장애인복지체육회(한국장애인복지진흥회로 2001년 3월 개편)가 1989년 4월 28일 설립되었다. 한국장애인복지체육회는 제9회 대회를 1989년 10월 15일부터 10월 19일까지 상무종합운동장(국군체육부대), 태릉국제사격장, 성남공설운동장 등에서 개최하였으며, 그 후 전국장애인체육대회는 매년 한국장애인복지체육회가 주최, 주관으로 개최해 왔다. 그러나 제10회 대회 이후 서울과 경기도 일원에서만 지속적으로 개최되는 문제가 지적되어 대회의 질적 수준 향상의 계기 마련과 장애인복지의 시·도간 균형발전을 도모하고 장애인체육의 저변을 확대 및 지역주민의 장애인복지에 대한 관심을 제고하기 위한 전국장애인체육대회의 순회개최가 이루어지게 되었다.

2000년에는 인천광역시에서 제19회 대회를 개최하였으며, 이후 장애인체육대회는 전년도 전국체육대회 개최지에서 개최하였다. 최초로 시도된 제 19회 인천전국장애인체육대회는 장애인에 대한 인식개선, 편의시설의 확충, 그리고 장애인체육의 시·도간 균형적인 발전의 모델을 제시하며 성공적으로 개최되었다. 이러한 순회개최의 밑바탕 속에 2001년 제21회 전국장애인체육대회는 부산광역시와 한국장애인복지진흥회(장애인복지법 개정에 따라 한국장애인복지체육회 명칭 및 기능 전환)의 긴밀한 협조 속에 사회 인식 개선과 제8회 부산 아·태장애인경기대회(현 장애인아시아경기대회) 성공결의대회로 겸하면서 개최하게 되었고 제23회 전국장애인체육대회는 충청남도, 제24회 전국장애인체육대회는 전라북도에서 개최하였다.

그러나 장애인체육이 국민체육으로 인정받기 바라는 많은 장애인체육 관계자들의 여망에 따라 장애인체육은 보건복지부에서 문화체육관광부로 2005년 그 업무가 이관되었고, 개정된 국민체육진흥법에 따라 신설된 대한장애인체육회가 2006년부터의 장애인체육대회를 주최하고 있다. 또한 전년도 전국체육대회 개최지에서 열리던 전국장애인체육대회는 2015년부터 전국체육대회 개최지와 전국장애인체육대회 개최지가 동일 연도에 연계 개최되고 있다.

 장애인스포츠 기구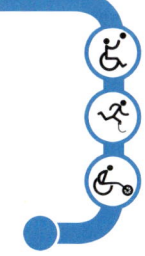

1. 국제 장애인스포츠 기구

장애인스포츠의 대표적인 국제기구는 국제패럴림픽위원회(IPC)와 국제스페셜올림픽위원회(SOI) 그리고 국제농아인스포츠위원회(ICSD) 등이 있으며, 국제기구별 주요기능과 역할은 다음 내용과 같다.

1) 국제패럴림픽위원회(IPC)

국제패럴림픽위원회(International Paralympic Committee; IPC)는 1989년 9월 22일

 국제패럴림픽위원회의 주요 기능
- 장애인 스포츠 활동을 통한 세계 평화 기여
- 주요 대회 개최 및 승인
  (패럴림픽대회, 종목별 세계선수권대회, 지역선수권대회 등)
- 장애인의 스포츠 참여와 운동능력 향상을 위한 기회 확대
- 국제올림픽위원회(IOC) 등 국제스포츠 기구와의 협력
- 장애유소년 체육발전 및 각종 위원회 운영 등

독일의 뒤셀도르프에서 창립되어 독일 본에 본부를 두고 있다. Paralympics이라는 용어는 '하지마비'를 뜻하는 Paraplegia의 접두어 Para와 Olympics의 어미 lympics를 조합한 합성어로, 이는 지난 1964년 도쿄패럴림픽대회 당시 주최 측의 해석으로 쓰이기 시작했다. 그 후 패럴림픽대회에 척수장애 이외에 시각장애, 뇌성마비, 절단 및 기타장애인이 참여하게 되자 국제조정위원회(ICC)에서는 Para를 '부수적인(attached to)'의 뜻으로 재정의하였고, 1989년 국제패럴림픽위원회(IPC) 창립 이후에는 '동등한(Parallel)'의 의미로 사용되고 있다.

국제 비영리조직인 IPC는 현재 179개국의 국가패럴림픽위원회(NPC) 조직이 운영되고 있다. IPC의 주요 기능과 조직구조는 다음과 같다.

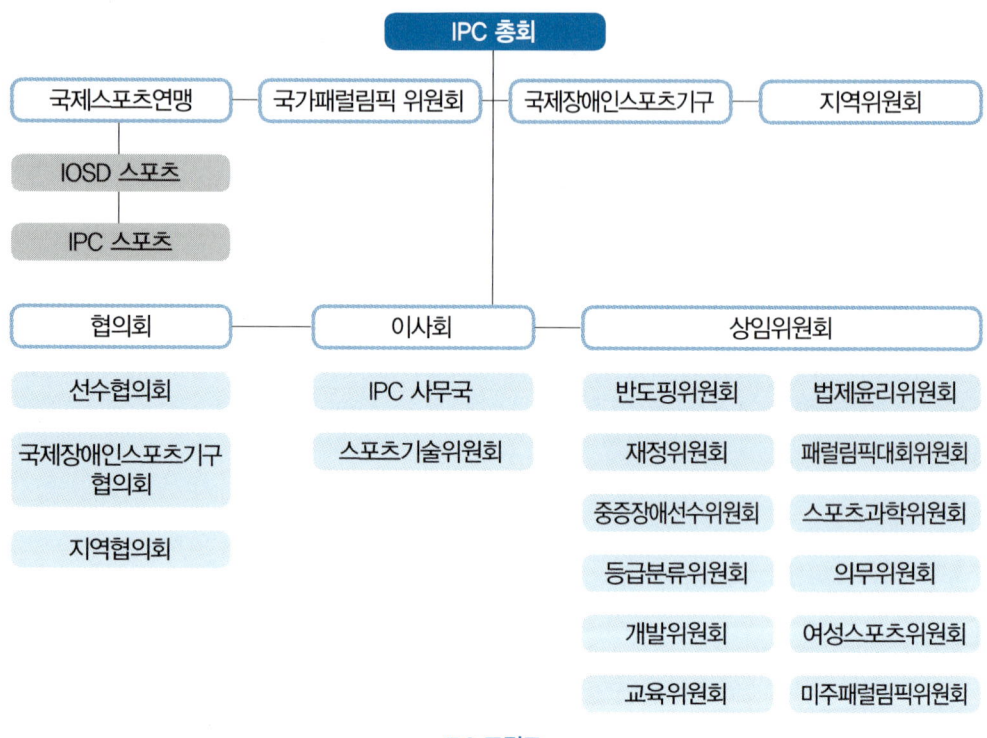

IPC 조직도

(1) 국제경기연맹(IFs)

국제경기연맹(International Sports Federations; IFs)은 IPC에 의해 각 장애인스포츠 종목의 대표로 인정받는 독립적인 경기연맹이다. 현재 IPC는 15개의 국제경기연맹을 인정하고 있으며 패럴림픽대회의 개최기간 동안 경기와 종목별 훈련 장소에 대한 전문적인 관할과 지도의 역할을 수행한다.

국제경기연맹 연맹	
국제보치아연맹(BISFed)	국제휠체어농구연맹(IWBF)
세계배드민턴연맹(BWF)	국제휠체어럭비연맹(IWRF)
국제승마협회(FEI)	국제사이클연맹(UCI)
국제조정연맹(FISA)	세계양궁협회(WA)
국제카누연맹(ICF)	세계컬링연맹(WCF)
국제테니스연맹(ITF)	세계장애인배구연맹(WPV)
국제탁구협회(ITTF)	세계태권도연맹(WTF)
국제트라이애슬론연맹(ITU)	

국제장애인스포츠기구 스포츠(IOSD Sports)

국제장애인스포츠기구 스포츠(IOSD Sports)란 국제장애인스포츠기구(IOSDs)에 의해 승인을 받은 패럴림픽대회 경기종목(IOSD Sports)을 말한다. 현재 IPC는 패럴림픽대회와 관련한 5개의 IOSD 스포츠를 승인하였다.

- 뇌성마비스포츠: 보치아
- 시각스포츠: 시각축구(5인제), 골볼, 유도
- 휠체어 및 절단장애 스포츠: 휠체어펜싱

IPC스포츠(IPC Sports)

과거, IPC스포츠(IPC Sports)는 IPC스포츠협의회(IPC Sports Council)의 관리 하에 IPC의 승인을 받은 경기종목을 지칭하였다. 현재 IPC스포츠협의회는 2015년 집행위원 회의를 통해 해산되었고, 10개의 IPC스포츠 종목은 IPC 산하의 국제연맹으로 운영되고 있다.

(2) 국가패럴림픽위원회(National Paralympic Committees)

국가패럴림픽위원회(National Paralympic Committees; NPC)는 IPC에 의해 각국의 장애인선수를 대표하는 조직으로 인정받는 국가 조직으로 현재 전 세계 179개국에 국가패럴림픽위원회(NPC) 조직이 운영되고 있다. 국가패럴림픽위원회(NPC)는 각각의 나라에서 패럴림픽 스포츠와 IPC 활동을 지원하고 공조하는 역할을 맡고 있으며, 또한 패럴림픽대회와 기타 IPC 주관의 각종 대회들을 위한 준비, 관리와 개최의 업무도 담당하고 있다.

(3) 국제장애인스포츠기구(International Organization of Sports for the Disabled)

국제장애인스포츠기구(International Organization of Sports for the Disabled; IOSD)는 IPC에 의해 장애유형별 대표로 인정받는 독립적인 스포츠기구이다. 국제장애인스포츠기구(IOSD)는 기본적인 수준에서 엘리트 수준까지의 장애인스포츠를 발전시키기 위하여 IPC와 공조하고 있으며, 유형별 장애인스포츠의 관리 기관으로서의 역할을 수행하고 있다. 현재 IPC는 다음 4개의 IOSD를 회원으로 인정하고 있다.

- 국제뇌성마비스포츠레크리에이션협회(CPISRA)
- 국제시각장애인경기연맹(IBSA)
- 국제지적장애인경기연맹(INAS)
- 국제휠체어·절단장애인경기연맹(IWAS)

국제시각장애인경기연맹(IBSA)

국제시각장애인경기연맹(International Blind Sports Association: IBSA)은 1981년 파리에서 설립되었으며 현재 시각장애인 스포츠를 위한 국제적인 경기단체로서 권위를 가지고 있다. 전 세계 100개 이상의 회원국으로 구성되어 있으며 국제장애인스포츠기구(ISOD)에 의해 인정되어진 마지막 장애인스포츠 조직이다.

국제시각장애인경기연맹의 주요 기능
- 시각장애인 선수들 간의 친목 도모
- 일반 스포츠 활동에 참여하고자 하는 시각장애인에게 동기 부여
- 시각장애인을 위한 경기와 레크리에이션에 대한 인식의 증진 및 홍보
- 원칙에 입각한 올림픽 이념과 법 준수
- 시각장애 청소년과 시각장애 학교에 대한 국제시각장애인경기연맹(IBSA)의 목적과 이념 증진
- 시각장애인스포츠와 관련된 국제 스포츠회의, 세미나, 학술대회를 포함한 모든 국가에 시각장애인스포츠 프로그램의 개발을 촉진하기 위한 기획, 홍보 및 주관
- 시각장애 스포츠계 인사와 이러한 조직의 스포츠 자문위원과 임직원들을 위한 관련 정보의 제공과 국제적인 상호교환 프로그램의 보급
- 기록 보존
- 시각장애인스포츠 현장에서 종사하는 직원과 기관에 대한 지원 제공

국제시각장애인경기연맹(IBSA)의 주요 기능은 다음과 같다.

국제시각장애인경기연맹(IBSA)은 전 세계 회원국을 지원하고 있으며, 특히 시각장애인을 위한 학교 체육프로그램이나 지역 경기프로그램 등이 지원되지 않은 개발도상국을 대상으로 저변확대를 위한 활동을 전개하고 있다. 국제시각장애인경기연맹(IBSA)은 모든 시각장애인들이 다양한 스포츠 및 체육 활동에 참여할 것을 장려하고 있다.

2015 서울세계시각장애인경기대회 개막식

우리나라는 2015년 서울세계시각장애인대회를 개최하였다. 5회째를 맞이한 2015년 서울세계시각장애인경기대회는 최초로 아시아에서 열린 대회로 80개국 6,000여명의 선수단이 참여하여 역도, 축구, 체스, 텐핀볼링, 쇼다운, 육상, 골볼, 수영, 유도 종목에서 기량을 겨뤘다. 이 대회에서는 러시아가 메달 114개(금48, 은35, 동메달31)를 획득하여 1위를 차지했으며, 우리나라는 메달 29개(금9, 은11, 동9)로 우크라이나(2위), 이란(3위), 중국(4위)에 이어 종합순위 5위를 기록했다.

국제뇌성마비스포츠레크리에이션협회(CPISRA)

국제뇌성마비협회(International Cerebral Palsy Society; ICPS) 산하의 스포츠레저분과위원회는 1968년 프랑스에서 뇌성마비인 선수들을 위한 최초의 국제선수권대회를 개최하였다. 이 분과위원회는 그 후에도 계속적인 활동을 해왔고, 1978년에 스코틀랜드 에딘버러 국제대회에서 정관이 승인됨에 따라 독립된 협회인 국제뇌성마비스포츠레크리에이션협회(Cerebral Palsy-International Sports and Recreation Association; CPISRA)가 창립되었다.

1978년, 국제장애인경기연맹(ISOD)은 CPISRA를 국제 뇌성마비 스포츠기구로 공식 인정하였고, 이러한 자격으로 1988년 서울패럴림픽대회에서 국제조정위원회(ICC)의 회원이 되었다. 현재는 IPC의 회원으로 활동하고 있다.

국제뇌성마비스포츠레크리에이션협회(CPISRA)는 뇌성마비인을 위한 스포츠와 레크리에이션을 개발하고 홍보하는 역할하고 있으며 세계경기대회(World Games) 개최, 세미나 개최, 영화 제작, 워크샵 개최, 코치연수, 레크리에이션 프로그램 개발 등의 활동을 수행하고 있다. 이러한 국제뇌성마비스포츠레크리에이션협회(CPISRA)의 주요 기능은 다음과 같다.

국제뇌성마비스포츠레크리에이션협회의 주요 기능

- 뇌성마비인을 위한 국제 수준의 스포츠를 구성하고 조정
- 뇌성마비인을 위한 지역·국제 수준의 스포츠 행사의 계획, 조정, 조직
- 뇌성마비인을 위한 국제 수준의 스포츠 행사의 참여 촉진
- 뇌성마비인스포츠와 레크리에이션 활동의 개발 증진을 위한 모든 조직들과의 밀접한 협력관계 지원 육성
- 뇌성마비인스포츠 프로젝트와 경쟁적 스포츠 활동의 개발을 위한 장려와 지원
- 연맹의 목적과 목표를 수행하는 이들에게 높은 자격 부여와 서비스를 제공할 수 있도록 교육, 훈련 프로그램의 계획, 준비, 조직
- 장애인스포츠의 개발과 증진 그리고 일반인들의 인식 개선을 위한 과학적 회의, 세미나, 학술회의와 관련된 조직의 활성화
- 연구와 성과물 보급 증진

국제지적장애인경기연맹(INAS)

국제지적장애인경기연맹(International Sports for para athletes with an intellectual disability; INAS)은 지적장애 유형을 담당하는 국제스포츠기구로 1986년 네덜란드에서 처음 결성되었다. 1994년 국제지적장애인스포츠협회의 영문 명칭  은 기존의 INAS-FMH(International Sports Federation for Persons with mental handicap)에서 INAS-FID(International Sports Federation for Persons with Intellectual Disability)로 변경되었으며, 2010년부터는 INAS(International Sports for para athletes with an intellectual disability)라는 명칭을 사용하고 있다.

패럴림픽대회에서 지적장애인을 위한 경기가 정식종목으로 포함된 것은 2000년 시드니패럴림픽대회이나, 해당 대회에서 농구 종목의 부정선수 사건이 발생함에 따라 정식종목 참여가 다시금 유보되었다. 이후 2008년 베이징패럴림픽대회에서는 시범종목에 한하여 소수의 지적장애인 선수가 참여하였고, 2012년 런던패럴림픽대회부터 육상, 수영, 탁구 종목이 정식종목으로 채택되었다.

국제지적장애인경기연맹(INAS)은 지적장애인을 대표하는 국제스포츠기구로 IPC의 회원자격을 가지고 있다. 현재 국제지적장애인경기연맹(INAS)은 국제적 자선단체의 형태로 운영되고 있으며, 전 세계적으로 15개의 지적장애인 국제경기대회를 지원하고 2,500명의 지적장애인 선

국제지적장애인경기연맹의 주요 기능
- 지적장애인의 스포츠 활동 장려
- 코치, 트레이너, 직원 등의 교육
- 기술적·의학적 연구 장려
- 지적장애인 스포츠에 관련된 정보 제공

수와 수천 명의 지적장애학생에게 스포츠 활동에 참여할 수 있는 기회를 제공하고 있다. 이러한 국제지적장애인경기연맹(INAS)의 주요 기능은 다음과 같다.

국제지적장애인경기연맹(INAS)의 이념은 지적장애인 선수가 지역별 레크리에이션 활동에서 국제적인 엘리트 경기에 이르기까지 개인의 능력에 적합하고, 개인이 참여하길 원하는 스포츠에 참여할 수 있도록 하는 것이다. 이러한 이념은 지적장애인들도 사회에서 모든 이들과 같은 권리, 기회 그리고 의무를 가진 사회의 구성원으로서 인정되어져야 한다는 일반적인 원칙에 기초하고 있다. 선수들이 소그룹(연령별, 능력별) 경기에 참여할 수 있도록 하는 것은 스페셜올림픽 뿐만 아니라 국제지적장애인경기연맹(INAS)의 오픈 경기에서도 제공된다. 이 두 조직은 국제 지적장애인 스포츠 프로그램 뿐 만 아니라 국가별 지적장애인 스포츠 프로그램의 제공에서도 중요한 역할을 한다.

국제휠체어·절단장애인경기연맹(IWAS)

국제휠체어·절단장애인경기연맹(International Wheelchair and Amputee Federation; IWAS)은 국제스토크맨더빌휠체어경기연맹(ISMWSF)과 국제장애인경기연맹(ISOD)의 통합조직으로서 2003년에 재창립되었다. 국제휠체어·절단장애인경기연맹(IWAS)은 2005년 브라질 리우데자네이루에서 첫번째 세계휠체어·절단장애인경기대회

국제스토크맨더빌휠체어경기연맹(ISMWSF)

국제스토크맨더빌휠체어경기연맹(International Stoke Mandeville Wheelchair Sports Federation; ISMWSF)의 역사는 곧 휠체어스포츠의 역사이다. 구트만 박사는 1948년 스토크맨더빌경기대회를 개최했으며, 1952년 국제스토크맨더빌휠체어경기연맹(ISMWSF)의 전신인 국제스토맨드빌경기연맹

(International Stoke Mandeville Games Federation; ISMGF)을 발족시켰다. 국제스토크맨더빌휠체어경기연맹(ISMWSF)은 초기에 척수장애인 경기를 주로 담당했지만, 휠체어를 사용하는 모든 경기로 영역을 확대하였다. 국제스토크맨더빌휠체어경기연맹(ISMWSF)은 70개국의 회원국이 있었으며, 2003년 국제장애인경기연맹(International Sports Organization for the Disabled; ISOD)과 통합하여 국제휠체어·절단장애인경기연맹(International Wheelchair and Ampu- tee Federation; IWAS)으로 재창립되었다.

국제장애인경기연맹(ISOD)

1950년대에 설립된 국제스토크맨더빌경기연맹(ISMGF)은 주로 척수장애인을 위한 스포츠 프로그램들을 담당해 옴에 따라 척수장애인 이외의 장애인들은 국제스토크맨더빌경기연맹(ISMGF)의 스포츠 프로그램에 참가하지 못했다. 이런 이유로 국제재향군인협회(The International War Veterans Association)는 척수장애 이외의 장애유형을 위한 스포츠 프로그램을 개발하고자 했고, 그 결과 1964년 파리에서 국제장애인경기연맹(International Sports Organization for the Disabled; ISOD)을 창립했다. 이러한 국제장애인경기연맹(ISOD)은 운동기능에 장애가 있거나, 상·하지의 절단 혹은 다른 신체장애가 있는 장애인들을 위한 스포츠 프로그램을 운영하는 국제기구의 역할을 해왔다.

를 개최하였으며, 휠체어 선수와 절단장애인 선수들을 후원하는 조직으로서 초보자에서부터 엘리트선수를 포함하는 국제적 운동, 발전과 참여라는 스토크맨더빌경기의 정신을 이어받아 활동을 하고 있다.

(4) 지역위원회(Regional Organizations)

지역위원회(Regional Organizations; RO)는 특정지역 내에서 IPC의 회원들을 위한 고유의 업무를 수행하는 기관으로서 IPC에 의하여 인정받는 독자적인 지역장애인스포츠기구이다. 지역위원회는 각 지역의 소속 회원(NPC)들을 대표하여 IPC와 접촉하는 역할을 수행한다. 또한 지역의 체육행사를 조직하고, 지역 스포츠 활동을 발전시키기 위해 IPC와 공조 및 IPC 회원에 대한 지원의 의무를 수행한다. IPC에 의해 인정받은 지역위원회는 아프리카패럴림픽위원회, 유럽패럴림픽위원회, 오세아니아패럴림픽위원회, 아시아패럴림픽위원회이며, 미주패럴림픽위원회의 경우에는 독립된 지역위원회를 설립할 때까지 IPC 지역위원회의 정회원자격을 가지고 IPC상임위원회로 활동한다.

- 아프리카패럴림픽위원회(Africa Sports Confederation of Disabled)
- 유럽패럴림픽위원회(European Paralympic Committee)

- 오세아니아패럴림픽위원회(Oceania Paralympic Committee)
- 아시아패럴림픽위원회(Asian Paralympic Committee)
- 미주패럴림픽위원회(Americas Paralympic Committee)*

아시아패럴림픽위원회(APC)

아시아패럴림픽위원회(Asian Paralympic Committee; APC)는 아시아지역을 대표하는 장애인스포츠기구로서, 아시아지역에서의 각종 국제대회의 승인과 패럴림픽 운동을 확산하고, 스포츠 참여기회를 확대하는 데 목적을 두고 있다.

아시아패럴림픽위원회(APC)는 지역위원회인 아시아패럴림픽위원회(Asian Paralympic Council)와 아시아·태평양장애인경기연맹(FESPIC Federation)과의 통합을 통하여 범아시아를 대표하는 패럴림픽스포츠기구로서 2005년 11월에 창립되었다. 이에 따라 아시아패럴림픽위원회(APC)는 아시아·태평양장애인경기대회의 횟수를 승계하여 장애인아시아경기대회를 개최하고 있다. 아시아패럴림픽위원회(APC)의 주요 기능은 다음과 같다.

아시아패럴림픽위원회의 주요 기능

- 장애인아시아경기대회의 발전을 위한 선도
- 아시아올림픽평의회(OCA)와의 협력
- 국제경기연맹과의 협력체계 구축 및 아시아 내 선수발굴을 위한 기반 제공
- 아시아패럴림픽위원회의 자립을 위한 전문인력 발굴·육성
- NPC에서의 패럴릴픽운동 확산을 위한 국제패럴림픽위원회(IPC)의 활동 보조
- 분쟁지역 빛 개발도상국의 장애인스포츠 활성화와 여성스포츠 활성화

아시아·태평양태장애인경기연맹(FESPIC Federation)

1970년 인도네시아 장애인체육진흥재단(Yayasan Pembina Olahraga Cacat; YPOC)은 아세안 5개국(인도네시아, 필리핀, 말레이시아, 태국, 싱가포르)을 회원으로 하여 장애인 재활사업을 목적으로 한 스포츠 전담기구 설립의 필요성을 주창하고, 가칭 아세안장애인스포츠기구(ASSOD) 설립을 관계국에 건의하여 긍정적인 반응을 얻었다. 그 무렵 일본 오이타의 나카무라(Nakamura) 박사는 장애인스포츠 기구의 회원을 아세안 5개국뿐만 아니라 극동 및 남태평양 지역으로 확대할 것을 건의하여 이에 대해 최종 합의하고 1974년 10월 8일 일본 오이타에 본부를 둔 극동 및 남태평양장애인경

기연맹(Far East and South Pacific Games Federation for the disabled)을 정식 발족하였다. 연맹 발족 후 아시아 지역 회원국이 지속적으로 늘어나면서 연맹명칭을 아시아·태평양태장애인경기연맹(FESPIC Federation)으로 하고, 대회명은 아시아·태평양장애인경기대회(FESPIC Games)로 사용하였다.

아시아·태평양태장애인경기연맹(FESPIC Federation)은 아시아·태평양장애인경기대회를 4년마다 개최하는 것을 비롯해 장애인들의 재활기능을 발전시키는 조사와 연구, 장애인의 재활을 지원하기 위한 정보 교환, IPC를 비롯한 국제장애인스포츠기구 및 기타 국제조직과의 협조를 통해 경기 프로그램과 경기규칙, 스포츠과학 등을 발전시켜 나가는데 힘을 다해 왔다. 그러나 2002년 부산아·태장애인경기대회가 종료한 후 IPC가 지역구분을 6개 지역에서 IOC와 같이 5개 대륙으로 통합함에 따라 아시아·태평양태장애인경기연맹(FESPIC Federation)은 아시아패럴림픽위원회(Asian Paralympic Council, APC)와의 협약을 통해 양 기구를 통합할 것을 결의하였고, 합병을 목적으로 한 특별대책팀을 구성하기로 동의하였다. 2005년 11월 베이징 IPC 총회 기간 중에 개최된 아시아·태평양태장애인경기연맹(FESPIC Federation)과 아시아패럴림픽위원회(Asian Paralympic Council)의 임시총회에서 각각 기구 해산을 결의하였고 새로운 기구인 아시아패럴림픽위원회(Asian Paralympic Committee, APC) 총회를 개최하여 새로운 정관을 채택하였다. 2006년 쿠알라룸푸르 아시아·태평양장애인경기대회 기간 중에 통합조직 총회를 개최하여 새로운 집행부를 선출함에 따라 아시아·태평양태장애인경기연맹(FESPIC Federation)은 그 소임을 다하게 되었다.

(5) 이사회(Governing Board)

이사회는 IPC 회원들의 대표기관으로서 임시총회에서 IPC 회원들에 의해 선정된 정식적인 선거 절차에 의해서 선출되며, 정기총회(GA)가 열리는 동안 IPC의 직무를 감시하는 역할을 가

사무국(Management Team)

사무국은 CEO의 지시 감독하에서 역할을 수행하는 전문가들로 구성되고 이사회의 권리를 대리한다. CEO는 사업 현황과 안건처리, 조직에 마찰되는 모든 사안에 대해 처리하는 역할을 수행하며 모든 안건의 집행과 직원들의 고용, 감독, 관리와 재고의 직접적인 권한 등을 포함한 조직의 관리를 담당하고 있다. IPC 사무국은 독일의 본에 있는 IPC본부에 위치하고 있으며 패럴림픽대회, 미디어·커뮤니케이션, 홍보·마케팅, 의과학, 이벤트·의전, 재정·관리, 회원관리서비스 7개의 부서로 구성되어 있다.

스포츠기술위원회(Sports Technical Committee)

스포츠기술위원회는 10개의 IPC스포츠 경기종목의 모든 기술적인 문제를 관리하는 역할을 담당한다. 또한 스포츠기술위원회는 각 IPC스포츠 종목의 전반적인 실행전략을 수립하고 계획한다.

진다. 이사회는 정기총회에서 상정된 정책과 안건의 처리에 대한 근본적인 역할을 수행하며, 회원의 조건과 경비 등 각 회원으로부터 제안된 안건들에 대해 정기총회를 보완하는 역할을 수행하기도 한다. 추가적으로 예산과 회계 감사, IPC 규정과 규칙, IPC 위원회와 패럴림픽 스포츠의 회원들에 대한 승인을 수행하고 있다.

(6) 협의회(Council)

협의회는 선수협의회, 장애유형별협의회, 지역협의회로 구성되어 있다.

표 1-3 협의회 주요 역할 및 기능

구분	주요 역할 및 기능
선수협의회 (Athletes' Council)	• 패럴림픽대회와 그에 상응하는 주요 대회에서 장애인 선수들의 권익 보호를 위해 노력하고 IPC 집행부와 선수들 간의 교류 증진을 통해 모든 부서·기관에 효과적인 방안을 제공하며 패럴림픽대회 기간 내의 선수협의회 선거 절차를 감독한다. • 선수협의회는 4년을 임기로 선출된 9명(하계종목 6명, 동계종목 3명)의 패럴림픽 선수들로 구성되어 있다. • 후보자는 2회 이상의 패럴림픽대회 참가 경력이 있어야 하며 자국 내 패럴림픽위원회(NPC)에 의해 추천되어야 한다.
장애유형별협의회 (IOSDs'Council)	• 장애유형별협의회는 IPC집행위원회에 대한 피드백, 보고와 조언을 제공하고 모든 IPC 현안들에 대해서 회원 의 의견과 관심을 대변한다. 회원자격은 IPC 회원인 4개 국제장애인스포츠기구(IOSDs)에 있다. • 장애유형별협의회는 보편적인 관심사들에 대한 정보 공유를 위한 공개토론을 실시하고 현안과제에 대해서 IPC 이사회에 대한 조언과 IPC의 규칙과 향후 전략을 위해 노력하고 있으며, IPC의 비전과 임무를 충실히 수행하며 IPC의 다양한 활동들을 보조하고 있다.
지역협의회 (Regions' Council)	• 지역협의회는 IPC 이사회에 대한 피드백, 보고와 조언을 제공하고 모든 IPC 현안들에 대해서 회원 개개의 의견과 관심을 대변한다. 지역협의회의 회원자격은 IPC의 지역 조직으로 인정받은 아프리카, 미주, 아시아, 유럽, 오세아니아 지역의 패럴림픽 조직들이다. • 지역협의회는 보편적인 관심사들에 대해 정보의 공유를 위한 공개토론을 개최 실시하고 현안과제에 대해서 이사회에 대한 조언과 IPC의 규칙과 향후 전략을 위해 노력하고 있으며 IPC의 비전과 임무를 충실히 수행하는 등 IPC의 다양한 활동들을 보조하고 있다.

(7) 상임위원회

IPC 상임위원회는 반도핑위원회, 재정위원회, 중증장애선수위원회, 등급분류위원회, 개발위원회, 교육위원회, 법제윤리위원회, 패럴림픽대회위원회, 스포츠과학위원회, 의무위원회, 여성스포츠위원회, 미주패럴림픽위원회 등 12개의 위원회로 구성되어 있으며 패럴림픽대회의 효율적인 운영을 위해 각 분야별로 역할을 담당하고 있다.

표 1-4 상임위원회 주요 역할 및 기능

구분	주요 역할 및 기능
반도핑위원회 (Anti-Doping Committee)	패럴림픽 대회 기간 동안 야기되는 각종 약물사건 등에 대한 처리를 위해 설립되었으며 국제반도핑협약 등 국제적으로 통용되는 규칙을 준수하여 약물사용에 대한 처리 지침과 규칙 확립에 대한 역할을 수행한다.
재정위원회 (Audit and Finance Committee)	IPC의 재정적인 문제들에 대한 전문적인 조언과 자문의 역할을 수행하기 위해 설립되었으며 회계적인 문제들과 예산처리의 개선방향 등을 포함한 재정적인 정책, 지침들과 재정을 보조하는 역할을 담당하고 있다. 또한 재정적인 현안들에 대해서 이사회에 조언하는 역할을 하기도 하며 IPC의 단합과 개발 프로젝트, IPC 회비 정책 등과 기타 재정적인 부분에서의 IPC 정책들에 대한 계획과 고안을 발전시키는 역할을 수행한다.
중증장애선수위원회 (Athletes with High Support Needs Committee)	모든 패럴림픽대회에 중증장애선수들의 참여기회 확대를 위한 방안과 정책 제정을 위해 설립되었으며, 패럴림픽대회에 참가한 중증장애인 선수들에 관련된 사항들에 관해 경기단체, 장애인선수, 국제장애인스포츠기구(IOSDs)와 NPC로부터 정보를 수집하고 지침들을 제작하여 더욱 발전적인 역할을 수행하고 있다.
등급분류위원회 (Classification Committee)	패럴림픽대회를 위해 장애인선수들의 등급분류에 관련된 사항들에 대해서 조언과 자문의 역할을 수행하기 위해 설립되었으며 패럴림픽대회의 모든 정식종목의 등급분류 발전방향과 측정에 관련되어 국제적으로 통용되는 전략적인 제안을 만드는 역할을 수행하고 있다.
개발위원회 (Development Committee)	IPC의 향후 발전방향에 관련된 사항들에 대하여 IPC에 자문과 조언을 제공하는 역할을 수행하기 위해서 설립되었으며 발전 전략과 규칙들을 보완, 개발하는 역할을 하고 있다. 또한 지역, 장애유형별 스포츠, 경기종목, 연구비 지원 등의 발전을 위한 IPC의 자금지원의 분배에 대해 논의하며, 각 조직들 간의 중복되는 활동들에 대한 조정 역할을 수행한다.
교육위원회 (Education Committee)	IPC의 교육에 관한 문제들에 대한 조언과 자문의 역할을 수행하기 위해 설립되었으며 IPC 교육의 지속적인 발전을 위한 조언, 국제 사회의 영속적인 교육과정의 완벽한 수행을 위해 지원하고 있다.
법제윤리위원회 (Legal and Ethics Committee)	IPC 운영위원회와 위원장에게 회원 확인, 윤리 원칙과 관련된 문제를 포함하여 법률 및 윤리문제에 대한 자문을 제공한다. 또한 요청에 따라 IPC 상임위원회 및 협의회에 법률고문을 제공하고 IPC 헌장, 정관, 규정 및 규칙에 대해 정기적으로 검토한다.
패럴림픽대회위원회 (Paralympic Games Committee)	패럴림픽 프로그램 등을 포함한 IPC의 발전 전략과 정책에 대한 조언과 측정을 위해서 설립되었으며 특별히 패럴림픽대회에 관련된 위원회 고유의 적합한 역할을 맡기 위한 정책을 상정, 확정하는 기능을 갖고 있다.

구분	주요 역할 및 기능
스포츠과학위원회 (Sports Science Committee)	스포츠과학에 관련된 사항들에 대해서 IPC에 전문적인 조언을 제공하기 위해서 구성되었으며 과학적 지식의 발달을 위한 정책과 지침을 제정하고, 패럴림픽대회에 관한 스포츠 의학발전과 스포츠과학 교육을 증진시키는 역할을 수행한다.
의무위원회 (Medical Committee)	세계반도핑기구(WADA) 및 치료목적사용면책(TUE) 국제 표준에 따라 TUE 신청서를 검토하고 이벤트 관련 의료프로그램의 실행을 모니터링한다. 또한 패럴림픽 선수의 의료 관련된 모든 정책 및 운영 문제에 대한 권장사항을 제공한다.
여성스포츠위원회 (Women in Sport Committee)	패럴림픽대회에서 양성평등에 관련된 사항들에 대해서 전문적인 조언과 자문을 하기 위하여 설립되었으며 패럴림픽과 각종 시합 등에서 여성들이 차별 없이 참여하기 위해 적절한 전략과 정책에 대한 전문적인 조언을 제공하고, 참여기회를 저해하는 요소를 제거하여 기회를 증가시키는 방법을 개발한다. 여성스포츠위원회의 임무는 현재 IPC의 발언권과 연구자료 수집, 와일드카드 시스템 타당성, 출판과 평등한 지원 분배 등의 정책 등에 대한 정밀한 조사를 담당하고 있다.
미주패럴림픽위원회 (Americas Paralympic Committee)	미주 지역의 IPC회원국 간의 활동을 조정하고 원활한 의사소통 체계를 구축한다.

2) 국제농아인스포츠위원회(ICSD)

제1회 데플림픽대회(Deaflympic)는 1924년 프랑스 농아인 E. Rubens-Alcais의 주도하에 프랑스 파리에서 개최되었다. 이 대회에는 6개국 농아인경기연맹의 후원하에 치루어졌으며, 9개국의 선수단이 참여하였다. 제1회 데플림픽대회에 참여한 9개국의 대표들은 대회가 끝난 후에 모든 농아인경기단체를 통합하기로 합의하였고, 이 당시에 결성된 단체가 국제농아인스포츠위원회(Comité International des Sports des Sourds; CISS)이다. 이후, 국제농아인스포츠위원회(CISS)의 공식 명칭은 2001년 로마 총회를 통해 ICSD(International Committee of Sports for the Deaf)로 바뀌었다. 이러한 국제농아인스포츠위원회(ICSD)의 주요 기능은 다음 내용과 같다.

국제농아인스포츠위원회의 주요 기능

- 청각장애인의 스포츠 활동과 체육의 개발 및 감독
- 청각장애인 스포츠의 국가 간 상호교류 증진과 청각장애인 스포츠 활성화 지침 제공
- 청각장애인을 위한 세계대회, 세계선수권대회, 지역선수권대회 등을 정기적으로 주최

국제농아인스포츠위원회(ICSD)는 전 세계 청각장애인 스포츠를 담당하고 있는 유일한 기구로서 동·하계 데플림픽대회와 지역선수권대회를 개최하고 있다. 데플림픽대회(Deaflympics)는 동·하계 대회를 2년마다 번갈아 가며 개최되고 있으며, 대부분 올림픽이 끝난 다음 해에 개최된다. 가장 오래된 장애인스포츠 기구인 국제농아인스포츠위원회(ICSD)는 '스포츠를 통한 평등(equal through sports)'이라는 이념 하에 1955년 6월 15일 국제올림픽위원회(IOC)로부터 공식적으로 인정받았다. 이러한 국제농아인스포츠위원회(ICSD)는 1986년 국제조정위원회(ICC)의 회원이 되었으나, 1995년 헬싱키 총회에서 IPC가 협약을 지키지 않는 것에 대해 반발하였고, 만장일치로 IPC의 탈퇴를 의결하여 독자적인 활동을 하기로 결정하였다. 국제올림픽위원회(IOC)는 이와 같은 결정을 존중하고 데플림픽대회에 대한 지속적인 지원을 약속하였으며, 이후 국제농아인스포츠위원회(ICSD)는 독자적인 활동을 하고 있다.

3) 국제스페셜올림픽위원회(SOI)

국제스페셜올림픽위원회(Special Olympics International: SOI)는 지적장애인들을 위해 지속적인 스포츠 활동 기회를 제공하고 수시로 경기 대회를 개최하여 참여시킴으로써, 지적장애인들의 신체적 적응력을 향상시키고 생산적인 사회 구성원으로서 인정받을 수 있도록 기여하는 국제적 운동임과 동시에 비영리 국제스포츠기구이다.

국제스페셜올림픽위원회(SOI)는 유네스 케네디 슈라이버(케네디 미 대통령의 누이동생) 여사가 1963년 미국 메릴랜드에서 지적장애인들을 위한 일일 캠프를 개최한 것이 계기가 되어 결성되었다. 슈라이버 여사는 전문가들이 생각하는 수준보다 지적장애인들이 스포츠와 신체활동 분야에서 뛰어난 자질을 보유하고 있음을 알게 되었고, 이를 계기로 케네디 주니어 재단의 후원을 받아 1968년 시카고에서 제1회 스페셜올림픽 세계대회를 개최하면서 스페셜올림픽대회가 정식으로 시작되었다.

스페셜올림픽대회는 지적장애인들이 개인이나 단체 스포츠에 참가하여 적절한 지도를 받고 격려를 받는다면 그들도 배울 수 있고, 즐거움을 느낄 수 있으며 혜택을 누릴 수 있다는 믿음으로 시작되었다. 스페셜올림픽대회는 수많은 장애인들과 비장애인들이 함께 스포츠에 참여함으로써 장애인에 대한 부정적인 태도를 바꿀 수 있으며, 장애인을 받아들이고 축복해 줄 수 있는 새로운 기회가 반드시 올 것이라는 확고한 신념을 갖고 있다.

스페셜올림픽 지역대회는 대부분 해당지역에서 1년마다 개최되며, 스페셜올림픽 동·하계 세계대회는 4년마다 개최된다. 특히 2013년 1월 29일부터 2월 5일 8일간 개최된 2013년 평창 스페셜올림픽 세계동계대회는 알파인 스키, 크로스컨트리, 스노보드, 피겨스케이팅, 스노슈잉, 쇼트트랙 스피드스케이팅, 플로어 하키 등 총 7개의 종목에 총 106개국의 3,014명이 참가하여 지적장애인의 동계 축제의 장으로 성황리에 개최되었다.

2. 국내 장애인스포츠 조직

국내 장애인스포츠 조직은 대한장애인체육회 및 관련 체육단체, 스페셜올림픽코리아, 대한민국상이군경체육회 등이 있으며, 조직별 주요기능과 역할은 다음 내용과 같다.

1) 대한장애인체육회(Korea Paralympic Committee; KPC)

2005년 11월 24일 대한장애인체육회는 장애인체육에 대한 국민적 관심과 지원을 바탕으로 국민체육진흥법 제23조 제2항에 의거하여 설립되었다. 이러한 대한장애인체육회는 장애인의 건강증진과 건전한 여가생활 진작을 위한 생활체육의 활성화와 가맹경기단체, 장애유형별 체육단체 및 시·도 체육단체를 지원 육성하고 우수한 선수와 지도자를 양성하여 국위선양을 도모하며, 국제 스포츠 교류 및 활동을 통한 국제 친선에 기여함을 목적으로 한다.

(1) 조직 구조

대한장애인체육회는 정관상 최고 의결기구인 대의원 총회와 최고 집행기관인 이사회 그리고 사무처리를 위한 사무처를 두고 있다. 또한 장애인국가대표 선수들의 훈련 지원을 위한 대한장애인체육회 이천훈련원을 별도로 두고 있으며 1실 1센터 8부 1팀의 직제로 운영되고 있다.

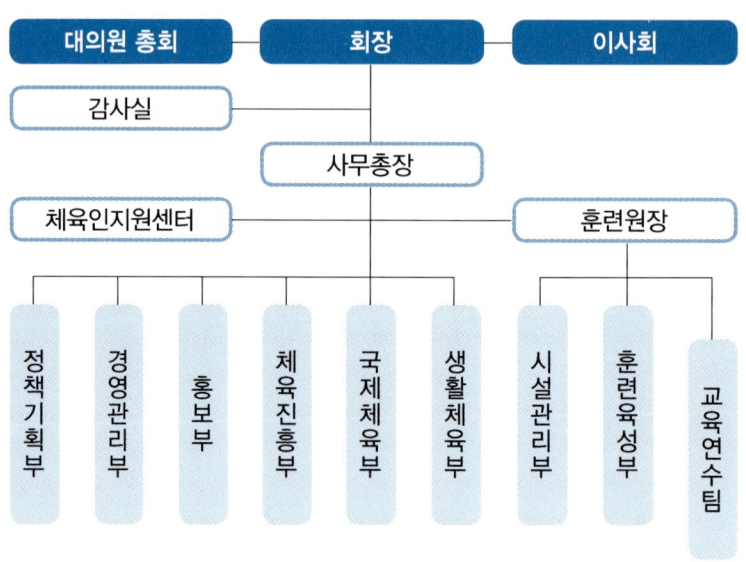

대한장애인체육회 조직도(2018)

(2) 주요 업무

대한장애인체육회는 장애인의 건강증진과 건전한 여가생활 진작을 위한 생활체육의 활성화와 종목별 경기단체, 장애유형별 체육단체 및 시·도 지부를 지원·육성하고 우수한 선수와 지도자를 양성하여 국위선양을 하는 데에 이바지하고 있다. 또한 대한장애인체육회는 국제적으로는 국제패럴림픽위원회(IPC)와 독점적 교섭권을 갖는 단체로서 패럴림픽운동의 정신과 가치를 확산하는 역할을 수행하고 있다. 이러한 대한장애인체육회의 주요 기능은 다음과 같다.

대한장애인체육회의 주요 기능
- 장애인경기단체의 사업과 활동에 대한 지도 및 지원
- 장애인체육경기대회의 개최와 국제교류
- 장애인선수 양성 및 경기력 향상 등 장애인전문체육진흥을 위한 사업 운영
- 장애인생활체육의 육성 및 보급
- 장애인선수, 장애인체육지도자 및 장애인체육계 유공자의 복지향상

생활체육 분야에서는 지역별 생활체육연합회 및 종목별 동호회 지원 확대, 생활체육 활성화를 위한 프로그램 보급 및 확대, 찾아가는 생활체육 프로그램 전개, 생활체육 홍보캠페인 등 대국민 홍보 강화 등을 주요 목표로 다양한 사업을 추진하고 있다. 전문체육 분야에서는 전국장애인체육대회의 범국민적 행사 추진 및 가맹경기단체 관리의 전문화를 목표로 하고 있으며, 국제장애인스포츠 외교 역량강화, 종합 경기대회 선수단 지원 및 파견, 국제장애인스포츠 인재양성 및 세미나 개최, 대한패럴림픽위원회 운영 등 국제 스포츠 교류 및 활동을 통한 국제 친선에 기여하고 있다.

생활체육 추진사업
- 생활체육프로그램 보급
- 생활체육 참여 실태조사
- 생활체육 및 동호회 지원
- 계절 스포츠학교 지원
- 어울림 생활체육대회 지원
- 유형별생활체육대회 지원
- 종목별 장애인체육대회 지원
- 전국생활체육대축전 참가
- 찾아가는생활체육서비스 운영
- 생활체육지도자 교육 및 배치
- 통합체육 보급
- 생활체육 용기구 지원

전문체육 추진사업

- 전국장애인체육대회 개최
- 전국장애인동계체육대회 개최
- 장애인가맹단체지원
- 시도지부 지원
- 장애인전문체육육성
- 장애인스포츠개발연구
- 장애인스포츠실업팀지원사업
- 전임지도자 관리사업
- 장애인 꿈나무·신인선수 집중육성 및 경기력 향상

※ 출처: 대한장애인체육회(2017b)

대한장애인체육회 이천훈련원

2009년 경기도 이천에 건립된 대한장애인체육회 이천훈련원은 시설면적 21,824㎡(6,602평)으로 구성되어 있으며 훈련동(농구, 배구, 배드민턴, 실내수영장, 역도, 펜싱, 탁구, 유도, 골볼, 체력단련실), 대운동장(축구, 육상장) 등의 훈련시설과 생활관, 편의시설(선수 식당, 세탁실), 여가시설을 갖추고 있다. 2015년도에는 시설면적 11,946㎡(3,614평) 규모의 교육동(대강당, 세미나실)과 양궁장 및 다기능체육관 시설을 준공하여 최첨단 훈련시설과 종목별 전문 훈련시스템 지원을 위해 운영되고 있다.

이러한 장애인종합체육시설인 이천훈련원이 건립됨으로써 선수 훈련, 생활체육, 지도자 양성 및 종사자 교육, 장애인체육 네트워크의 장으로 자리매김할 수 있게 되었다. 또한 이천훈련원은 장애인선수의 경기력 향상과 체계적인 생활체육 보급에 기여하고 있으며, 지방자치단체들이 운영하고 있는 장애인체육시설들의 모델이 됨으로서 장애인체육 발전에 동기부여가 되고 있다.

(3) 시·도장애인체육회 및 장애인 경기단체

대한장애인체육회에는 17개 시·도장애인체육회와 31개 가맹단체(29개 경기단체, 2개 유형별 단체)가 설립되어 활동하고 있으며, 특히 2005년 대한장애인체육회의 설립 이후 경기단체에 대한 지원이 확대되면서 장애인 경기단체가 지속적으로 늘어나고 있다. 시·도장애인체육회 및 경기단체에서는 신인·꿈나무 선수는 물론 종목별 선수육성과 다양한 장애인 생활체육프로그램을 보급하고 있다. 대한장애인체육회에 가맹되어 활동 중인 장애인경기단체는 다음과 같다.

가맹단체 현황(29개)

- 대한장애인골볼협회
- 대한장애인농구협회
- 대한장애인댄스스포츠연맹
- 대한장애인럭비협회
- 대한장애인론볼연맹
- 대한장애인배구협회
- 대한장애인배드민턴협회
- 대한장애인보치아연맹
- 대한장애인볼링협회
- 대한장애인사격연맹
- 대한장애인사이클연맹
- 대한장애인수영연맹
- 대한장애인스키협회
- 대한장애인아이스하키협회
- 대한장애인양궁협회
- 대한장애인역도연맹
- 대한장애인요트연맹
- 대한장애인유도협회
- 대한장애인육상연맹
- 대한장애인조정연맹
- 대한장애인축구협회
- 대한장애인컬링협회
- 대한장애인탁구협회
- 대한장애인태권도협회
- 대한장애인테니스협회
- 대한장애인펜싱협회
- 대한장애인승마협회
- 대한장애인골프협회
- 대한장애인당구협회

장애유형별 체육단체(2개)

- 대한농아인체육연맹
- 한국시각장애인스포츠연맹

인정단체(9개)

- 대한장애인검도협회
- 대한장애인다트연맹
- 대한장애인소프트볼야구협회
- 대한장애인e스포츠연맹
- 전국장애인바둑협회
- 대한장애인게이트연맹
- 대한장애인수상스키협회
- 대한장애인궁도협회
- 대한장애인노르딕스키연맹

※ 출처: 대한장애인체육회(2017c)

(4) 장애유형별 체육단체

국제패럴림픽위원회(IPC)에서 공인한 국제장애인스포츠기구(IOSD)에 가입하여 회원으로 활동하는 장애유형별 체육단체는 국제휠체어·절단장애인경기연맹(IWAS)의 회원인 대한민국상이군경체육회와 국제시각장애인경기연맹(IBSA)의 회원인 한국시각장애인스포츠연맹, 그리고 국제지적장애인경기연맹(INAS)의 회원인 스페셜올림픽코리아가 있다. 또한 국제패럴림픽위원회(IPC) 및 국제장애인스포츠기구(IOSD)와는 별개로 스페셜올림픽코리아(SOK)는 우리나라 스페셜올림픽 조직을 대표하며, 대한농아인체육연맹(KDSF)는 우리나라 농아인체육단체를 대표한다.

대한농아인체육연맹

대한농아인체육연맹은 농아인의 건강증진과 생활체육의 활성화, 우수선수 및 지도자 양성, 국제대회 참가, 국제스포츠교류 증진 등을 위해 결성된 국내 유일의 농아인체육단체로 대한장애인체육회 가맹단체 승인을 받은 비영리단체이다. 대한농아인체육연맹은 1982년 한국농아인체육회로 설립되어

 알아두기

주요 사업

- 농아인생활체육대회 개최 및 지원과 농아인생활체육 프로그램 개발·보급 등 체육 생활화운동
- 국제농아인스포츠위원회(ICSD) 및 아시아태평양농아인스포츠연맹(APDSC)이 주최하는 종합대회(데플림픽대회, 아시아태평양농아인경기대회)와 종목별선수권대회의 대한민국을 대표하는 선수단의 구성, 파견 및 관리
- 전국농아인체육대회, 전국농아인학생체육대회 등 각종 종합체육대회의 개최 및 지원
- 농아인 선수 및 지도자 등 전문인력의 양성과 연수
- 농아인 체육, 경기 시설의 설치 및 관리
- 가맹단체 및 지부의 지원·육성
- 농아인체육 육성 및 교육
- 농아인체육용기구에 관한 연구개발 및 보급사업
- 농아인체육발전에 관한 조사·연구 및 간행물 발간
- 농아학생 체육진흥을 위한 협력 및 교류
- 농아체육인의 권익증진 및 복지를 위한 사업
- 장애인체육회 및 장애인체육회 종목별경기단체와의 업무교류
- 장애인체육회 종목별경기단체의 농아인 선수등록 및 선수관리
- 스포츠전문 수화통역사 및 국제수화통역사 양성 사업
- 스포츠관련 수화 언어 연구개발

전국농아인체육대회의 개최를 통해 농아인의 사회통합을 도모하고, 아시아·태평양농아인대회와 데플림픽대회 등 국제대회 참가를 통해 스포츠강국으로 발돋움하기 위한 기틀을 다져오고 있다. 이러한 대한농아인체육연맹은 1984년 국제농아인스포츠위원회(ICSD)의 회원국으로 가입하여 독점적 교섭권을 가지고 있으며, 2006년 단체명을 한국농아인체육회에서 대한농아인체육연맹으로 변경함과 동시에 대한장애인체육회의 가맹단체 승인을 받아 17개 시·도연맹을 설립하였다.

한국시각장애인스포츠연맹

한국시각장애인스포츠연맹은 시각장애인의 건강증진과 건강한 여가 생활을 진작함과 아울러 종목별 시각장애 가맹경기단체를 지원·육성하며 우수한 선수와 지도자를 양성하고 국위선양을 도모하여 국제스포츠교류 및 활동을 통한 국제친선에 기여하기 위한 목적으로 운영되고 있다. 한국시각장애인스포츠연맹은 국제시각장애인경기연맹(IBSA)에 대하여 독점적 교섭권을 갖고 있는 체육단체이다.

주요 사업

- 시각장애인 체육의 기본방침 심의·결정
- 시각장애인 국내·외 경기대회의 개최 및 참가
- 시각장애인스포츠연맹 지부의 지원 및 육성
- 시각장애인 생활체육 프로그램 개발·보급 및 수련시설 운영
- 패럴림픽대회, 장애인아시아경기대회, IBSA 종합대회, 종목별세계선수권대회 및 이에 준하는 국제적 경기대회에 관한 개최 및 참가
- 전국장애인체육대회, 전국장애학생체육대회 등 각종 종합체육대회 참가 및 지원
- 시각장애인 체육발전 및 경기기술에 관한 조사·연구 및 시각장애인 체육의 육성·보급
- 시각장애인 스포츠의 국제교류 및 국제대회 참가
- 국제시각장애인스포츠연맹(IBSA) 및 종목별 국제연맹(IF)와의 교류
- 시각장애인스포츠연맹 및 국제시각장애인스포츠연맹(IBSA)와 관련된 경기종목에 관한 홍보
- 시각장애인 체육 및 경기에 관한 각종 자료수집·조사·분석 및 간행물 발간
- 기타 시각장애인 체육발전을 위하여 필요한 사업 및 대한장애인체육회에서 위탁하는 시각장애인 체육관련 사업

2) 스페셜올림픽코리아

스페셜올림픽코리아(SOK)는 한국스페셜올림픽위원회와 대한지적장애인스포츠협회가 통합되어 2015년에 재구성되었다. 스페셜올림픽코리아는 대외적으로 SOK(Special Olympics Korea) 혹은 KSAID(Korea Sports Association for persons with Intellectual Disability)라고 불리우며, 국제스페셜올림픽위원회(SOI)와 국제지적장애인경기연맹(INAS)의 회원자격을 동시에 가지고 있다.

스페셜올림픽코리아(SOK)는 지적장애인을 대상으로 펼쳐지고 있는 스페셜올림픽운동(Special Olympics movement)의 기본이념과 철학에 따라 한국의 지적장애인들로 하여금 스페셜올림픽과 같은 다양한 형태의 운동경기와 각종 행사에 참여토록 하여 신체적 건강을 증진시키고 용기를 북돋아 주며 즐거움을 경험하게 한다. 더불어 가족 구성원과 지역사회, 나아가 지구촌 구성원들과 우애를 나누고 재능을 평가받게 하여 사회적 편견과 불평등을 해소하여 지역사회의 구성원으로서 당당하게 참여할 수 있도록 함을 목적으로 운영되고 있다.

주요 사업

- 세계 및 지역의 동·하계 종합대회 및 종목별 국제대회의 개최
- 세계 및 지역의 동·하계 종합대회, 종목별 국제대회 및 이에 준하는 국제경기 대회의 참가
- 국내의 동·하계 종합대회 및 종목별 대회 참가 및 개최
- 발달장애인 선수건강증진프로그램의 보급
- 발달장애인의 운동능력 배양
- 발달장애인의 체육, 건강 증진을 위한 조사연구
- 발달장애인 선수 선발, 육성, 지원과 등록, 관리 및 등급분류에 관한 사항
- 평창 스페셜 뮤직·아트 페스티벌 등 2013 평창 스페셜올림픽 세계동계대회 기념사업
- 발달장애인 선수의 문화예술활동에 관한 사업
- 발달장애인 스포츠 활동 등에 대한 간행물 및 영상물 제작, 보급
- 기타 발달장애인 스포츠 발전을 위하여 필요한 사업

3) 대한민국상이군경체육회

대한민국상이군경체육회는 1965년 영국 국제척수장애체육대회(ISMG) 출전을 시작으로 척수장애인을 위한 재활 및 체육프로그램을 운영·지원하였다. 이후 2004년에는 보훈체육회를 발

즉, 2012년도에 대한민국상이군경체육회로 명칭을 변경하였다.

대한민국상이군경체육회는 재활체육 및 생활체육을 통하여 상군체육회에 등록된 선수들의 재활의욕 고취 및 가맹 경기단체를 지원함으로써 우수한 체육인을 양성하고 체육 복지 향상 및 국내 장애인스포츠 발전에 이바지하고 국제교류를 통하여 국위선양 및 국제친선과 세계평화에 기여함을 목적으로 운영되고 있다.

주요 사업

- 경기연맹 지원 육성
- 상이군경 체육관련 국내외 경기대회의 개최 및 지원
- 과학적 방법에 의한 운동선수 및 장애인체육지도자 양성
- 신규종목 및 선수 발굴·육성
- 국제장애인스포츠대회 참가 지원
- 해외 선진재활 및 재활체육시스템 참관단 파견
- 해외 장애인스포츠 국제기구 및 기관과의 교류
- 상이군경재활체육 발전을 위한 세미나 개최
- 상이군인재활체육 연감 발간
- 스포츠과학 시스템의 개발 및 적용

PART II

장애인스포츠지도사, 특수체육교사를 위한 **장애인스포츠론**

장애인스포츠 경기대회

01 국제 장애인경기대회 _ 50
02 국내 장애인경기대회 _ 72
03 장애인스포츠 경기 종목 _ 83

국제 장애인경기대회

1. 패럴림픽대회(Paralympic Games)

패럴림픽대회는 국제패럴림픽조직위원회(International Paralympic Committee; IPC)에서 주최하여 4년마다 올림픽이 개최되는 도시에서 신체적, 시각적, 인지적 장애를 지닌 엘리트선수들이 참가하는 국제경기이다. 패럴림픽대회는 장애인스포츠의 활성화를 이끌며 경기종목의 전문성과 다양성을 갖춤으로서 양적·질적 성장을 이루었다.

패럴림픽이라는 용어는 1988년 서울패럴림픽대회에서 공식적으로 처음 사용되었다. 패럴림픽대회는 해가 거듭되면서 척수장애인 선수 외에 시각장애, 절단 및 기타 장애 그리고 뇌성마비인 선수 등 다른 장애유형까지 확대되었으며, 2012년 런던패럴림픽대회부터는 지적장애인 선수의 참가가 일부 종목에 다시 허용되었다.

1) 패럴림픽대회 역사

(1) 하계패럴림픽대회

패럴림픽대회는 신체적·시각적 그리고 인지적 장애를 지닌 엘리트 선수들이 참가할 수 있는 대회로 4년마다 올림픽이 열리는 도시에서 개최된다. 장애인들만의 전유물로만 여겨졌던 패럴림픽대회는 전

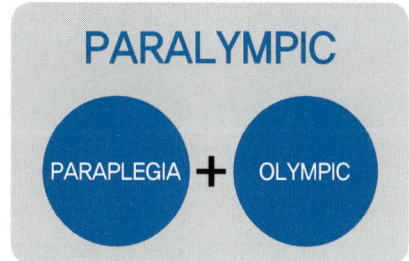

패럴림픽의 어원

세계인의 축제로서 장애·비장애인이 함께 하는 대회로 발돋움하였다. 패럴림픽대회의 비약적인 발전은 올림픽대회와 함께 개최하며 전 세계인이 함께 공유할 수 있는 장이 마련되면서 부터이다.

패럴림픽대회는 영국정부가 전쟁에서 상해를 입은 군인들에게 새로운 재활프로그램을 제공하기 위해 1944년 영국의 에일즈버리의 스토크맨더빌병원에 척수손상센터를 설립하였고, 상이군인들의 재활을 위한 스포츠 경기를 도입하면서부터 시작되었다. 이후 구트만 박사의 후원아래 척수장애인을 위한 최초의 스토크맨더빌경기대회가 개최되었고, 3명의 여성을 포함한 26명의 상이군인들이 양궁종목에 참가하였다. 그리고 1940년 후반에는 유럽 전역에 퍼진 의학적 재활로서의 스포츠가 북미지역까지 이르면서 휠체어선수들이 각종 경기대회에 참가하기 시작하였다.

1952년 구트만 박사는 휠체어선수들을 위하여 최초의 하계국제대회인 국제스토크맨더빌경기대회를 개최하였으며, 영국과 네덜란드 선수들이 6개의 휠체어경기 종목에 참가하여 기량을 겨루었다. 스토크맨더빌경기대회를 기점으로 휠체어스포츠는 발전을 거듭하였고, 양궁 외에 론볼, 탁구, 포환던지기 등의 종목이 추가되었다. 같은 해에 결성된 국제스토크맨더빌경기연맹(International Stoke Mandeville Game Federation ; ISMGF)은 모든 국제척수장애인경기대회를 후원하였다.

하계패럴림픽대회의 시작은 1960년 이탈리아 로마에서 개최한 제1회 로마패럴림픽대회로 23개국 400여명의 선수가 참가하였다. 우리나라 선수단이 처음으로 참가한 하계패럴림픽대회는 1968년 제3회 텔아비브패럴림픽대회였으며, 1972년 독일에서 개최한 제4회 하이델베르크 패럴림픽대회에서 첫 메달을 획득하였다. 당시 우리나라는 금메달 4개, 은메달 2개, 동메달 1개를 획득하며 종합순위 16위를 달성하였다.

패럴림픽대회가 4년마다 개최되면서 대회는 점차 성장하기 시작하였고, 1988년 서울패럴림픽대회는 패럴림픽대회 역사상 큰 전환점이 되었다. 1988년 서울패럴림픽대회는 올림픽대회가 끝난 직후 같은 도시에서 개최한 첫 대회이며, 올림픽 휘장인 오륜기와 같이 5개의 태극무늬를 공식 휘장으로 처음 사용하였다. 이후 이 휘장은 ICC의 공식기로 채택이 되었으나 IOC의 권고에 따라 인간의 가장 핵심 요소인 마음, 육체, 자신을 상징하는 3색의 무늬(초록, 빨강, 파랑)로 사용되다 현재 IPC공식기로 변화되어 사용되고 있다.

1992년 바르셀로나패럴림픽대회에서는 그동안 적용되어 오던 장애유형별 등급 분류 체계가 장애유형에 상관없이 신체기능에 따른 기능적 분류체계를 도입하며 큰 변화를 맞이하였다. 이러한 기능적 분류시스템은 휠체어농구 종목에서 처음으로 도입하였으며, 지금은 대부분의 종목에서 적용되고 있다. 이후, 2018년부터 새롭게 적용된 등급 분류 시스템인 과학적 데이터를 기반으로 한 등급 분류시스템(Evidence-Based Classification)을 도입하였다.

2000년 시드니패럴림픽대회에서 IOC와 IPC 양대위원장이 패럴림픽대회와 올림픽대회의 동반개최를 서명함으로써 장애인스포츠의 엘리트화, 체계화를 이끄는 계기가 되었다. 이러한 변화는 패럴림픽대회에서 그동안 다루지 못했던 종목의 편입을 도모하고, 종목 다양성을 갖추게 되어 양적·질적 성장을 꾀하게 되었다. 하지만 시드니패럴림픽대회의 지적장애 농구경기에서 부정선수 사건이 발생함으로써 지적장애인선수가 참가하는 모든 종목이 패럴림픽대회에서 퇴출당하는 사건이 발생하여 오점을 남기게 된다.

초기 패럴림픽대회는 4개의 장애유형별 단체인 국제뇌성마비스포츠레크리에이션협회(Cerebral Palsy-International Sports and Recreation Association; CPISRA), 국제시각장애인경기연맹(International Blind Sports Association; IBSA), 국제스토크맨더빌휠체어경기연맹(International Stoke Mandeville Wheelchair Sports Federation; ISMWSF)과 국제장애인경기연맹(International Sports Organization for the Disabled; ISOD)의 대표가 모여 구성한 국제조정위원회(International Co-coodinating Committee Sports for the Disabled; ICC)가 1982년에 조직되어 운영되어오다 1989년 9월 국제패럴림픽위원회가 조직되면서 패럴림픽대회를 관장하기 시작하였다.

제1회 대회에서는 8개 종목 57개의 세부 종목으로 치러지다 2016년 리우패럴림픽대회에서 22개 종목 528개의 세부 종목으로 구성되어 올림픽종목 대부분이 치러지고 있다. 그리고 2012년 런던패럴림픽대회를 기점으로 하여 IOC와 IPC는 올림픽대회와 패럴림픽대회가 함께 치러지도록 양해각서를 채결하였으며, 대회를 준비하는 준비위원회도 올림픽대회와 패럴림픽대회를 분리하지 않고 하나로 구성하도록 하였다.

2016년 리우패럴림픽대회는 남미에서 개최한 최초의 대회로 난민팀이 처음으로 출전을 하였으며, 러시아의 국가주도적 도핑이 사실로 드러나 러시아 선수단의 참가를 금지하였다.

표 2-1 하계패럴림픽대회 개최 현황

회수	연도	개최 장소	개최국	참가 장애	참가국(참가 인원)
1	1960	로마	이탈리아	척수장애	23개국(400명)
2	1964	도쿄	일본	척수장애	21개국(375명)
3	1968	텔아비브	이스라엘	척수장애	29개국(750명)

회수	연도	개최 장소	개최국	참가 장애	참가국(참가 인원)
4	1972	하이델베르크	독일	척수장애	43개국(984명)
5	1976	토론토	캐나다	척수장애	40개국(1,657명)
6	1980	아른험(Arnhem)	네덜란드	척수장애, 시각장애, 절단 및 기타 장애	43개국(1,973명)
7	1984	뉴욕	미국	시각장애, 절단 및 기타 장애, 뇌성마비	45개국(1,800명)
		에일즈버리	영국	척수장애	41개국(1,100명)
8	1988	서울	한국	척수장애, 시각장애, 절단 및 기타 장애, 뇌성마비	61개국(3,057명)
9	1992	바르셀로나	스페인	척수장애, 시각장애, 절단 및 기타 장애, 뇌성마비	83개국(3,001명)
10	1996	애틀랜타	미국	척수장애, 시각장애, 절단 및 기타 장애, 뇌성마비	104개국(3,259명)
11	2000	시드니	호주	척수장애, 시각장애, 절단 및 기타 장애, 뇌성마비	122개국(3,881명)
12	2004	아테네	그리스	척수장애, 시각장애, 절단 및 기타 장애, 뇌성마비	135개국(3,808명)
13	2008	베이징	중국	척수장애, 시각장애, 절단 및 기타 장애, 뇌성마비	146개국(3,951명)
14	2012	런던	영국	척수장애, 시각장애, 절단 및 기타 장애, 뇌성마비	164개국(4,237명)
15	2016	리우데자네이루	브라질	척수장애, 시각장애, 절단 및 기타 장애, 뇌성마비	159개국 + 난민팀 (4,316명)

※ 출처: IPC(2017b)

(2) 동계패럴림픽대회

동계패럴림픽대회는 2차 세계대전 이후 많은 수의 상이군인들이 그동안 자신들이 즐겼던 동계스포츠 활동을 다시 참여할 목적으로 시작하였다. 동계패럴림픽대회의 계기는 오스트리아의 양하지 절단장애인선수가 보철기구를 이용하여 스키를 타기 시작하면서 부터이다.

이러한 시도의 일환으로 1948년 오스트리아에서 지금의 알파인 스키와 유사한 형태인 크러치(목발)와 같은 보조기구 등을 활용하여 17명의 선수가 코스를 완주하면서 대회의 시작을 알리게 되었으며, 1974년에는 첫 세계선수권대회가 프랑스 그랜드보난드에서 개최되었다. 최초의 동계패럴림픽대회는 1976년 스웨덴의 외른셸스비크(Örnsköldsvik)에서 개최한 대회이다.

2018년 평창동계패럴림픽대회는 2016년 러시아대표팀의 도핑 스캔들로 인하여 출전정지 되었던 자격조건을 일부 완화하고, 중립국 신분의 선수자격(Neutral Para Athletes; NPA)

표 2-2 동계패럴림픽대회 개최 현황

회수	연도	개최 장소	개최국	참가 장애	참가국(참가 인원)
1	1976	외른셸스비크	스웨덴	시각, 기타 장애	16개국(53명)
2	1980	예일로(Geilo)	노르웨이	척수, 절단 및 기타 장애, 시각	18개국(229명)
3	1984	인스브루크	오스트리아	척수, 절단 및 기타 장애, 시각	22개국(419명)
4	1988	인스브루크	오스트리아	척수, 절단 및 기타 장애, 시각	22개국(377명)
5	1992	티니-알베르빌	프랑스	척수, 절단 및 기타 장애, 시각	24개국(365명)
6	1994	릴레함메르	노르웨이	척수, 절단 및 기타 장애, 시각	31개국(471명)
7	1998	나가노	일본	척수, 절단 및 기타 장애, 시각	31개국(561명)
8	2002	솔트레이크시티	미국	척수, 절단 및 기타 장애, 시각	36개국(416명)
9	2006	토리노	이탈리아	척수, 절단 및 기타 장애, 시각	38개국(474명)
10	2010	밴쿠버	캐나다	척수, 절단 및 기타 장애, 시각	44개국(502명)
11	2014	소치	러시아	척수, 절단 및 기타 장애, 시각	45개국(547명)
12	2018	평창	대한민국	척수, 절단 및 기타 장애, 시각	50개국(670명)

※ 출처: IPC(2017b)

으로 일부 종목에 한하여 출전할 수 있게 하였다. 하지만 자국의 국기와 색 등을 사용할 수 없고, IPC가 승인한 부분에 대해서만 사용할 수 있게 하였다.

2) 역대 우리나라 패럴림픽대회 경기성적

우리나라가 처음으로 참가한 하계패럴림픽대회는 1968년 텔아비브패럴림픽대회로 선수 6명, 임원 4명이 참가하였으나 입상은 하지 못하였다. 하계패럴림픽대회에서 우리나라가 처음으로 입상한 대회는 1972년 하이델베르크패럴림픽대회로 우리나라 선수단은 금 4개, 은 2개, 동 1개로 종합순위 16위를 달성하였다.

우리나라가 역대 최고의 성적을 달성한 패럴림픽대회는 1988년 서울패럴림픽대회이다. 서울패럴림픽대회에서 우리나라 선수단은 금 40개, 은 35개, 동 19개를 획득하여 종합 7위를 달성하는 쾌거를 이룩하였다. 이후 우리나라는 1992년 바르셀로나패럴림픽대회와 1996년 애틀랜타패럴림픽대회에서 종합 12위를 차지하였고, 2000년 시드니패럴림픽대회에서는 금 18개, 은 7개, 동 7개를 획득하여 국외에 개최된 패럴림픽대회 중 최고성적인 종합 9위를 달성하였다.

우리나라가 처음으로 참가한 동계패럴림픽대회는 1990년 파리에서 개최된 티니-알베르빌동

표 2-3 우리나라 역대 하계패럴림픽대회 메달 현황

년도	개최지	메달			종합순위
		금	은	동	
1968	제3회 텔아비브	–	–	–	–
1972	제4회 하이델베르그	4	2	1	16위
1976	제5회 토론토	1	2	1	27위
1980	제6회 아른헴(Arnhem)	2	2	1	26위
1984	제7회 뉴욕–에일즈버리	–	2	2	37위
1988	제8회 서울	40	35	19	7위
1992	제9회 바르셀로나	11	15	18	12위
1996	제10회 애틀랜타	13	2	15	12위
2000	제11회 시드니	10	7	7	9위
2004	제12회 아테네	11	11	6	16위
2008	제13회 베이징	10	8	13	13위
2012	제14회 런던	9	9	9	12위
2016	제16회 리우데자네이루	7	11	17	20위

※ 출처: 대한장애인체육회(2017)

계패럴림픽대회로 선수 2명과 임원 3명이 참가하였지만 메달은 획득하지 못하였다.

우리나라의 역대 동계패럴림픽대회의 성적을 살펴보면, 2002년 솔트레이크동계패럴림픽대

표 2-4 우리나라 역대 동계패럴림픽대회 메달 현황

년도	개최지	메달			종합순위
		금	은	동	
1990	제5회 티니–알베르빌	–	–	–	처음참가
1994	제6회 릴레함메르	–	–	–	
1998	제7회 나가노	–	–	–	
2002	제8회 솔트레이크시티	–	1	–	21위
2006	제9회 토리노	–	–	–	
2010	제10회 밴쿠버	–	1	–	18위
2014	제11회 소치		–		
2018	제12회 평창	1	–	2	16위

※ 출처: 대한장애인체육회(2018)

제8회 서울패럴림픽대회

서울에서 1988년에 개최한 제8회 서울패럴림픽대회(당시 명칭은 서울장애자올림픽대회)는 '도전과 극복', '평화와 우정', '참여와 평등'이라는 슬로건 아래 전 세계 61개국 4,000여명의 선수단이 참가하였으며, 서울올림픽대회와 동반 개최되었다. 서울패럴림픽대회는 당시 우리나라에서 장애인스포츠를 담당하는 주무부처에서 ICC에 대회 유치 신청을 하였고, 1985년 네덜란드 아른헴(Arnhem)에서 열린 ICC총회에서 개최지로 선정되었다.

대회 개최는 대한민국의 장애인스포츠 환경을 바꾸게 되는 계기가 되었으며, 이를 계기로 장애인스포츠 시설 확충, 선수 발굴, 장애인체육활성화 등의 발전을 도모하였다. 서울패럴림픽대회는 대한민국의 장애인복지시설의 현대화 등을 이끌어 정부의 지속적인 투자가 확대되었고, 직업재활 및 각종 관계법령 및 추가 제정 등을 촉발하는 계기가 되었다.

서울패럴림픽대회 개최로 인하여 전 세계 장애인스포츠에 있어 많은 의미를 부여하였고, 내부적으로 대한민국의 장애인스포츠 환경을 바꾸는 계기가 되었으며 장애인들에 대한 편견을 해소할 수 있는 기회가 되었다.

제12회 평창동계패럴림픽대회

2018년 평창동계패럴림픽대회는 "하나된 열정(Passion Connected)"이라는 슬로건 아래 전 세계 49개국 567명의 선수가 80개의 메달을 두고 강원도 평창과 강릉에서 10일간의 열전을 펼쳤다. 평창동계올림픽 및 패럴림픽대회는 서울올림픽대회와 패럴림픽대회가 개최된 후 30년만에 대한민국에서 치러진 대회이다. 대한민국 선수단은 크로스컨트리 종목에서는 신의현선수가 7.5km에서 대한민국 동계패럴림픽대회 사상 첫 금메달을 획득하는 등 금 1개, 동 2개를 획득하며 역대 최고의 성적을 기록함으로써 대한민국 장애인스포츠의 또 다른 전기를 마련하는 기회가 되었다. 또한 2018년 평창동계패럴림픽대회는 한반도에서 처음으로 개최되는 동계패럴림픽대회이자 북한선수단이 최초로 참여한 동계패럴림픽대회로 전 세계에 평화의 메세지를 전달하였다. 평창동계패럴림픽대회는 사전 문화행사를 통해 분위기를 조성하고, 대회기간 중 다양한 문화 컨텐츠를 제공하여 세계인들이 즐길 수 있는 문화축제를 구현함으로써 패럴림픽의 가치를 향상시킨 대회로 평가되고 있다. 또한 IPC와 IOC는 평창동계패럴림픽대회 기간 중 상호협약을 통해 2032년까지 파트너십을 연장하였다.

회에서 한상민 선수가 알파인스키 좌식부문 회전경기에서 우리나라 최초의 동계패럴림픽 메달인 은메달을 획득하였고, 2010년 벤쿠버동계패럴림픽대회의 휠체어컬링 종목에서 두 번째 은메달을 획득하였다. 이후, 국내에서 개최된 2018년 평창동계패럴림픽대회에 참가한 우리나라 선수단은 크로스컨트리스키 경기에서 신의현 선수가 금 1개, 동 1개를 획득하였고, 파라아이스하키 경기에서 동 1개를 획득함으로써 역대 최고의 성적을 달성하였다.

2. 데플림픽대회(Deaflympics)

　데플림픽대회는 의사소통으로 인하여 사회로부터 배제되어 온 농아인들이 스포츠를 통해 의사소통의 벽을 넘어 화합과 축제의 장을 만드는 세계적 축제 중 하나이다.

　데플림픽대회는 1924년부터 시작되었으며 장애인스포츠 중 가장 오래된 대회이다. 올림픽대회와 마찬가지로 2년마다 개최를 하며 동·하계대회로 나누어 개최되고 있다. 데플림픽대회는 스포츠를 통해 심신단련과 농아인 간의 유대 강화를 목적으로 파리에서 첫 데플림픽대회가 개최되었으며, 국제사일런트게임(International Silent Games)이라고도 불린다. 특히 데플림픽대회는 스포츠를 통해 이루어지고 있는 휴머니즘, 평화, 인간한계 도전 등으로 표현되고 있는 올림픽대회 이념과 의사소통에 대한 장애 극복이 조화된 것으로 올림픽대회와 패럴림픽대회로부터 분리된 농아인들에게 있어 전 세계적인 화합의 장이다.

데플림픽 어원

데플림픽은 청각장애인이라는 Deaf와 Olympic의 어미인 lympic을 조합한 합성어로 초창기에는 사일런트게임(Silent Game)이라는 용어로 사용되어 오다가 2001년 IOC가 ICSD의 요구를 받아들여 데플림픽(Deaflympic)의 명칭 사용하면서 공식적인 대회명칭으로 사용되기 시작하였다.

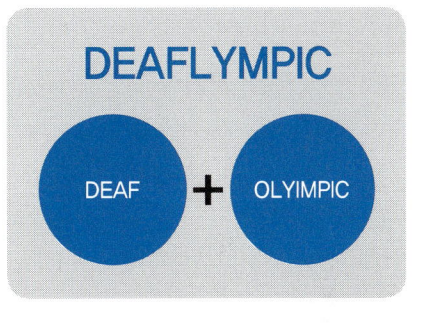

데플림픽대회 참가자격

데플림픽대회에 참가하기 위해서는 청력검사를 반드시 해야 하며, 이러한 청력검사는 패럴림픽에서 실시되고 있는 등급 분류를 위한 검사와 유사하다. 청력 검사는 오디오그램(Audiogram)검사를 통해 진행이 되며 청력 수준이 기준 데시벨인 55데시벨(dB)이상인 청각장애인만 참가할 수 있다.

또한 청각장애인이 인공와우나 보청기를 사용할 경우 경기 참가 전 반드시 모두 제거해야 참가를 할 수 있다. 그리고 이러한 검사는 데플림픽대회 참가 3개월 전에 모두 완료하여 국제농아인스포츠위원회에 제출해야 한다.

1) 데플림픽대회 역사

Eugène Rubens-Alcais
(1924~1953)

데플림픽대회는 국제사일런트게임(International Silent Game)으로 알려져 있으며, 청각장애인이면서 프랑스 청각장애인스포츠 연맹 회장인 루벤스 알카이스(Eugène Rubens-Alcais)가 6개국 국제 체육단체에 제안하여 1924년 프랑스 파리에서 처음으로 개최하였다. 데플림픽대회로 알려진 사일런트게임(Silent Games)은 장애인들이 스포츠참여를 하는 최초의 경기이며, 올림픽대회 이후 두 번째로 만들어진 국제적인 대회이다. 1924년 첫 파리경기 이후, 청각장애인들의 스포츠리더들이 모여 4년마다 지속적으로 개최하자는 의견을 받아들여 국제농아인스포츠위원회(ICSD)로 알려진 CISS(Comite International Des Sports Des Sourds)를 설립하였으며, 국제농아인스포츠위원회는 제19회 로마농아인올림픽대회 총회를 통해 국제농아인스포츠위원회(International Committee of Sports for the Deaf; ICSD)로 명칭을 바꾸었다. 특히 데플림픽대회는 다른 IOC 승인 경기와는 달리 지역사회 구성원들에 의해 조직되어 운영되고 있다는 점에서 다른 대회와 구별된다. 그리고 국제농아인스포츠위원회의 집행위원은 청각장애인들만이 할 수 있다.

1943년과 1947년 데플림픽대회는 2차 세계대전으로 인하여 취소되었다. 우리나라의 하계데플림픽대회 첫 출전은 제15회 로스엔젤레스대회이며, 동계데플림픽대회는 제18회 한티만시스크대회였다. 동계데플림픽대회는 1949년 호주 시필드를 시작으로 1959년 스위스에서 개최한 제4회 대회부터 동계와 하계대회를 2년 주기로 개최하기 시작하였다.

국제농아인스포츠연맹에 가입된 회원국 수는 2017년 기준으로 약 112개국이며, 우리나라는 1984년 네덜란드에서 개최한 집행위원회에서 정식 회원국으로 가입되었다.

표 2-5 역대 하계데플림픽대회 현황

횟수	개최년도	개최도시	국가	참가국	참가 인원
1	1924	파리	프랑스	9	148
2	1928	암스테르담	네덜란드	10	212
3	1931	뉘른베르크	독일	14	316
4	1935	런던	영국	12	221
5	1939	스톡홀름	스웨덴	13	250
6	1949	코펜하겐	덴마크	14	391

횟수	개최년도	개최도시	국가	참가국	참가 인원
7	1953	브뤼셀	벨기에	16	473
8	1957	밀라노	이탈리아	25	635
9	1961	헬싱키	핀란드	24	613
10	1965	워싱턴 D.C	미국	27	687
11	1969	베오그라드	유고	33	1,189
12	1973	말뫼	스웨덴	31	1,116
13	1977	부쿠레슈티	루마니아	32	1,150
14	1981	쾰른	독일(서독)	32	1,198
15	1985	로스앤젤레스	미국	29	995
16	1989	크라이스트처치	뉴질랜드	30	955
17	1993	소피아	불가리아	52	1,679
18	1997	코펜하겐	덴마크	65	2,028
19	2001	로마	이탈리아	67	2,208
20	2005	멜버른	호주	63	2,038
21	2009	타이페이	대만	77	2,497
22	2013	소피아	불가리아	83	2,711
23	2017	삼순	터키	86	2,858

※ 출처: ICSD(2017)

표 2-6 역대 동계데플림픽대회 현황

횟수	개최년도	개최도시	국가	참가국	참가 인원
1	1949	시필드	오스트리아	5	33
2	1953	오슬로	노르웨이	6	44
3	1955	오버아머가우	독일	8	59
4	1959	몬테나-버맬라	스위스	9	53
5	1963	아레	스웨덴	9	60
6	1967	베르히테스가덴	독일	12	77
7	1971	아델보덴	스위스	13	92
8	1975	레이크플래시드	미국	13	139
9	1979	메리벨	프랑스	14	113
10	1983	마돈나 디 캄피글리오	이탈리아	15	147

횟수	개최년도	개최도시	국가	참가국	참가 인원
11	1987	오슬로	노르웨이	16	129
12	1991	밴프	캐나다	16	181
13	1995	일라스(Ylläs)	핀란드	18	258
14	1999	다보스	스위스	18	265
15	2003	순스발	스웨덴	21	247
16	2007	솔트레이크시티	미국	23	298
17	2011	브라티슬라바	슬로바키아	대회취소	
18	2015	한티만시스크	러시아	27	336

※ 출처: ICSD(2013)

2) 역대 우리나라 데플림픽대회 경기성적

우리나라가 참가한 첫 데플림픽대회는 1985년 미국 로스앤젤레스에서 개최한 하계데플림픽대회이며, 10명의 선수가 참가하였다.

우리나라가 하계 데플림픽대회에서 메달을 획득한 첫 대회는 1997년 덴마크 코펜하겐에서 개최한 제18회 대회이며, 육상 100m 경기에서 채경완선수와 배드민턴의 박혜연 선수가 각각 동메달을 획득하면서 종합순위 38위를 하였다. 이후 우리나라는 데플림픽대회에서 꾸준한 성적을 거두며 종합순위 7위까지 달성하였다. 그리고 2009년 대만 타이페이에서 개최한 제21회 대회에서는 종합순위 3위를 하며 가장 좋은 성과를 얻었으며, 2013년에도 불가리아 소피아에서 개최한 제22회 대회에서도 종합순위 3위를 하였다. 동계데플림픽대회는 2015년 러시아 한티

표 2-7 우리나라 역대 하계데플림픽대회 메달 현황

개최년도	개최 장소	메달			순위
		금	은	동	
1997	제18회 코펜하겐	–	–	2	38위
2001	제19회 로마	4	4	4	11위
2005	제20회 멜버른	7	5	2	7위
2009	제21회 타이베이	14	13	7	3위
2013	제22회 소피아	19	11	12	3위
2017	제23회 삼순	18	20	14	3위

※ 출처: 대한장애인체육회(2018)

만시스크에서 개최한 제18회 데플림픽대회이다.

3. 스페셜올림픽대회(Special Olympic Games)

스페셜올림픽대회는 비영리 국제스포츠기구인 국제스페셜올림픽위원회(Special Olympic International; SOI)에서 주관하며 지적장애인들에게 스포츠를 통한 사회참여 기회를 제공하고 신체적 적응력을 향상시켜 사회구성원으로써 인정받을 수 있도록 기여하고 있다.

1) 스페셜올림픽대회 역사

스페셜올림픽대회는 미국 존 F.케네디 가문의 딸이 지적장애아로 태어나 그의 여동생이자 사회사업가였던 유니스 케네디 슈라이버(Eunice Kennedy Shriver)의 제안으로 1968년부터 개최되었다. 스페셜올림픽은 1960년 미국 메릴랜드주에서 한 지적장애아동 어머니가 아이가 참여할 수 있는 여름캠프를 찾지 못하는 어려움을 유니스 케네디 슈라이버에게 털어놓으면서 스페셜올림픽이 개최되는 계기가 되었다. 당시 미국은 공교육시스템에 특수교육이 필요한 아동들에게 적절한 대안을 내놓지 못하고 있었고, 이러한 상황을 안타까워한 슈라이버는 1962년 6월 메릴랜드에 있는 자신의 집에서 여름캠프를 열게 되었다. 일일캠프가 호응을 얻기 시작하면서 해를 거듭할수록 참가를 하려는 주가 늘어 1970년 초에는 미국의 모든 주가 스페셜올림픽위원회를 조직하기에 이르렀다.

스페셜올림픽 세계대회는 패럴림픽대회와 동일하게 2년 주기로 동·하계대회를 개최를 하고 있으며, 1993년 오스트리아 슐라드밍에서 열린 제5회 스페셜올림픽 세계동계대회는 미국이 아닌 다른 나라에서 열린 최초의 대회이다.

스페셜올림픽 세계대회도 미국을 순회하며 개최를 하였으나, 2003년 아일랜드 더블린에서 개최한 대회부터 국가별로 유치신청을 받아 대회를 치르는 방식으로 전환되었다. 우리나라는 스페셜올림픽 세계동계대회 유치신청을 하여 2013년 강원도 평창에서 '하나된 감동(Together We Can)'이라는 슬로건 아래 제10회 스페셜올림픽 세계동계대회를 성공적으로 개최하였다.

표 2-8 역대 스페셜올림픽 세계하계대회 개최 현황

횟수	개최년도	개최도시	국가	참가국	참가 인원
1	1968	시카고	미국	2	1,000
2	1970	시카고	미국	2	2,000

횟수	개최년도	개최도시	국가	참가국	참가 인원
3	1972	로스앤젤레스	미국	1	2,500
4	1975	미시간	미국	11	3,200
5	1979	뉴욕	미국	21	3,500
6	1983	로스앤젤레스	미국	21	4,000
7	1987	인디애나	미국	71	4,700
8	1991	미네소타	미국	101	6,000
9	1995	코네티컷	미국	144	7,000
10	1999	노스캐롤라이나	미국	151	7,000
11	2003	더블린	아일랜드	151	6,500
12	2007	상하이	중국	161	7,500
13	2011	아테네	그리스	185	7,500
14	2015	로스앤젤레스	미국	177	7,000

※ 출처: SOI(2017)

표 2-9 역대 스페셜올림픽 세계동계대회 개최 현황

횟수	개최년도	개최도시	국가	참가국	참가 인원
1	1997	콜로라도	미국	1	500
2	1981	버몬트	미국	1	600
3	1985	유타	미국	14	600
4	1989	네바다 리노/캘리포니아 레이크 타호	미국	18	1,000
5	1993	잘츠부르크/슐라드밍	오스트리아	50	1,600
6	1997	토론토/콜링우드	캐나다	73	2,000
7	2001	알래스카	미국	70	1,800
8	2005	나가노	일본	84	2,600
9	2009	보이시	미국	96	2,800
10	2013	평창	대한민국	105	3,300
11	2017	그라츠/슐라드밍/람사우	오스트리아	105	2,700

※ 출처: SOI(2017)

4. 장애인아시아경기대회(Asian Para Games)

※ 출처: http://www.taiyonoie.or.jp(2017)
제1회 FESPIC 경기대회 개막식

알아두기

장애인아시아경기대회는 아시아패럴림픽위원회(Asian Paralympics Comittee; APC)가 4년마다 주최하여 엘리트선수들이 참가하는 국제경기대회이다.
FESPIC 경기대회는 2006년까지 아시아·태평양장애인경기대회로 치러오다 2002년에 조직된 APC와 FESPIC 조직이 통합이 되면서 2010년 중국 광저우 장애인아시아경기대회를 시작으로 4년마다 개최를 하고 있다. 장애인아시아경기대회는 2014년 인천장애인아시아경기대회까지 두 번의 장애인아시아경기대회를 개최를 하였으며, IPC는 2004년 IPC의 조직구조를 재정립하기 위해 중앙아시아와 서아시아를 APC가 관장하도록 결정하여 대회를 개최하고 있다.

장애인아시아경기대회는 아시아패럴림픽위원회(Asian Paralympics Comittee; APC)가 4년마다 주최하여 엘리트선수들이 참가하는 국제경기대회이다.

FESPIC 경기대회는 2006년까지 아시아·태평양장애인경기대회로 치러오다 2002년에 조직된 APC와 FESPIC 조직이 통합이 되면서 2010년 중국 광저우 장애인아시아경기대회를 시작으로 4년마다 개최를 하고 있다. 장애인아시아경기대회는 2014년 인천장애인아시아경기대회까지 두 번의 장애인아시아경기대회를 개최를 하였으며, IPC는 2004년 IPC의 조직구조를 재정립하기 위해 중앙아시아와 서아시아를 APC가 관장하도록 결정하여 대회를 개최하고 있다.

1) 장애인아시아경기대회 역사

장애인아시아경기대회는 1999년 당시 말레이시아 NPC를 대표로 하여 IPC 총회에서 승인을 받아 2002년 10월 부산에서 설립되었다. 장애인아시아경기대회는 아시아·태평양장애인경기대회를 모태로 아시아지역에서 4년마다 개최하는 장애인스포츠의 종합대회이다. 초기 아시아·태평양장애인경기대회는 1970년 인도네시아의 한 단체에서 아시아지역 5개 국가(인도네시아, 필리핀, 말레이시아, 태국, 싱가포르)를 회원으로 하여 장애인들의 재활을 위한 목적으

※ 출처: http://www.taiyonoie.or.jp(2017)
제1회 FESPIC 경기대회

로 설립을 건의하였지만, 일본의 나카무라(Nakamura) 박사는 5개국뿐만 아니라 극동 및 남태평양 지역으로 확대할 것을 건의하여 1974년 일본 오이타에 본부를 둔 극동 및 남태평양장애인경기연맹(Far East and South Pacific Games Federation for the disabled ; FESPIC)을 일본 오이타에서 정식으로 출범하였다. 이후 연맹명칭을 FESPIC연맹으로 변경하고 대회명도 아시아·태평양장애인경기대회로 개최를 하게 되었다. FESPIC 참여국 수가 증가하고 중앙아시아 국가들도 참여를 하였으며, 1999년 태국 방콕에서 개최한 대회부터 중동국가가 참여하게 되었다.

제1회 아시아·태평양장애인경기대회는 일본 오이타에서 개최하였으며 18개국 900여명의

표 2-10 **장애인아시아경기대회 개최 현황**

연도	개최장소	개최국	참가국	참가인원
아시아태평양장애인경기대회				
1975	제1회 일본	오이타	18	973
1977	제2회 오스트레일리아	파라마타	16	430
1982	제3회 홍콩	홍콩	23	744
1986	제4회 인도네시아	수라카르타	19	834
1989	제5회 일본	고베	41	1,646
1994	제6회 중국	베이징	42	2,081
1999	제7회 태국	방콕	34	2,258
2002	제8회 대한민국	부산	40	2,199
2006	제10회 말레이시아	쿠알라룸푸르	46	3,641
장애인아시아경기대회				
2010	제11회 중국	광저우	41	2,405
2014	제12회 대한민국	인천	41	2,497

※ 출처: 대한장애인체육회(2017)

2014 인천장애인아시아경기대회

2014년 인천에서 개최된 인천장애인아시아경기대회는 장애인아시아경기대회로는 두 번째로 개최가 되었으며, 23개 종목(패럴림픽 종목 19개, 비패럴림픽종목 4개) 42개국 6,000여명(선수 4,500명, 임원 1,500명)의 선수단이 참가하였다. 인천장애인아시아경기대회는 패럴림픽의 정신을 구현하여 장애인스포츠로써의 국제 중심도시로의 위상정립과 장애인들의 삶의 질 향상 등의 목표를 두고 7일간의 열전에 들어갔다.

2014 인천장애인아시아경기대회 경기종목
양궁, 육상, 배드민턴, 보치아, 좌식배구, 사이클, 5인제축구, 7인제축구, 골볼, 휠체어농구, 유도, 론볼, 역도, 조정, 휠체어댄스스포츠, 요트, 사격, 수영, 볼링, 탁구, 휠체어펜싱, 휠체어럭비, 휠체어테니스

선수단이 참가를 하였다. 우리나라가 첫 출전한 아시아·태평양장애인경기대회는 제2회 호주에서 개최한 파라마타대회이다. 이후, 아시아·태평양장애인경기대회의 참여국 수가 증가하면서 2006년 마지막 대회에서는 46개국 3,000여명이 넘는 선수단이 참가를 하였다. 특히 아시아·태평양장애인경기대회는 참가선수들에 대한 일부 제한을 두었는데, 그것은 신인·우수선수 발굴 및 육성을 위한 규정에 따라 출전선수단의 30%는 신인선수를 출전시켜야 한다는 것이다.

아시아·태평양장애인경기대회는 2006년 쿠알라룸푸르에서 개최한 대회를 끝으로 막을 내렸으며, 2010년 중국 광저우에서 아시아패럴림픽위원회(APC)의 주관으로 장애인아시아경기대회라는 명칭이 사용되어졌다.

2) 역대 우리나라 장애인아시아경기대회 경기성적

APC가 출범하기 전 아시아·태평양 지역 국제경기대회를 관장한 극동 및 남태평양장애인경기연맹(Far East and South Pacific Games Federation for the disabled; FESPIC)이 주최한 아시아·태평양장애인경기대회에 우리나라 대표가 처음으로 참가한 대회는 1977년 파라마타대회이고 금 6개, 동 1개를 획득하였다.

APC가 출범하고 2010년 광저우장애인아시아경기대외에서 금27개, 은43개, 동33개를 획득하면서 종합순위 3위를 하였고, 2014년 인천장애인아시아경기대회에서 금 72개, 은 62개, 동 77개를 획득하면서 종합순위 2위를 하였다.

표 2-11 우리나라 역대 장애인아시아경기대회 메달 현황

횟수	개최 장소	메달			종합순위
		금	은	동	
아시아·태평양장애인경기대회					
2	파라마타	6	–	1	–
3	홍콩	8	4	3	–
4	수라카르타	40	19	9	6위
5	고베	73	29	29	4위
6	베이징	48	28	17	3위
7	방콕	31	26	27	4위
8	부산	62	68	20	2위
9	쿠알라룸푸르	58	42	33	3위
장애인아시아경기대회					
10	광저우	27	43	33	3위
11	인천	72	62	77	2위

※ 출처: 대한장애인체육회(2017)

5. 기타 국제경기대회

패럴림픽대회, 데플림픽대회, 스페셜올림픽대회 이외에도 장애인선수들이 참가하는 국제대회는 매우 다양하며 각각의 국제대회마다의 특징들을 볼 수 있다. 이러한 국제대회로는 영연방국가경기대회(Commonwealth Games), 장애유형별 대회인 국제휠체어·절단장애인스포츠연맹대회(IWAS) 세계대회, 장애유소년대회 그리고 종목별 세계선수권대회 등이 있다.

1) 영연방경기대회(Commonwealth Games)

영연방경기대회는 1930년 캐나다의 멜빌 마크 로빈슨의 주창으로 대영제국대회(British Empire Games)라는 이름으로 캐나다 해밀턴에서 처음으로 개최되다 1954년부터 1966년까지 대영제국대회와 영연방경기대회(Commonwealth Games)가 함께 불리었다. 그러다 1970년부터 영국영연방게임(British Commonwealth Games)으로 개명되었다가 1978년 에드먼턴에서 개최된 대회부터 영연방게임(Commonwealth Games)이라 명명하였다. 영연방경기대회는 올림픽대회, 패럴림픽대회와 같이 4년마다 개최를 하며 캐나다, 호주, 인도, 스리랑카

※ 출처: https://www.theguardian.com(2017)
1950년 오클랜드 영연방경기대회 개막식

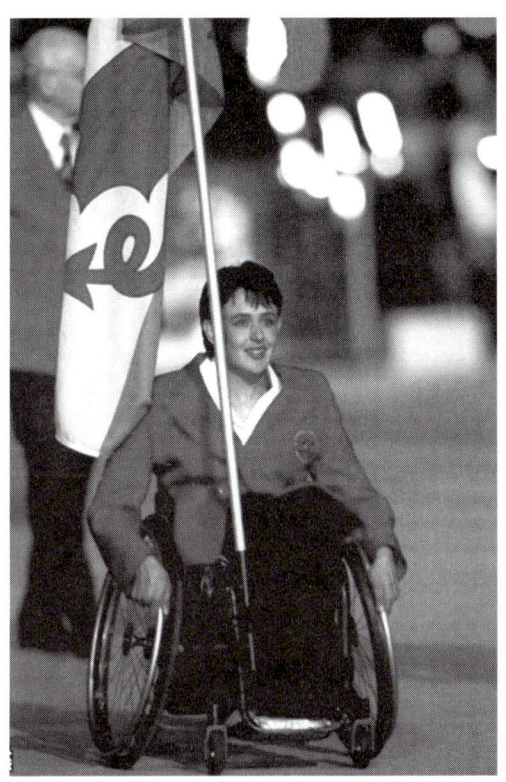

※ 출처: http://www.thecgf.com(2017)
2002년 영연방경기대회 개막식

등 53개의 영연방 국가가 참가를 하지만 한 국가에 다른 민족이 있을 경우 자신들의 국기를 갖고 경기에 참가한다.

특히 영연방경기대회는 장애인·비장애인이 함께 경기에 참가를 하는데 장애인선수들을 위한 경기는 1962년에 함께 개최가 되었으며, 1994년에 개최한 영연방경기대회부터 전시 이벤트로 포함되었다. 이후 2002년부터 국가대표 모두가 공식적으로 참가할 수 있게 되어 최초의 국제멀티스포츠 경기대회가 되었다.

영연방경기대회는 20개가 넘는 경기종목으로 치러진다. 첫 영연방경기대회에서는 6개의 종목(수영, 다이빙, 복싱, 론볼, 조정, 레슬링)으로 치러졌으며, 2016년 주요 종목 이외에 개최국이 추가로 선정하여 개최할 수 있다. 그리고 올림픽 종목과 더불어 크리켓, 넷볼 등 올림픽대회에서 치러지지 않는 종목까지 포함하여 대회를 치른다.

  영연방경기연맹(Commonwealth Games Federation; CGF)과 국제패럴림픽위원회가 4개의 주요 종목을 협의하여 개최를 하도록 하고 있으며, 최대 20개의 이벤트를 포함할 수 있다. 2002년에는 장애인스포츠가 영연방경기대회에 5개의 종목(육상, 론볼, 수영, 탁구, 역도) 10개의 세부 종목이 치러졌으며, 2014년 스코틀랜드 글래스고에서 개최한 대회에서는 장애인스포츠 종목 중 20개의 세부 종목이 포함되어 개최되었다. 2018년 호주 골드코스트에서 개최한 대회에서는 파라트라이애슬론과 휠체어마라톤이 처음으로 정식종목으로 채택되어 치러졌다.

표 2-12 영연방경기대회 개최 현황

회수	연도	개최 장소	개최국	참가국	종목	참가 인원
1	1930	해밀턴	캐나다	11	6	400
2	1934	런던	영국	16	6	500
3	1938	시드니	호주	15	7	464
4	1950	오클랜드	뉴질랜드	12	9	590
5	1954	밴쿠버	캐나다	24	9	662
6	1958	카디프	웨일즈	35	9	1,122
7	1962	퍼스	호주	35	9	863
8	1966	킹스턴	자메이카	34	9	1,050
9	1970	에든버러	스코틀랜드	42	9	1,383
10	1974	크라이스트처치	뉴질랜드	38	9	1,276
11	1978	에드먼턴	캐나다	46	10	1,474
12	1982	브리즈번	호주	46	10	1,583
13	1986	에든버러	스코틀랜드	26	10	1,662
14	1990	오클랜드	뉴질랜드	55	10	2,073
15	1994	빅토리아	캐나다	63	10	2,557
16	1998	쿠알라룸푸르	말레이시아	70	15	3,633
17	2002	맨체스터	잉글랜드	72	17	3,679
18	2006	멜버른	호주	71	16	4,049
19	2010	델리	인도	71	17	4,352
20	2014	글래스고	스코틀랜드	71	17	4,929

※ 출처: CGF(2017)

2) 국제휠체어절단장애인경기대회(IWAS Games)

표 2-13 IWAS세계대회 개최 현황

회수	연도	개최장소	개최국	참가국	종목	참가인원
1	2007	대만	대만	43	8	544
2	2009	방갈로레	인도	42	10	484
3	2011	샤르자	아랍에미레이트	39	7	564
4	2013	스타츠카날(Stadskanaal)	네덜란드	26	3	230
5	2015	소치	러시아	34	6	598

※ 출처: IWASF(2017)

IWAS 주니어세계대회(IWAS World Under 23 Games)

IWAS 주니어세계대회는 23세 이하 선수들이 참가하는 대회로 1년에 한번씩 열리며 잠재적 발전 가능성이 있는 어린 선수들에게 동기부여는 물론 패럴림픽 운동을 통해 장애인스포츠의 발전을 위해 2005년 영국 스토크맨더빌에서부터 개최하기 시작하였다.

표 2-14 IWAS주니어세계대회 개최 현황

회수	연도	개최 장소	개최국
1	2005	스토크맨더빌	영국
2	2006	더블린	아일랜드
3	2007	요하네스버그	남아프리카공화국
4	2008	뉴저지	미국
5	2009	노트윌	스위스
6	2010	올로모우츠	체코
7	2011	두바이	아랍에미리트
8	2012	올로모우츠	체코
9	2013	마야구에스	푸에르토리코
10	2014	스토크맨더빌	영국
11	2015	스타츠카날(Stadskanaal)	네덜란드
12	2016	프라하	체코

※ 출처: IWASF(2017)

국제휠체어·절단장애인경기대회는 전상자의 재활을 목적으로 1948년 영국의 스토크맨더빌 병원의 전문의 구트만 박사가 주창해 국제 스토크맨더빌휠체어스포츠연맹(ISMGF)이 개최해 오다 국제장애인스포츠기구(ISOD)와 통합되면서 국제휠체어·절단장애인경기연맹(IWAS)에 의해 치러지는 국제경기대회이다.

국제휠체어·절단장애인경기대회(IWAS Games)는 신체적 손상이 있는 선수들에게 스포츠의 기회를 제공하고 경기에 참가하기 위한 대회로, 대표적인 대회로는 IWAS세계대회(IWAS World Games)와 IWAS주니어세계대회(IWAS World Under 23 Games)가 있다. 또한 IWAS세계대회는 2년 주기로 개최되며, IWAS주니어세계대회는 2005년부터 매년 꾸준히 개최하고 있다.

3) 국제시각장애인경기대회(IBSA)

국제시각장애인경기연맹(IBSA)은 비영리조직으로 1981년 파리에서 설립되었으며, 30여 개국이 참여하여 유네스코 본부에서 총회를 개최하였다.

국제시각장애인경기연맹에서 다루는 종목으로는 알파인스키, 양궁, 육상, 체스, 축구, 골볼, 유도, 9핀 볼링, 역도, 사격, 쇼다운, 수영, 텐덤사이클, 10핀 볼링, 톨볼 등으로 나누어 치러지고 있다.

국제시각장애인경기연맹에서 개최하고 있는 세계대회는 1998년 스페인 마드리드에서 첫 대회를 시작으로 4년마다 개최되었으며, 2015년 서울대회에서는 9개 종목으로 늘어나 개최되었다.

표 2-15 국제시각장애인경기대회 개최 현황

연도	대회명	개최지	종목
1998	제1회 IBSA세계선수권대회	마드리드	유도, 골볼, 수영, 육상
2003	제2회 IBSA세계선수권대회	퀘벡	역도, 유도, 골볼, 텐덤사이클, 수영, 육상
2007	제3회 IBSA세계선수권대회	상파울루	역도, 유도, 골볼, 축구, 수영, 육상
2011	제4회 IBSA세계선수권대회	안탈리아	역도, 유도, 골볼, 축구, 체스, 수영, 육상
2015	제5회 IBSA세계선수권대회	서울	역도, 유도, 골볼, 축구, 체스, 텐핀볼링, 수영, 쇼다운, 육상

※ 출처: IBSA(2017)

우리나라는 2015년 서울에서 IBSA세계선수권대회를 개최하였다. 5회를 맞이한 IBSA세계선수권대회는 처음으로 아시아에서 열린 역대 최대 규모의 대회로 8개국 6,000여명의 선수단이 참여하여 역도, 축구, 체스, 텐핀볼링, 쇼다운, 육상, 골볼, 수영, 유도 종목에서 기량을 겨뤘다. 이 대회에서는 러시아가 메달 114개(금 48개, 은 35개, 동 31개)를 획득하여 1위를 차지했으며, 우리나라는 메달 29개(금 9개, 은 11개, 동 9개)로 우크라이나(2위), 이란(3위), 중국(4위)에 이어 종합순위 5위를 기록했다.

4) 아시아장애청소년경기대회(Asian Youth Para Games)

아시아장애청소년경기대회는 장애청소년들에게 국제적 경쟁에 참여할 수 있는 기회를 제공하고, 스포츠 참여를 통해 장애청소년들의 무한한 가능성을 발굴하기 위한 목적으로 개최되었다. 아시아장애청소년경기대회는 4년마다 개최도며 참가자격은 만15세에서 19세 사이로 척수장애, 절단 및 기타장애, 지적장애, 시각장애 청소년들이 참가 할 수 있다.

아시아장애청소년경기대회는 2003년 제1회 홍콩대회에서는 육상, 배드민턴, 보치아, 수영, 탁구 총 5개 종목의 경기가 치러졌으며 지적장애의 경우 육상, 수영, 탁구 종목만 참가가능 하였다. 제2회 도쿄대회에서는 총 6개 종목(육상, 수영, 탁구, 보치아, 골볼, 휠체어테니스)이 치러졌으며, 휠체어테니스 종목은 시범종목으로 치러졌다. 이후 2013년 개최한 제3회 대회부터 14개 종목(육상, 수영, 유도, 체스, 텐핀볼링, 역도, 배드민턴, 휠체어테니스, 보치아, 양궁, 휠체어농구, 탁구, 골볼, 좌식배구)으로 확대되었다.

표 2-16 아시아장애청소년경기대회 개최 현황

회수	연도	개최 장소	개최국	참가국	종목	참가 인원
1	2003	홍콩	중국	15	5	480
2	2009	도쿄	일본	29	6	800
3	2013	쿠알라룸푸르	말레이시아	42	14	3,000
4	2017	두바이	아랍에미리트	22	7	1,000

※ 출처: 대한장애인체육회(2017)

표 2-17 우리나라 역대 아시아장애청소년경기대회 경기성적

횟수	개최 장소	메달			종합순위
		금	은	동	
1	홍콩	19	19	8	5위
2	도쿄	13	9	7	7위
3	쿠알라룸푸르	11	7	6	10위
4	두바이	9	4	4	4위

※ 출처: 대한장애인체육회(2017)

02 국내 장애인경기대회

1. 동·하계 전국장애인체육대회

동·하계 전국장애인체육대회는 전 장애유형이 참가하는 종합체육행사로 장애인선수들의 경기력 향상과 신인선수 발굴, 장애인체육 저변 확대, 시·도 장애인체육의 균형적 발전, 장애인스포츠에 대한 국민의 인식 개선을 위한 목적으로 개최되고 있다.

1) 전국장애인체육대회

1980년 이전의 국내 장애인체육대회는 전국지체부자유청소년체육대회, 전국상이군경체육대회, 전국지적장애인축구대회 등과 같이 장애유형별 혹은 종목별로 대회로 개최되었다. 이후, 우리나라는 1981년 UN이 제정한 세계장애인의 해를 기념하기 위해 전 장애유형이 참가하는 제1회 전국장애인체육대회를 개최하였고, 이는 국내 장애인스포츠가 발전하는 계기가 되었다.

※ 출처: 국가기록원(2017)

제1회 전국장애인체육대회

초기 전국장애인체육대회는 한국장애인재활협회와 문화방송의 공동주최로 실시되었으며, 제

5회 대회부터 제7회 대회는 1988년 서울패럴림픽대회를 준비하기 위해 서울패럴림픽조직위원회에 의해 개최되었다. 1988년 서울패럴림픽대회가 폐막된 이후, 제9회 대회부터 제25회 대회는 한국장애인복지진흥회에 의해 치뤄졌으며, 2006년부터 대한장애인체육회의 주도하에 개최되고 있다.

2016년 기준 전국장애인체육대회의 정식종목은 골볼, 게이트볼, 농구, 당구, 댄스스포츠, 론볼, 럭비, 배구, 배드민턴, 보치아, 볼링, 사격, 사이클, 수영, 양궁, 역도, 요트, 유도, 육상, 조정, 축구, 탁구, 태권도, 테니스, 파크골프, 펜싱으로 총 26개로 치러졌으며, 제36회 대회부터 엘리트 체육의 전문성 강화와 생활체육의 저변확대를 위해 선수부와 동호인부로 나누어 실시하였다.

표 2-18 연도별 하계전국장애인체육대회 개최 현황

회수	개최 기간	개최지	개최 종목	참가선수단(명)		
				계	선수	임원
1회	'81. 10. 2 ~ 10. 4	서울	5	1,011	761	250
2회	'82. 10. 11 ~ 10. 12		7	1,295	945	350
3회	'83. 9. 15 ~ 9. 16		7	1,140	860	280
4회	'84. 10. 24 ~ 10. 25		8	1,507	1,157	350
5회	'85. 10. 19 ~ 10. 20		7	1,624	1,224	400
6회	'86. 10. 11 ~ 10. 13		9	1,733	1,314	419
7회	'87. 9. 19 ~ 9. 22		16	1,932	1,500	432
8회	제8회 서울패럴림픽대회 관계로 개최하지 않음					
9회	'89. 10. 15 ~ 10. 17	서울	15	1,469	1,129	340
10회	'90. 5. 14 ~ 5. 26		16	1,443	1,052	391
11회	'91. 5. 22 ~ 5. 24		16	1,588	1,189	399
12회	'92. 5. 7 ~ 5. 9		16	1,708	1,304	404
13회	'93. 5. 25 ~ 5. 27		16	1,637	1,222	415
14회	'94. 5. 14 ~ 5. 16		16(시범1)	1,733	1,310	423
15회	'95. 5. 20 ~ 5. 22		17	1,695	1,276	419
16회	'96. 5. 14 ~ 5. 16		17	1,740	1,305	435
17회	'97. 5. 20 ~ 5. 22		17	1,756	1,340	416
18회	'98. 5. 19 ~ 5. 21		17	1,744	1,312	423
19회	'99. 5. 25 ~ 5. 27		17	1,766	1,334	432

회수	개최 기간	개최지	개최 종목	참가선수단(명)		
				계	선수	임원
20회	'00. 6. 13 ~ 6. 15	인천	17	1,867	1,375	492
21회	'01. 5. 9 ~ 5. 11	부산	17	2,020	1,500	520
22회	한일월드컵축구대회, 아시안게임, 부산장애인아시아경기대회 등으로 개최하지 않음					
23회	'03. 5. 14 ~ 5. 16	충남	17	2,020	1,500	520
24회	'04. 5. 11 ~ 5. 14	전북	17	2,291	1,656	635
25회	'05. 5. 10 ~ 5. 13	충북	18	2,586	1,885	701
26회	'06. 9. 12 ~ 9. 15	울산	19(시범1)	3,272	2,462	810
27회	'07. 10. 5 ~ 10. 9	경북	22(시범1, 전시1)	4,031	2,991	1,040
28회	'08. 10. 5 ~ 10. 9	광주	23(전시2)	5,459	3,987	1,472
29회	'09. 9. 21 ~ 9. 25	여수	24(시범1, 전시1)	6,350	4,692	1,658
30회	'10. 9. 6 ~ 9. 10	대전	24(시범1, 전시1)	6,747	4,825	1,922
31회	'11. 10. 17 ~ 10. 21	경남	27(시범1, 전시2)	7,095	4,964	2,131
32회	'12. 10. 8 ~ 10. 12	경기	27(전시2)	6,995	4,839	2,156
33회	'13. 9. 30 ~ 10. 4	대구	27(전시1)	7,419	5,154	2,265
34회	'14. 11. 4 ~ 11. 8	인천	26(학생부9)	10,183	6,664	3,510
35회	'15. 10. 28 ~ 11. 1	강원	27(전시1)	7,687	5,247	2,440
36회	'16. 10. 21 ~ 10. 25	충남	26	7,938	5,481	2,457
37회	'17. 9. 15 ~ 9. 19	충북	26	8,529	5,833	2,696

※ 출처: 대한장애인체육회(2015)

대회 참가자격은 등급분류 규정에 명시된 장애인으로서 대한장애인체육회로부터 참가자격이 인정된 사람으로 만 16세 이상이 참가 가능하다. 참가 장애 유형은 척수장애, 절단 및 기타장애, 시각장애, 지적장애, 뇌성마비, 청각장애이다. 연도별 전국장애인체육대회 개최 현황은 다음과 같다.

2) 전국장애인동계체육대회

동계스포츠에 참여하는 장애인구의 증가와 급변하는 국제 장애인 동계스포츠에 능동적으로 대처하고자 우리나라는 2004년부터 전국장애인동계체육대회를 개최하였다. 전국장애인동계체육대회는 하계대회와 마찬가지로 2005년까지 한국장애인복지진흥회에서 대회를 주최하였으며, 2006년부터는 대한장애인체육회에서 대회를 주최하고 있다.

전국장애인동계체육대회는 빙상을 비롯한 아이스하키, 휠체어컬링, 알파인스키, 스노보드, 크로스컨트리스키, 바이애슬론 총 7개의 경기종목이 정식종목으로 채택되어 있으며, 제13회 대회부터는 동호인부 경기가 추가되었다.

대회 참가자격은 대한장애인체육회에 선수등록을 마치고 전국장애인동계체육대회 참가요강에 의하여 참가신청을 한 사람으로, 참가 장애 유형은 척수장애, 절단 및 기타장애, 뇌성마비, 시각장애, 지적장애, 청각장애 등이다. 연도별 전국장애인동계체육대회 개최 현황은 다음과 같다.

표 2-19 연도별 전국장애인동계체육대회 개최 현황

회수	개최 기간	개최 장소	참가 종목	참가선수단(명)		
				계	선수	임원
1회	'04. 2. 23 ~ 2. 25	용평스키장, 춘천의암빙상장	빙상, 휠체어컬링, 알파인스키, 파라아이스하키,	150	70	80
2회	'05. 2. 17 ~ 2. 18	용평스키장, 춘천의암빙상장	알파인스키, 휠체어컬링, 파라아이스하키, 빙상	150	80	70
3회	'06. 2. 22 ~ 2. 24	보광휘닉스파크, 춘천의암빙상장	알파인스키, 휠체어컬링, 파라아이스하키, 빙상	209	102	107
4회	'07. 2. 22 ~ 2. 24	강원랜드, 춘천의암빙상장	알파인스키, 파라아이스하키, 휠체어컬링, 빙상, 크로스컨트리스키(시범)	224	117	107
5회	'08. 2. 19 ~ 2. 22	하이원스키장, 춘천의암빙상장, 울산과학대학 빙상장	알파인스키, 파라아이스하키, 휠체어컬링, 빙상, 크로스컨트리스키	446	215	231
6회	'09. 2. 10 ~ 2. 13	하이원스키장, 춘천의암빙상장, 의성컬링경기장	알파인스키, 크로스컨트리스키, 빙상, 휠체어컬링, 아이스슬레이지하키	607	304	303
7회	'10. 1. 26 ~ 1. 29	하이원스키장, 서울동천빙상장, 이천장애인체육종합훈련원 특설컬링장	알파인스키, 크로스컨트리스키, 빙상, 휠체어컬링, 아이스슬레이지하키	660	330	330
8회	'11. 2. 15 ~ 2. 18	하이원스키장, 춘천의암빙상장, 창원 서부스포츠센터	알파인스키, 크로스컨트리스키, 빙상, 휠체어컬링, 아이스슬레이지하키	685	338	347

회수	개최 기간	개최 장소	참가 종목	참가선수단(명)		
				계	선수	임원
9회	'12. 2. 28 ~ 3. 2	무주스키장, 전주실내빙상장	알파인스키, 크로스컨트리스키, 빙상, 휠체어컬링, 아이스슬레지하키	731	365	366
10회	'13. 2. 25 ~ 2. 28	알펜시아리조트, 강릉빙상경기장, 춘천의암빙상장	알파인스키, 크로스컨트리스키, 휠체어컬링, 빙상, 파라아이스하키, 바이애슬론(시범)	738	372	366
11회	'14. 2. 11 ~ 2. 12	알펜시아리조트, 강릉빙상경기장, 동두천국제컬링경기장, 서울동천빙상장	알파인스키, 크로스컨트리스키, 빙상, 휠체어컬링, 파라아이스하키, 바이애슬론	754	376	378
12회	'15. 2. 9 ~ 2. 12	알펜시아리조트, 강릉빙상경기장, 동두천국제컬링경기장, 서울동천빙상장	알파인스키, 크로스컨트리스키, 빙상, 휠체어컬링, 파라아이스하키, 바이애슬론	754	376	378
13회	'16. 2. 16 ~ 2. 19	알펜시아리조트, 춘천의암빙상장, 동두천국제컬링경기장, 서울동천빙상장	알파인스키, 크로스컨트리스키, 빙상, 휠체어컬링, 파라아이스하키, 바이애슬론 (동호인부: 알파인스키, 크로스컨트리스키, 빙상)	818	405	413
14회	'17. 2. 7 ~ 2. 10	알펜시아리조트, 춘천의암빙상장, 이천장애인체육종합훈련원, 서울동천빙상장	알파인스키, 크로스컨트리스키, 빙상, 휠체어컬링, 아이스하키, 바이애슬론, 스노보드 (동호인부: 알파인스키, 크로스컨트리스키, 빙상)	880	421	459
15회		2018 평창 동계올림픽대회 및 동계패럴림픽대회 관계로 개최하지 않음				

※ 출처: 대한장애인체육회(2015)

2. 전국장애학생체육대회

전국장애학생체육대회는 장애학생이라면 누구나 참가가 가능한 대회로 장애 극복의지를 고취하고 다양한 체육활동의 기회를 통해 건강한 사회구성원으로 살아갈 수 있도록 건강증진과 여가선용을 목적으로 개최하고 있다.

1988년 서울패럴림픽대회 이후 장애인의 체육활동 참여의 중요성이 부각됨에 따라 장애학생들에게도 정기적인 체육활동 참여의 필요성이 대두되었다. 이에 따라 장애유형별(지적장애, 지체장애, 시각장애, 청각장애 등) 학생체육대회가 2000년부터 2005년까지 격년제로 실시되었으며, 건전한 스포츠 활동을 통한 장애극복 의지와 사회적응력 신장이라는 목표 아래 개최되었다.

제1회 전국장애학생체육대회는 2007년 특수교육총연합회에서 주관하여 지역별 장애청소년체육대회로 개최되었으나 2008년부터는 대한장애인체육회의 주최로 대회가 열리고 있다. 2009년에는 장애학생체육대회를 해마다 개최하기로 대회규정을 개정(2009.1.29)하고 대회 명칭을 '전국장애학생체육대회'로 명명하여 전국장애학생체육대회로서 실제적인 역할을 하게 되었으며, 전국장애인체육대회 개최지에서 이듬해에 열린다.

전국장애학생체육대회는 장애학생 뿐 아니라 비장애학생에게도 장애인체육과 지역의 문화 등을 체험할 수 있는 종합체육행사이며, 초, 중, 고등학교에 재학 중인 장애학생은 시·도별 참가접수를 통해 누구나 대회에 참가가 가능하다.

전국장애학생체육대회의 경기종목은 육성종목과 보급종목으로 구분된다. 육성종목은 우수선수를 발굴하기 위한 목적으로 패럴림픽대회와 장애인경기대회 종목에 해당하는 골볼, 보치아, 수영, 육상, 탁구 5종목이며, 경기규정에 의한 운영방식(엘리트대회 방식)을 채택하고 있다. 보급종목은 체육활동 저변 확대를 위한 생활체육종목 위주로 농구, 디스크골프, 배구, 배드민턴, 볼링, 역도, 조정, 축구, 플로어볼, e-스포츠 10종목으로 세부종목에 따라 탄력적 운영방식(생활체육대회 방식)을 채택하여 진행 중이다. 전국장애학생체육대회 종목현황은 다음과 같다.

표 2-20 전국장애학생체육대회 종목

항목	육성종목	보급종목
구분기준	패럴림픽·장애인아시아경기대회 종목	생활체육종목 위주의 보급종목
운영목표	우수 선수 발굴	체육활동 저변 확대
운영방식	엘리트대회 방식 (경기규정에 의한 운영)	생활체육대회 방식 (세부 종목의 탄력적 운영)
해당종목	골볼, 보치아, 수영, 육상, 탁구 ※장애인체육경기력향상종합계획과 연계 선정	농구, 디스크골프, 배구, 배드민턴, 볼링, 역도, 조정, 축구, 플로어볼, e-스포츠

※ 출처: 제10회 전국장애학생체육대회(2017)

참가 장애유형은 지체장애, 뇌성마비, 시각장애, 청각장애, 지적장애 등이며, 연도별 전국장애학생체육대회 개최 현황은 다음과 같다.

표 2-21 연도별 전국장애학생체육대회 개최 현황

회수	개최 기간	개최 장소	참가 종목	참가선수단(명)				참가 대상					
				계	선수	임원	보호자	계	지체	뇌성마비	시각	지적발달	청각
2회	'08. 10. 28 ~ 10.31	광주	9개 종목 (정식7, 시범1, 전시1)	1,479	912	206	111	912	86	0	92	586	148
3회	'09. 5. 12. ~ 5.15	전남 (여수, 목포)	11개 종목 (정식10, 전시 1)	2,006	1,315	526	165	1,315	38	57	82	941	197
4회	'10. 5. 17 ~ 5.20	대전	13개 종목 (정식12, 전시1)	2,437	1,570	640	227	1,570	50	97	82	941	197
5회	'11. 5. 24 ~ 5.27	경남 진주	13개 종목 (정식11, 시범2)	2,731	1,701	738	292	1,701	175	0	80	1,258	188
6회	'12. 5. 1 ~ 5.4	경기 고양	15개 종목 (정식11, 시범2, 전시2)	2,710	1,615	843	252	1,615	47	132	77	1,162	197
7회	'13. 5. 11 ~ 5.14	대구	15개 종목 (보급, 육성)	3,018	1,773	1,012	233	1,773	54	153	80	1,277	209
8회	'14. 11. 4 ~ 11.8	인천	15개 종목 (사전, 공식)	2,723	1,644	805	274	1,644	41	163	72	1,186	182
9회	'15. 5. 19 ~ 5.22	제주	15개 종목 (보급, 육성)	2,717	1,477	1,002	238	1,477	38	156	69	1,055	159
10회	'16. 5. 17 ~ 5. 20	강원	15개 종목 (보급, 육성)	3,001	1,641	1,070	290	1,641	45	191	72	1,159	174
11회	'17. 5. 16 ~ 5. 19	충남	15개 종목 (보금, 육성)	3,141	1,639	1,502	–	1,639	53	188	73	1,172	153

※ 출처: 대한장애인체육회(2015), 제11회 전국장애학생체육대회 홈페이지(2018)

3. 기타 국내 장애인체육대회

국내 장애인선수를 위한 체육대회는 전국장애인체육대회, 전국장애학생체육대회 외 농아인체육대회, 스페셜올림픽대회, 상이군경체육대회 등이 있으며, 종목별 장애인경기대회도 개최되고 있다.

1) 전국농아인체육대회

청각장애인을 위한 체육대회는 축구 단일종목으로 1981년부터 열렸으나 청각장애인의 요구에 따라 볼링, 배드민턴 종목이 추가되어 2004년 용인에서 제1회 전국농아인체육대회가 개최되었다. 전국농아인체육대회는 스포츠를 통하여 청각장애인의 체력단련 및 사회통합을 도모함은 물론 유능한 선수를 발굴하기 위하여 매년 개최되고 있다.

전국농아인체육대회는 한국농아인협회와 대한농아인체육연맹이 함께 주최하며, 2016년 기준 배드민턴, 볼링, 육상, 축구, 탁구, 태권도 6개 정식종목과 시범종목인 게이트볼 경기가 진행하고 있다. 대회 참가자격은 청각장애인으로 장애인경기단체의 선수등록을 한 사람으로 만 15세 이상이면 참가가 가능하다. 연도별 전국농아인체육대회 개최 현황은 다음과 같다.

표 2-22 연도별 전국농아인체육대회 개최 현황

회수	개최 기간	개최 장소	참가 종목	참가 인원(명)
1회	'04. 6. 2 ~ 5. 4	경기 용인	3개 종목	474
2회	'05. 10. 26 ~ 10. 29	경남 창원	5개 종목	625
3회	'06. 9. 5 ~ 9. 9	강원 춘천	6개 종목	628
4회	'07. 5. 1 ~ 5. 4	전남 목포	6개 종목	694
5회	'08. 5. 27 ~ 5. 30	충남 천안	8개 종목	796
6회	'09. 5. 26 ~ 5. 29	경북 구미	8개 종목	821
7회	'10. 11. 18 ~ 11. 21	서울 상무	10개 종목	920
8회	'11. 11. 17 ~ 11. 20	광주	11개 종목	886
9회	'12. 9. 12 ~ 9. 15	인천	11개 종목	821
10회	휴회			
11회	'14. 9. 24 ~ 9. 26	경기	9개 종목	635
12회	'15. 11. 12 ~ 11. 14	전남 목포	6개 종목	597
13회	'16. 11. 10 ~ 11. 12	제주	7개 종목	607
14회	'17. 10. 18 ~ 10. 21	서울	9개 종목	1,177

※ 출처: 대한농아인체육연맹(2017)

2) 국내 스페셜올림픽대회

스페셜올림픽대회는 세계대회(World games), 동아시아 대회(Regional games), 전국대회

(National games), 종목별 대회, 지역대회로 구분하여 개최된다. 전국대회는 매년 개최하나 세계대회가 열리는 해에는 실시하지 않으며, 종목별 대회는 전국 대회가 개최되지 않는 해에 열리는 단일 종목별 대회로 하계 3종목, 동계 2종목의 경기가 치러진다. 지역대회는 시·도 지부 단위로 개최하는 지역별 종합대회 또는 단일종목대회이다.

스페셜올림픽 전국하계대회는 1999년 10월 순천향대학교에서 제1회 대회가 개최되었다. 전국하계대회에서는 육상, 역도, 축구, 보체, 배구, 농구, 수영, 배드민턴, 탁구, 골프 9개 종목의 경기가 펼쳐지고 있으며 동계대회는 플로어하키, 피겨스케이트, 스피드스케이트, 스노우슈잉, 스노보드 등의 경기가 진행된다.

참가대상은 만 8세 이상 지적, 발달장애인이며, 대회 종목별 1~3위에게는 메달이 수여되고 4등부터는 리본을 받게 되어 모두가 시상대에 오른다. 특히, 스페셜대회는 디비저닝을 통해 선수들의 나이, 성별, 운동능력에 따라 그룹을 나누어 대회에 참가한다.

3) 전국상이군경체육대회

※ 출처: 국가보훈처(2017)
전국상이군경체육대회

전국상이군경체육대회는 국가유공 상이군경들의 재활을 위하여 1967년 4월 25일 당시 국립원호병원에서 제1회 대회가 개최되었다. 이 대회는 우리나라 각종 장애인체육대회 중 가장 역사가 깊은 대회로 초기 대회에는 척수장애 상이군경에게만 참가자격이 있었으나 제24회 대회부터는 절단장애, 뇌병변장애 등 참가범위를 확대하여 발전시켜 나갔다.

전국상이군경체육대회는 대한민국상이군경회가 주최하고 보훈체육회가 주관하였으나, 2015년부터 대한민국상이군경회와 대한민국상이군경체육회가 주최·주관하는 행사로 매년 5월 중 양궁, 사격, 탁구, 론볼 등의 경기를 개최하고 있다.

4) 종목별 장애인경기대회

종목별 장애인경기대회는 각 종목별로 많은 대회가 개최되고 있다. 그 중 대한장애인체육회 31개 가맹 경기단체에서 실시하고 있는 종목별 경기대회는 다음과 같다.

표 2-23 종목별 장애인경기대회

2016년 기준

종목	대회명
농구	KWBL 휠체어농구리그, 울산광역시 휠체어농구대회, 대구컵 국제휠체어농구대회, 온양온천배 전국휠체어농구대회, 제주특별자치도지사배 전국휠체어농구대회, 우정사업본부장배 전국휠체어농구대회, 고양시컵 홀트전국휠체어농구대회
축구	LIG 전국장애인축구선수권대회, 전국뇌성마비장애인축구대회, 전국시각장애인축구대회, 전국농아인축구대회
휠체어 럭비	전국휠체어럭비 어울림대회, 전국휠체어럭비 선수권대회, 전국휠체어럭비 선수권대회 전국권역 예선대회(충남, 부산, 서울, 구미), 서울특별시장배 전국휠체어럭비대회
론볼	익산시장배 전국론볼대회, 전라남도지사배 전국론볼대회, 부산광역시장배 전국론볼대회, 전라남도지사배 전국론볼대회, 서울특별시장배 전국론볼대회, 수레바퀴 전국론볼대회, 제주특별자치도지사배 전국론볼대회, 대전광역시장배 전국론볼대회, 영월동강배 전국장애인론볼대회, 충북도지사배 전국론볼대회, 문경시장배 전국론볼대회, 인천광역시장배 전국론볼대회, 시흥시장배 및 경기도 장애인 전국론볼대회, 전라북도지사배 전국론볼대회, 직지배 전국론볼대회
배드민턴	서구청장배 전국장애인배드민턴대회, 돌하르방배 추계 전국장애인배드민턴선수권대회, 직지배 전국장애인배드민턴선수권대회, 아산시장배 전국어울림배드민턴대회, 영남지역휠체어배드민턴대회, 서울특별시장배장애인생활체육배드민턴대회, 요넥스배 전국장애인배드민턴대회, 화성시장배 전국장애인배드민턴대회, 춘계 전국장애인배드민턴선수권대회, 삼성전기배 전국장애인배드민턴대회
사격	전국장애인사격공기총대회, 임실군수기 전국장애인사격대회, 경찰청장기 전국사격대회, 한화회장배 전국사격대회, 전국장애인사격선수권대회, 종별 선수권대회, 회장배 전국장애인사격대회
아이스하키	포스코배 전국장애인아이스하키대회, 이성근배 전국장애인아이스하키대회, KPH 강남베드로병원배 장애인아이스하키대회
양궁	서울특별시 어울림 양궁대회, 울산전국장애인양궁대회, 함평전국장애인양궁대회, 천안전국장애인양궁대회, 현대홈쇼핑배 전국장애인양궁대회
역도	전국장애인역도대회, 전국장애인역도선수권대회, 경기도지사기 전국장애인역도대회, 전남도지사배 장애인통합역도대회,
유도	전국하계유도선수권대회, 전국추계유도선수권대회, 평택시장기배 전국장애인유도대회, 전국춘계선수권대회
테니스	전국어울림테니스대회, 부산오픈국제휠체어테니스대회, 서울오픈 통합 전국휠체어테니스대회, 용인시장배어울림테니스대회, 대구오픈국제휠체어테니스대회
펜싱	추계 전국휠체어펜싱선수권대회, 세종특별자치시장배 전국휠체어펜싱선수권대회, 직지배 전국휠체어펜싱선수권대회, 충북도지사배 전국휠체어펜싱선수권대회, 춘계 전국휠체어펜싱선수권대회
배구	전국지적·청각장애인배구대회 겸 좌식배구왕중왕전, 천안시장기 전국좌식배구대회, 광주무등기 전국좌식배구대회, 전국좌식배구선수권대회, 땅끝공룡기 전국좌식배구대회, 수원시장애인배구협회장기 대회, 전라북도지사기 전국좌식배구대회

종목	대회명
댄스스포츠	신나리한가족 전국장애인댄스스포츠선수권 대회, 여수 거북선배 전국장애인댄스스포츠대회, 코리아 서울시티컵 장애인 댄스스포츠 챔피온쉽, 대구광역시장배 전국장애인댄스스포츠선수권대회, 대구광역시장배 전국장애인댄스스포츠선수권대회, 대한장애인체육회장배 전국장애인댄스스포츠선수권대회
수영	전국장애인수영선수권대회, 대전광역시장배 전국장애인수영대회, 수원시장배 장애인수영대회, 제주특별자치도지사배 전국장애인수영대회, 울산광역시장배 전국장애인수영대회, 부산광역시장배 전국장애인수영대회
골볼	전국시각장애인골볼선수권대회, 전국시각장애인골볼통합대회
육상	전국장애인육상선수권대회, 서울국제휠체어마라톤대회
보치아	충청남도 전국보치아선수권대회, 전국보치아선수권대회, 하이트진로배 전국보치아선수권대회, 전라북도 전국보치아선수권대회, 전라남도 땅끝배 전국보치아선수권대회
볼링	전국장애인볼링최강전, 대한장애인체육회장배 전국장애인볼링대회, 경상남도지사배 전국장애인볼링대회, 서울특별시장배 전국장애인볼링대회, 전국장애인볼링종목별선수권대회, 대전광역시장기 전국장애인볼링대회
사이클	군포시장배 장애인사이클대회, 문화체육관광부장관배 전국어울림사이클대회, 전국장애인사이클선수권대회, 제주특별자치도지사배 전국장애인사이클대회개최
스키	장애인알파인스키통합대회
조정	서울특별시장배 전국장애인조정대회, 영산강 전국장애인조정대회, 대구대학교총장배 전국장애인조정대회
탁구	전국장애인탁구 종합선수권대회, 서울특별시장배 전국장애인탁구대회, 대전광역시장배 전국장애인탁구대회, 인천광역시장배 전국장애인탁구대회, 경북도지사배 전국장애인탁구대회, 서산시장배 전국장애인탁구대회, 부천시장배 전국장애인탁구대회, 대한장애인탁구협회장배 전국장애인탁구대회
태권도	전국장애인태권도대회, 전국한마음태권도대회

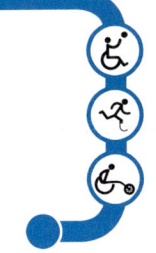

03 장애인스포츠 경기 종목

장애인스포츠지도사, 특수체육교사를 위한 **장애인스포츠론**

1. 장애인스포츠 경기 종목 현황

　장애인선수들이 전문적인 경쟁스포츠에 참여할 수 있는 주요 동·하계 국제 경기대회는 국제패럴림픽위원회에서 주관하는 패럴림픽대회(Paralympic Games)와 국제농아인스포츠위원회(ICSD)에서 주관하는 데플림픽대회(Deaflympics), 국제스페셜올림픽위원회(SOI)에서 주관하는 스페셜올림픽 세계대회(Special Olympics)가 있다. 본 장에서는 동·하계 주요 대회별 경기 종목에 대한 정보를 최근 개최된 대회 및 개최 예정 대회를 기준으로 정리하였으며, 종목별 주요 경기방법, 경기장비 등의 세부 정보는 가장 큰 규모의 대회이며, 다양한 장애유형별 선수들이 참가하는 패럴림픽대회의 종목을 중심으로 구성하였다.

IPC
(International Paralympic Committee)

ICSD
(International Committee of Sports for Deaf)

SOI
(Special Olympics International)

2020년 도쿄
하계패럴림픽대회

2018 평창
동계패럴림픽대회

2017 삼순
하계패럴림픽대회

2015 한티
동계데플림픽대회

2019 아부다비스페셜올림픽
세계하계대회

2017 오스트리아스페셜올림픽
세계동계대회

※ 출처: ICSD(207), IPC(2017), SOI(2017)

Ⅱ. 장애인스포츠 경기대회 ▪ 83

장애인스포츠의 주요 대회 중 하계패럴림픽대회는 총 22개 경기 종목으로 양궁, 육상, 배드민턴, 수영, 보치아, 카누, 사이클, 승마, 5인제 축구, 골볼, 유도, 역도, 조정, 사격, 좌식배구, 탁구, 태권도, 트라이애슬론, 휠체어농구, 휠체어럭비, 휠체어펜싱, 휠체어테니스가 포함되어 있다.

하계데플림픽대회는 총 21개 경기 종목으로 육상, 배드민턴, 수영, 사이클-도로, 사이클-산악, 축구, 유도, 사격, 배구, 탁구, 태권도, 농구, 테니스, 비치발리볼, 볼링, 골프, 핸드볼, 가라테, 오리엔티어링, 레슬링-그레코르만형, 레슬링-자유형이 포함되어 있다.

스페셜올림픽 하계대회는 총 25개 경기 종목으로 육상, 배드민턴, 수영-실내, 수영-야외, 카약, 사이클, 승마, 축구, 유도, 역도, 배구, 탁구, 트라이애슬론, 농구, 볼링, 골프, 핸드볼, 보체, 기계체조, 리듬체조, 크리켓, 넷볼, 롤러스케이팅, 소프트볼, 세일링으로 구성되어 있다. 주요 대회별 종목의 구성 현황은 다음 표와 같다.

표 2-24 주요 국제대회별 하계 경기 종목 현황

번호	하계 종목	패럴림픽대회	데플림픽대회	스페셜올림픽대회	비고
1	육상	O	O	O	
2	배드민턴	O	O	O	
3	수영	O	O	O	SOI: 야외수영/수영
4	사이클	O	O	O	ICSD: 도로/산악
5	축구	O	O	O	IPC: 5인제
6	유도	O	O	O	
7	배구	O	O	O	
8	탁구	O	O	O	
9	농구	O	O	O	IPC: 휠체어농구
10	태권도	O	O		
11	테니스	O	O		IPC: 휠체어테니스
12	사격	O	O		
13	승마	O		O	
14	카누	O		O	SOI: 카약

번호	하계 종목	패럴림픽대회	데플림픽대회	스페셜올림픽대회	비고
15	역도	○		○	
16	조정	○			
17	트라이애슬론	○		○	
18	볼링		○	○	
19	골프		○	○	
20	핸드볼		○	○	
21	양궁	○			
22	골볼	○			
23	휠체어펜싱	○			
24	휠체어럭비	○			
25	보치아	○			
26	비치발리볼		○		
27	가라테		○		
28	오리엔티어링		○		
29	레슬링		○		ICSD: 그레코로만/자유형
30	보체			○	
31	체조			○	SOI: 기계/리듬
32	크리켓			○	
33	넷볼			○	
34	롤러스케이팅			○	
35	소프트볼			○	
36	세일링			○	

※ 출처: ※ 출처 : ICSD(2018), IPC(2018), SOI(2018)

동계패럴림픽대회는 총 6개 경기종목으로 알파인스키, 스노보드, 크로스컨트리스키, 파라아이스하키, 휠체어컬링, 바이애슬론이 포함되어 있으며, 동계데플림픽대회는 총 5개 경기종목으로 알파인스키, 크로스컨트리스키, 아이스하키, 컬링, 스노보드가 포함되어 있다. 마지막으로 스페셜올림픽 세계동계대회는 총 8개 경기종목으로 알파인스키, 스노보드, 스노우슈잉, 피겨스케이팅, 쇼트트랙, 스피드스케이팅, 플로어볼, 플로어하키로 구성되어 있으며, 주요 대회별 종목의 구성 현황은 다음 표와 같다.

표 2-25 주요 국제대회별 동계 경기 종목 현황

번호	동계 종목	패럴림픽대회	데플림픽대회	스페셜올림픽대회	비고
1	알파인스키	O	O	O	
2	스노보드	O	O	O	
3	크로스컨트리	O	O		
4	아이스하키	O	O		IPC: 파라아이스하키
5	컬링	O	O		IPC: 휠체어컬링
6	바이애슬론	O			
7	스노우슈잉			O	
8	피겨스케이팅			O	
9	쇼트트랙			O	
10	스피드스케이팅			O	
11	플로어볼			O	
12	플로어하키			O	

※ 2016년 12월 스포츠 조직별 국제 홈페이지 기준

1) 패럴림픽대회 경기 종목

패럴림픽대회(Paralympic Games)는 신체장애와 시각장애 및 지적장애를 지닌 엘리트 선수들이 참가하는 국제경기대회이다. 패럴림픽대회는 4년마다 올림픽이 개최되는 도시에서 하계와 동계대회가 열린다. 국제패럴림픽위원회(IPC) 주관의 패럴림픽대회의 경기 종목은 하계 대회 22개 종목, 동계 대회는 6개 종목으로 구성되어 있다. 2016년 리우패럴림픽대회에서는 159개 국가의 4,328명의 선수들과 2명의 난민 선수들이 참가하였으며, 1996년 애틀랜타패럴림픽대회 대비 약 2배의 규모인 1,670명의 여성선수가 참여함으로써 그 의미를 더했다. 또한 카누와 트라이애슬론 종목이 처음 포함되어 총 22개 종목으로 치러졌다.

※ 출처: 대한장애인체육회 홈페이지(2018)

2016년 리우하계패럴림픽대회 대한민국 대표팀 입촌식

표 2-26 동·하계 패럴림픽대회 경기 종목 현황

동·하계 패럴림픽대회 경기종목	
하계 경기종목 (22개 종목)	양궁, 사격, 육상, 보치아, 배드민턴, 좌식배구, 사이클, 수영, 승마, 탁구, 축구(5인제), 휠체어농구, 휠체어펜싱, 골볼, 휠체어럭비, 유도, 휠체어테니스, 역도, 트라이애슬론, 조정, 카누, 태권도
동계 경기종목 (6개 종목)	알파인스키, 바이애슬론, 크로스컨트리스키, 파라아이스하키, 휠체어컬링, 스노보드

※ 2016 리우 하계 패럴림픽 및 2018 평창 동계 패럴림픽 기준

2018년 평창동계패럴림픽대회에서는 알파인스키, 바이애슬론, 크로스컨트리스키, 파라아이스하키, 휠체어컬링과 함께 스노보드가 처음 종목으로 채택되어 치러졌다.

2) 데플림픽대회 경기 종목

데플림픽대회(Deaflympics)는 4년마다 개최되는 농아인들의 국제 경기대회로서, 올림픽과 마찬가지로 2년마다 하계대회와 동계대회로 나뉘어 개최된다. 국제농아인스포츠위원회(ICSD) 주관의 데플림픽대회의 경기 종목은 하계 대회 21개 종목, 동계 대회는 5개 종목으로 구성되어 있다.

※ 출처: 대한장애인체육회 홈페이지(2018)

2015년 한티만시스크동계데플림픽대회 개막식

표 2-27 동·하계 데플림픽대회 경기 종목 현황

	동·하계 데플림픽대회 경기종목
하계 경기종목 (21개 종목)	육상, 오리엔티어링, 배드민턴, 사격, 농구, 수영, 비치발리볼, 탁구, 볼링, 태권도, 도로사이클, 테니스, 산악사이클, 배구, 축구, 자유형레슬링, 골프, 그레코로만형레슬링, 유도, 핸드볼, 가라테
동계 경기종목 (5개 종목)	알파인스키, 크로스컨트리스키, 아이스하키, 컬링, 스노보드

※ 2017 삼순 하계 데플림픽 및 2015 한티만시스크 동계 데플림픽 기준

    2013년 제22회 소피아데플림픽대회의 경우 총 19개 종목이 실시되었으며, 2017년 제23회 터키 삼순하계데플림픽대회에서는 총 21개 종목이 포함되었다. 우리나라의 경우 2009년 타이페이데플림픽대회 종합 3위, 2013년 소피아데플림픽대회 종합 3위를 달성하며 우수한 성적을 거두고 있으며, 특히 2009년 타이페이데플림픽대회에서부터 정식종목으로 채택된 태권도와 볼링 종목에서 두각을 나타내고 있다.

    동계데플림픽대회는 2011년 제17회 대회가 체코에서 개최될 예정이었으나, 취소된 이후 2015년 러시아 한티만시스크에서 제18회 동계데플림픽대회를 유치하여 5개 종목을 성공적으로 운영하였다.

3) 스페셜올림픽대회 경기 종목

스페셜올림픽대회(Special olympics)는 국제올림픽위원회(International Olympic Committee; IOC)의 공식 승인을 받아 패럴림픽대회(Paralympic Games)와 함께 지적장애인들의 올림픽으로 불리는 대회이며, 매 4년마다 하계와 동계로 나뉘어서 개최된다.

국제스페셜올림픽위원회(SOI) 주관의 스페셜올림픽대회의 경기 종목은 하계대회 25개 종목, 동계대회는 8개 종목으로 구성되어 있다. 2013년 우리나라에서 유치한 2013년 평창스페셜올림픽 세계동계대회는 역대 가장 성공적인 스페셜올림픽 동계대회로 평가되고 있다.

※ 출처: 대한장애인체육회 홈페이지(2018)

2013년 평창스페셜올림픽 세계동계대회 개막식

표 2-28 스페셜올림픽 세계동·하계대회 경기 종목 현황

스페셜올림픽 세계동·하계대회 경기종목	
하계 경기종목 (25개 종목)	수영, 육상, 핸드볼, 배드민턴, 유도, 농구, 카약, 보체, 넷볼, 볼링, 야외수영, 사이클, 역도, 승마, 롤러스케이팅, 축구, 세일링, 골프, 수영, 테니스, 탁구, 배구, 트라이애슬론, 기계체조, 리듬체조
동계 경기종목 (8개 종목)	알파인스키, 크로스컨트리스키, 스노보드, 스노우슈잉, 쇼트트랙, 피겨스케이팅, 플로어하키, 플로어볼

※ 2016년 12월 국제스페셜올림픽위원회 기준

2. 하계 경기 종목

1) 양궁(Archery)

양궁 경기는 패럴림픽대회의 정식종목으로 세계양궁연맹(World Archery Federation; WA)에서 장애인양궁까지 관장하고 있다. 장애인양궁은 휠체어 관련 규정을 제외한 모든 경기규칙이 일반 양궁규칙과 동일하며 장애인스포츠 종목 중 일반규정의 적용으로 동일한 경쟁이 가능한 종목이다. 특히 양궁은 1948년 영국의 스토크맨더빌 병원에서 재활을 위한 수단으로 시작된 장애인들이 참여한 최초의 경기 종목이다.

※ 출처: 대한장애인체육회 공식 홈페이지(2018)

양궁경기 종목에는 척수장애, 뇌성마비, 절단 및 기타장애인선수가 참여 가능하며, 국내에는 2017년 기준 98명의 양궁선수가 활동하고 있다. 우리나라 장애인양궁의 경기력 수준은 각종 국제대회에서 꾸준히 우수한 기량을 나타내며 우수한 성적을 거두고 있을 정도로 장애인양궁 강국으로 손꼽힌다.

세부 종목

- 양궁경기는 경수를 다친 중증장애인 부문은 ARW1등급, 휠체어를 사용하는 모든 장애인부문 ARW2등급, 서서 쏠 수 있는 ARST등급으로 총 3등급으로 구분되어 실시한다.
- 양궁경기는 W1, 컴파운드 오픈, 리커브 오픈으로 구분되어 실시한다.

성별	경기			비고
	W1	컴파운드	리커브	
남성	O	O	O	• 혼성팀은 남·녀 각각 1명으로 구성 • W1은 경수손상 장애인 선수들이 치르는 세부 종목임
여성	O	O	O	
혼성	O	O	O	

경기 방법

- **올림픽라운드 경기방식**
    - 경기방식은 리커브와 컴파운드·W1 경기의 거리가 각각 70m와 50m로 나뉘어 경기를 치른다. 리커브는 남·녀·혼성 모두 70m의 거리를 두고 3발씩 5세트 발사하며, 각 세트에서 승 2점, 패 0점, 무승부 1점으로 하여 총 6점을 먼저 획득하는 선수가 다음 라운드로 진출하게 된다.
    - 그리고 컴파운드와 W1 경기는 50m의 거리를 두고 3발씩 5엔드를 발사하여 누적점수가 높은 선수가 다음 라운드로 진출하게 된다. 이때, W1종목 선수의 표적은 1~10점까지 큰 표적을 사용하며, 컴파운드 종목 선수의 표적은 6~10까지의 작은 표적으로 경기를 치르게 된다.
    - 혼성(Mixed)경기는 남·녀 각각 1명씩 구성하여 치르는 방식으로 각각 2발씩 발사하여 총 4엔드로 경기를 치른다. 컴파운드와 리커브 경기 방식과 같이 50m, 70m의 거리를 두고 발사하며 리커브는 세트로 컴파운드는 누적점수로 승·패를 가른다.

경기장 및 경기장비

- **양궁 경기장**
    - 양궁 경기장은 천연잔디 및 인조잔디로 70m·50m로 각 파트별 순위결정전에 의해 토너먼트 경기방식으로 64강에서 결승전까지 경기를 진행한다.
    - 양궁 경기의 주요 경기장비에는 활, 화살, 조준기 등이 있다.

※ 출처: 세계양궁연맹(2018), 대한장애인양궁협회(2018), 장애인스포츠백과(2012)

2) 육상(Athletics)

육상경기는 1952년 영국의 스토크맨더빌 병원에서 세계대전에 참전한 상이군경들의 휠체어 레이싱으로부터 시작이 되었다. 이후 1960년 첫 번째 패럴림픽대회부터 정식종목으로 포함되어 현재는 120개 이상의 국가에서 실시되는 종목으로써 패럴림픽대회 종목 중 가장 보편화된 장애인스포츠이다. 육상은 패럴림픽대회뿐만 아니라 스페셜올림픽대회와 데플림픽대회의 정식종목으로 많은 경기종목을 제공함으로서 모든 유형의 장애인들이 참여할 수 있어 가장 많은 인원이 참가하는 종목이다.

※ 출처: 대한장애인체육회 홈페이지(2018)

우리나라의 육상경기는 1988년 서울패럴림픽대회를 계기로 성장을 해오고 있으며, 2001년 설립된 대한장애인육상연맹(KAFD)에서 주관하고 있다. 육상 경기는 모든 종목에 국제육상경기연맹(International Association Athletics Federations; IAAF)의 규칙을 적용하고 있으며 각각의 장애유형별 선수들은 등급분류를 통해 경기에 참여한다. 우리나라 장애인육상 종목은 2017년 기준 1,246명의 선수가 등록되어있다. 장애인육상대표팀은 홍석만 선수가 2004년 아테네패럴림픽대회와 2008년 베이징패럴림픽대회에서 3개의 금메달을 획득하였고, 2016년 리우패럴림픽대회에서 김규대 선수가 동메달을 획득함으로써 2008년 베이징패럴림픽대회, 2012년 런던패럴림픽대회에 이어 최초 3개 대회 연속 동메달을 획득하는 성과를 나타내고 있다.

세부 종목

트랙경기 종목

종목	성별	등급분류
100m	남	T11, T12, T13, T33, T34, T35, T36, T37, T38, T47 (T45/46/47), T51, T52, T53, T54, T63 (T42,T63), T64 (T44,T62/64)
100m	여	T11, T12, T13, T34(T33/34), T35, T36, T37, T38, T47(T45/46/47), T52(T51/52), T53, T54, T63(T42, T63), T64(T44, T62/64)
200m	남	T35, T37, T51, T61, T64(T44,T64)
200m	여	T11, T12, T35, T36, T37, T47(T45/46/47), T64(T44, T64)

종목	성별	등급분류
400m	남	T11, T12, T13, T20, T36, T37, T38, T47(T45/46/47), T52(T51/52), T53, T54, T62
	여	T11, T12, T13, T20, T37, T38, T47(T45/46/47), T53, T54
800m	남	T34(T33/34), T53, T54
	여	T34(T33/34), T53, T54
1500m	남	T11, T13(T12/13), T20, T38(T37/38), T46(T45/46), T52(T51/52), T54(T53/54)
	여	T11, T13(T12*/13), T20, T54(T53/54)
5000m	남	T11, T13(T12/13), T54(T53/54)
	여	T54(T53/54)
마라톤	남	T12(T11/12), T46(T45/46), T54(T52/53/54)
	여	T12(T11/12), T54(T52/53/54)
멀리뛰기	남	T11, T12, T13, T20, T36, T37, T38, T47(T45/46/47), T63(T42, T61/63), T64(T44, T62/64)
	여	T11, T12, T20, T37, T38, T47(T45/46/47), T63(T42, T61/63), T64(T44, T62/64)
높이뛰기	남	T47(T45/46/47), T63(T42, T63), T64(T44, T64)

필드경기 종목

종목	성별	등급분류
곤봉던지기	남	F32(F31/32), F51
	여	F32(F31/32), F51
원반던지기	남	F11, F37, F52(F51/52), F56(F54/55/56), F64(F43/44, F62/64)
	여	F11, F38(F37/38), F41(F40/41), F53(F51/52/53), F55(F54/55), F57(F56/57), F64(F43/44, F62/64)
창던지기	남	F13(F12/13), F34(F33/34), F38, F41(F40/41), F46(F45/46), F54(F53/54), F57(F56/57), F64(F42/43/44, F61/62/63/64)
	여	F13(F12/13), F34(F33/34), F46(F45/46), F54(F53/54), F56(F55/56)

포환던지기	남	F11, F12, F20, F32, F33, F34, F35, F36, F37, F40, F41, F46(F45/F46), 53, F55(F54/55), F57(F56/57), F63(F42, F61/63)
	여	F12(F11/12), F20, F32, F33, F34, F35, F36, F37, F40, F41, F54, F57(F56/57)

릴레이 경기

종목	등급분류
4x100m	T11-13, T33-34/T51-54, T35-38, T42-47/T61-64

릴레이 종목은 2020도쿄패럴림픽대회부터 T11~13, T33~34/T51~54, T35~38, T42~47/T61~64 등급의 각각 1명씩 구성하여 경기를 치름

경기 방법

트랙종목

- **척수장애(휠체어) 경기**
    - 경기 도중 하지의 어떤 부분도 땅에 닿으면 실격 처리가 된다.
    - 휠체어는 출발선 위치에서 앞바퀴가 선에 닿아서는 안 된다.
    - 경기 도중 상대방에 지장이 없는 범위 내에서 라인 침범은 가능하다.
    - 선수는 반드시 헬멧을 착용해야 한다.
    - 피니시 시점은 작은 바퀴가 결승점 통과 시점으로 한다.
    - 휠체어 뒷 등받이에 배번호표를 식별이 가능하게 부착하여야 한다.
        ※ 도로경기에서 다른 스포츠등급인 T51~52선수가 T53~54선수, 여자선수가 남자선수 뒤에서 달리는 것은 허용되지 않는다(최소 1분이내, 5m 이상의 거리를 유지해야 함).

- **시각장애 경기**
    - 시각장애인 스포츠 등급분류는 T11(전맹), T12, T13으로 구분되어지며, T11은 가이드 사용이 가능하며 반드시 불투명 안경 또는 안대를 착용한다. 사용하는 레인은 기타 장애와 달리 2개 레인(1, 3, 5, 7레인)을 사용할 수 있다. T12는 가이드와 안대를 사용할 수도 안할 수 도 있으며, 2개 레인을 사용 할 수 있다. T13은 가이드 없이 경기에 참여한다.

- T11, T12등급 경기에 참여하는 가이드는 어느 쪽으로 달려도 무방하며, 가이드의 안내방법은 끈을 사용하여 0.5m 거리를 유지하여야 한다. 만약 가이드가 선수보다 앞서 달리는 경우 실격처리가 될 수 있다.
- 400m 이상 경기에는 가이드 러너를 2명 사용이 가능하며, 반드시 선수와 구분되어지는 밝은 오렌지색 셔츠를 착용하여야 한다.
- 절단 및 기타장애 경기
- 절단장애인 스포츠 등급분류는 T42~T46으로 구분되어지며, 하지절단 장애인은 의족을 사용하여 다리의 길이를 맞출 수 있다. 달리기 방법에서 두 다리가 바닥에서 떨어지는 호핑(Hopping) 동작은 실격 처리가 된다.
- 상지 절단 장애인은 보철물 사용이 선택적이다.

필드종목
- **척수장애 경기**
    - 척수장애인의 투척경기용 휠체어를 별도로 사용을 하며, 경기 전에 심판관이 높이 제한(쿠션 10cm를 포함한 전체 높이75cm) 측정을 한다.
    - 투척 동작에서 양쪽엉덩이 모두가 의자 또는 쿠션에서 떨어지면 안 된다.
    - 안장의 크기는 직각 또는 정사각형 모양으로 최소 30cm 이상은 되어야 한다.
    - 투척 동작을 할 때 사용되는 바는 길이 제한 없이 수직으로 뻗어 있어야 하며, 어떠한 변형을 주어서도 안된다.
    - 바는 어떤 탄성도 있으면 안되며, 그립을 위해 바에 테잎을 감아 사용할 수 있다.

- **시각장애 경기**
    - F11등급의 시각장애 선수는 안대를 착용하며, F11, F12 등급의 선수는 가이드 러너의 방향지시를 받을 수 있다.
    - 높이뛰기 경기 시 F11 등급 선수는 바(bar)를 만져볼 수 있다. F11, F12 등급의 선수는 음향을 이용하여 방향을 설정할 수 있다.
    - 투척경기 시에도 조력자(Assistance) 또는 방향설정을 위한 음향 사용이 허용된다.
    - 멀리뛰기 경기는 1×1.22m의 직사각형의 도약구간에서 최소거리 2m의 거리에 도약하여 착지하는 경기이다.
    - 세단뛰기 최소거리는 F11 등급은 9m, F12와 F13 등급은 11m로 경기가 진행된다.

- **절단 및 기타 장애 경기**
    - 모든 경기는 일반적 수준으로 진행이 되며, 보조기 탈부착에 유의한다.
- **뇌성마비 경기**
    - 뇌성마비 종목에는 포환던지기, 원반던지기, 창던지기 이외에 경기 종목이 변형하여 개발된 곤봉던지기가 있다.
    - 뇌성마비들도 척수장애인과 마찬가지로 투척용 휠체어를 사용하며, 던지는 기술은 오버드로우, 사이드 드로우, 언더 드로우가 있다.
    - 곤봉던지기는 원반던지기 필드에서 실시한다.

경기 장비

- **경기용 휠체어**

    트랙, 도로 경기용

    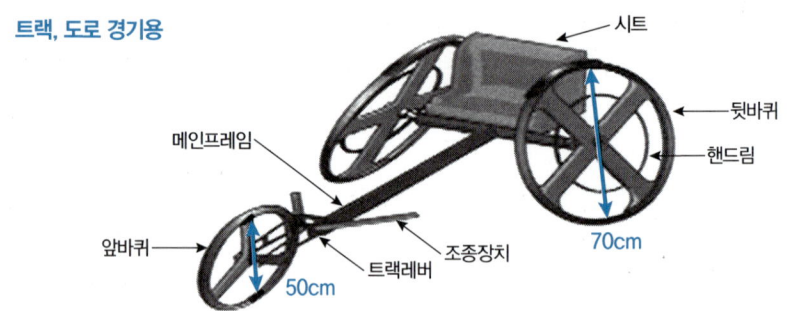

    트랙경기용

    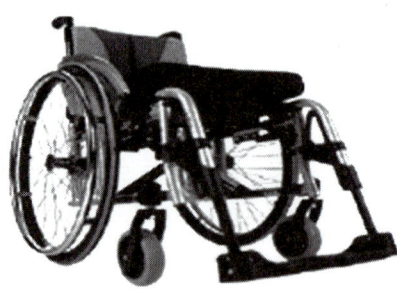

    - 휠체어는 트랙경기용 휠체어와 필드경기용 휠체어로 구분되어지는데 바퀴수와 무게, 모양에서 차이가 있다.

- 트랙경기용 휠체어는 바퀴가 3개이며, 두 개의 큰 바퀴와 하나의 작은 바퀴로 되어 있다. 작은 바퀴는 어떤 시합이든 앞쪽에 위치해야 한다. 바퀴의 크기는 큰 바퀴의 경우 최대지름 70cm를 초과하지 않아야 하며, 작은 바퀴는 50cm를 초과해서는 안 되고, 거울, 기계적 기어(gear), 레버(lever) 부착 시 실격 처리된다.
- 800m 이상 경기 참가 시 양손으로 앞바퀴 조정 장치를 양손으로 조정이 가능해야 한다.
- 필드경기용 휠체어는 보편적으로 사용하는 휠체어와 형태가 비슷한 4개의 바퀴가 달린 휠체어를 사용한다.
- 투척경기용 휠체어는 바퀴가 달려 있지 않는 고정식으로 의자의 높이는 쿠션(10cm)을 포함하여 75cm를 초과해서는 안 된다.

- **의족**
  - 의족은 절단장애 선수들을 위한 보조 장비로서 필드경기와 트랙경기 모두 착용하게 되어 있다. 의족 또는 보철은 등급분류 과정에서 승인을 받으며, 승인된 이후 선수의 키를 늘려서는 안 된다.

※ 출처: 국제육상연맹(2018), 대한장애인육상연맹(2018), 장애인스포츠백과(2012)

3) 배드민턴(Badminton)

배드민턴 경기는 세계배드민턴연맹(Badminton World Federation; BWF)의 경기규정을 따르고, 장애유형에 따라 코트의 크기와 네트의 높이가 다르게 적용된다. 배드민턴의 종목은 휠체어, 좌식, 입식배드민턴으로 나뉘며, 좌식배드민턴의 경우 장애유형에 상관없이 경기규정을 적용하는 오픈등급으로 운영한다.

※ 출처: 대한장애인체육회 홈페이지(2018)

배드민턴 경기는 총 6개의 세부종목으로 구성되며 2020년 도쿄패럴림픽대회부터 정식종목으로 채택되었고, 스페셜올림픽대회와 데플림픽대회에서도 실시되고 있다.

국내에는 2017년 기준 538명의 선수들이 등록되어 있으며, 우리나라 배드민턴팀의 국제 경기 수준은 데플림픽대회 및 각종 국제대회에서 우수한 성적을 거두며 장애인배드민턴 강국의 반열에 올라있다.

경기 방법

- 3게임(3판 2선승)을 원칙으로 하고 한 게임 21점을 선취한 편이 승리하며, 해당 랠리에서 이긴 편이 득점한다. 그리고 20:20 동점인 경우 2점을 연속하여 득점한 편이 승리하며 29:29(초등부–24:24)인 경우 30점에 먼저 도달한 편이 승리한다.
- **단식 경기 방식:** 서버가 포인트를 얻지 못했거나 점수가 짝수인 경우는 우측에서, 점수가 홀수인 경우는 좌측에서 서비스 하고 리시버는 서버의 대각선 위치의 코트에서 리시브한다.
- **복식 경기 방식:** 서버가 포인트를 얻지 못했거나 점수가 짝수인 경우는 우측에서, 점수가 홀수인 경우는 좌측에서 서비스 하고 서버로부터 서비스 코트의 대각선 위치에 선 선수가 리시버가 된다. 리시버 쪽의 선수는 해당선수 쪽이 서비스하여 점수를 얻기 전까지 서로 코트 위치를 바꾸지 않는다.
- **경기 중 인터벌:** 각 게임 중 한쪽편이 11점에 먼저 도달할 경우 60초 이내 인터벌, 1게임과 2게임 사이, 2게임과 3게임 사이에 120초 이내의 인터벌이 허용된다. 또한 셔틀콕이 인플레이 일 때에는 발이 올려 있는 발판이 바닥에 접촉해서는 안 된다.
- **폴트:** 휠체어 배드민턴 경기에서 휠체어 모든 부분은 선수 신체의 일부로 간주된다.
- **움직임의 제한:** 휠체어 배드민턴에서 선수가 셔틀콕을 치는 순간 선수 몸통의 일부분은 휠체어 좌석과 접촉하고 있어야 하고 셔틀콕이 인플레이 일 때에는, 선수의 발은 발판과 접촉해 있어야 한다. 발을 발판에 묶을 수도 있다. 경기 중 휠체어에서 한순간도 발이 바닥에 닿아서는 안 된다. 특히, 선수는 발을 지지하기 위해 사용할 수 없으며, 선수가 셔틀콕을 치기 바로 전 또는 치는 순간에, 선수는 신체를 지탱하려고 손을 바닥에 접촉해서는 안 된다.

경기장 및 경기장비

▪ 경기장

- 라인 폭: 40mm,
  코트 대각선 길이:
  14.723m
- 네트 높이:
  양 끝 부분은 1.55m,
  중앙은 1.524m
- 포스트(지주대) 높이:
  1.55m
- 코트와 코트사이: 최소 2m
- 천정높이:
  적정높이 – 12m 이상,
  　　　　　최소 9m 이상

※ 출처: 대한장애인체육회 홈페이지

▪ 경기장비

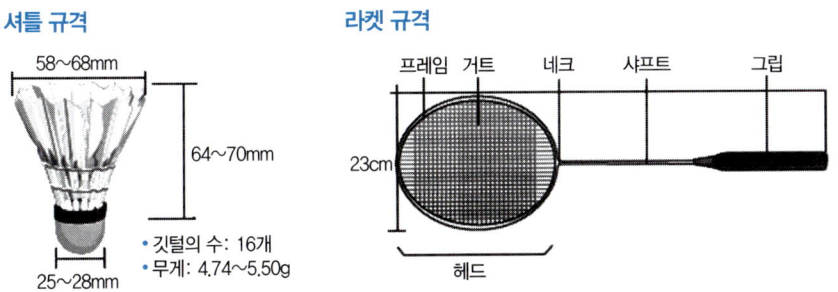

※ 출처: 대한장애인배드민턴협회(2018), 세계배드민턴연맹(2018), 장애인스포츠백과(2012)

4) 농구(Basketball)

농구는 패럴림픽대회에서 실시하고 있는 휠체어농구경기와 데플림픽대회와 스페셜올림픽대회에서 실시하는 농구경기가 있다. 패럴림픽대회의 정식종목인 휠체어농구 경기는 국제휠체어농구연맹(International Wheelchair Basketball Federation; IWBF)의 경기규칙을 따르며, 스페셜올림픽대회와 데플림픽대회에서 개최하는 농구경기는 국제농구연맹(FIBA)의 규칙을 적용하고 있다.

※ 출처: 대한장애인체육회 홈페이지(2018)

휠체어농구는 기존의 농구 규칙을 단순히 변화시켜 휠체어를 타고 농구 경기를 하는 스포츠이다. 휠체어농구는 영국의 구트만 박사가 1946년 2차 세계대전으로인해 발생한 상이군인들의 재활을 위해 개발하였다. 이후 미국에서 휠체어농구협회의 설립을 시작으로 현재는 유럽을 중심으로 전 세계에 널리 보급됨으로써 가장 인기 있는 장애인스포츠 종목 중 하나로 발전하였다. 우리나라는 1984년 삼육재활원에서 휠체어농구팀을 창단한 이후 2005년 대한장애인농구협회(KWBF)가 설립됨으로써 꾸준한 발전을 거듭하였다.

휠체어농구는 현재 전국장애인체육대회 및 각종 국내대회가 개최되고 있으며, 국내 장애인스포츠 종목 중 유일하게 리그제가 도입되어 운영되고 있다. 국내의 장애인농구 선수는 2017년 기준 571명이 등록되어 활동하고 있으며, 우리나라 휠체어농구대표팀은 2014년 인천장애인아시아경기대회에서 금메달을 획득하며 아시아권에서 우수한 경기력을 나타내고 있다.

 경기 방법

- 경기는 10분, 4피리어드로 한다. 1, 2피리어드 사이(전반전)와 3, 4피리어드 사이(후반전), 그리고 연장전 전의 휴식기간은 2분으로 하고, 하프타임은 15분으로 한다. 만일 4피리어드의 경기가 끝났을 때 스코어가 동점이 되었으면 경기의 승패가 가려질 때까지 5분씩의 연장전을 계속해야 한다.
- 1피리어드의 경기 시작은 탭-오프(점프볼)로 시작되고, 공의 소유를 판가름하기 어려운 상황에서 얼터네이팅(Alternating) 규정을 적용하여 경기 시작 시 볼을 소

유하지 못한 팀이 다음 소유권을 갖고, 그 후 양 팀이 번갈아 볼을 소유하며 스로인 한다.
- 더블 드리블 규정은 적용되지 않으며, 휠체어의 두 바퀴가 동시에 바닥에서 떨어질 때, 볼을 잡고 세 번 이상 바퀴를 밀었을 때(트래블링), 양손이 동시에 바닥에 닿을 때, 공이 휠체어 밑으로 들어갈 때에는 바이얼레이션이 선언되고, 휠체어에서 엉덩이가 떨어질 때(리프팅)는 파울이 주어지며, 부당한 이득을 얻기 위해 다리를 사용할 때, 상대편 선수의 눈을 손으로 가리거나 괴롭히는 행위를 할 경우 테크니컬 파울이 주어진다.
- 상대편의 바스켓에 볼이 들어간 경우 공격한 팀이 득점한 것으로 하고, 프리스로에 의한 골은 1점, 2점 숏 지역에서의 필드골은 2점, 3점 숏 지역에서의 골은 3점으로 계산한다. 숏 동작 중의 반칙에 대해서는 숏이 성공하면 한 차례의 자유투가 주어지고, 2점 또는 3점 숏이 실패하면 해당 점수만큼의 자유투가 주어진다.
- 한 피리어드에 팀의 파울이 4개가 되었을 때 팀파울 벌칙상태에 있게 되고, 모든 퍼스널 파울에 대하여 스로인하는 볼의 소유권 대신 2개의 프리 스로가 주어진다.

농구 경기장

- 경기장은 바닥이 단단한 평면으로 직사각형이어야 하며 장애물이 없어야 한다.
- 공식경기를 위한 경기장의 규격은 경계선 안으로부터 측정하여 길이 28m, 너비 15m이어야 한다.
- 코트의 모든 선은 흰색이어야 하며, 너비 5cm로 선명하게 보이도록 그려야 한다. 코트는 2개의 엔드라인(코트의 짧은 부분)과 2개의 사이드라인(코트의 긴 부분)으로 구분된 지역이며, 이 선들은 코트의 일부분이 아니다.

경기장비

- 농구 경기용 휠체어는 선수의 일부분으로 간주된다. 모든 휠체어는 플로어로부터 제일 높은 쿠션 플랫을 포함하여 측정하며, 1개의 쿠션만 사용 가능하다. 휠체어의 의자에 쿠션을 사용할 때에는 바닥에서 쿠션의 상단까지의 최대 높이, 쿠션을 사용하지 않을 때에는 바닥에서 휠체어 의자 상단까지의 최대높이가 1.0~3.0등급의 선수들은 63cm이고, 3.5~4.5등급의 선수들은 58cm이다.
- 휠체어 앞이나 옆의 수평 보호바인 발받침은 최전방 지점과 전체 길이 중 바닥으로부터 11cm 이상 되어서는 안 된다. 이 바(Bar)는 곧거나 약간의 곡선이 있는 것으로 하되 뾰족해서는 안 되며 전방으로 향하여 위치한 앞 캐스터로 측정을 해야 한다.
- 발받침 하단부분은 경기장 표면의 손상을 방지하도록 설계되어야 한다. 발아래의 고정되어 있는 롤바(Roll Bars)는 플로어 보호의 목적이고, 안전 목적으로 휠체어 뒤쪽에 부착하는 작은 안티 팁 캐스터(Anti-Tip Castor)의 사용도 허용된다.
- 타이어를 포함한 큰 바퀴는 최대 69cm이고, 작은 바퀴는 휠체어의 앞에 있는 수평 바 내부에 위치해야 한다.
- 휠체어에는 어떠한 조정장비, 브레이크 또는 기어도 허용되지 않는다.

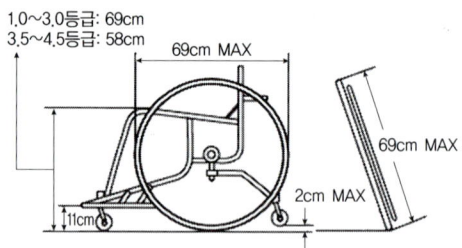

※ 출처: 휠체어농구연맹(2018), 대한장애인농구협회(2018), 국제휠체어농구연맹(2018), 장애인스포츠백과(2012)

5) 보치아(Boccia)

보치아경기는 '잭'이라 불리는 표적구가 있는 방향으로 각자 6개의 공을 굴리거나 던져 자신의 공을 상대방의 공보다 표적구에 더 가까이 보내 득점하는 방식으로 치러진다.

보치아경기는 뇌성마비 및 기타 중증장애인(근이영양증, 외상성 뇌손상)을 위한 스포

※ 출처: 대한장애인체육회 공식 홈페이지(2018)

츠로 주요 경기참여 대상인 중증장애인에게 보치아 경기를 통해 협응성이나 유연성, 평형성에 도움을 줄 수 있다.

보치아의 경기규칙은 국제보치아연맹(Boccia International Sports Federation; BISFed)의 규정을 적용하며, 1984년 뉴욕패럴림픽대회 때 소개된 이후 1988년 서울패럴림픽대회에서 정식 종목으로 채택되었다.

우리나라의 보치아는 1987년 서울패럴림픽대회 준비를 위해 강습회를 개최하고 동년도에 전국장애인체육대회에서 처음으로 보치아 경기가 치러졌으며, 국내의 보치아 선수는 2017년 기준 434명이 등록되어 있다. 우리나라 보치아 대표팀은 국제대회에 처음 참가한 1988년 서울패럴림픽대회부터 2016년 리우패럴림픽대회까지 8개 대회 연속 금메달 획득하는 위업을 달성하였다.

세부 종목

보치아 세부종목

국제보치아연맹 규정에 의거한 보치아의 세부 경기종목은 BC1 개인전 경기, BC2 개인전 경기, BC3 개인전 경기, BC4 개인전 경기와 BC1-2 혼합 단체경기, BC3/BC4 2인조(Pairs)경기로 구분된다.

경기 방법

- 보치아는 테니스 경기와 같이 많은 관중이 관람할 수 있으나 관중들은 선수가 공을 던질 때에 조용히 하여야 한다. 개인 경기와 2인조 경기는 4엔드 단체전은 6엔드로 이루어지며 개인 경기 선수는 3번과 4번 던지기 구역에서 경기하고 단체 경기는 1 3 5번(홈 사이드) 2 4 6번(어웨이 사이드)까지 던지기 구역을 사용하여 경기한다. 선수들은 공을 경기장 안으로 던지거나 굴리거나 발로 차서 보낸다. 6개의 빨간색 공과 6개의 파란색 공을 가지고 각 선수가 매 회마다 상대방의 제일 가까운공보다 표적구에 가까이 던진 공에 대하여 1점씩 부가하며 6회를 한 다음 점수를 합산하여 많은 득점을 한 팀이 승리한다.
- **개인전 BC1 경기:** BISFed 의무등급분류 체계에 의해 BC1 등급으로 분류된 선수들이 참가한다. 각 선수는 1명의 경기보조자의 도움을 받을 수 있으며, 경기 보조원은 경기지역 뒤의 지정된 곳에 위치해야 한다.

- **개인전 BC2 경기:** BISFed 의무등급분류 체계에 의해 BC2 등급으로 분류된 선수들이 참가한다. 참가선수는 경기 중 경기보조자의 도움을 받을 수 없다.
- **개인전 BC3 경기:** BISFed 의무등급분류 체계에 의해 BC3 등급으로 분류된 선수들이 참가한다. 각 선수는 1명의 경기보조자의 도움을 받을 수 있으며, 경기 중 경기보조자는 선수 투구구역에 머물 수 있으나 반드시 코트를 등지고 있어야 하며, 경기 중에는 코트를 보아서는 안 된다.
- **개인전 BC4 경기:** BISFed 의무등급분류 체계에 의해 BC4 등급-비뇌인성과 BC4 하지 사용 선수가 참가한다. 상지 사용선수는 경기 중 경기보조자의 도움을 받을 수 없지만 하지 사용선수는 1명의 경기보조자의 도움을 받을 수 있다.
- **BC3 2인조 경기:** 참가 선수들은 반드시 BC3 개인전 종목에 참가자격을 인정받은 선수가 참가 할 수 있다. BC3 2인조 경기는 1명의 교체선수를 둘 수 있다.
- **BC4 2인조 경기:** 참가 선수들은 반드시 BC4 개인전 종목에 참가자격을 인정받은 선수가 참가 할 수 있다. BC4 2인조 경기는 1명의 교체선수를 둘 수 있다.
- **단체전 경기:** 참가 선수들은 반드시 BC1과 BC2 개인전 종목에 참가자격을 인정받은 선수가 참가할 수 있다. 하나의 팀에는 경기중인 3명의 선수 중 적어도 1명은 반드시 BC1 선수이어야 한다. 각 팀은 1명의 경기보조자의 도움을 받을 수 있으며, 이 보조원은 BC1 개인전 종목에 규정된 규칙을 지켜야한다. 1명 또는 2명의 교체선수를 가질 수 있다.

경기장 및 경기장비

경기장
- 경기장의 크기는 12.5m× 6m이고 바닥은 평평하고 매끄러워야 하며 던지기 구역은 경기장 폭을 6등분하여 동일 구역으로 구분한다. "V"형의 선은 경기 시 투구된 표적구 위치의 유·무효 판정을 위한 경계선이며 중앙의 "X" 표시는 "대체 표적구" 위치를 나타낸다.

경기장비
- 보치아 공의 재질은 양가죽으로 축구공 모양으로 되어있다. 보치아 공 1세트는 6개의 적색구, 6개의 청색구와 1개의 표적구(흰색 공)로 구성 된다. 공인대회에서 사용되는 공은 BISFed에서 규정한 기준인 무게275g(±12g), 둘레270㎜(±8㎜)을 충족해야 한다. 기준을 충족한 경우, 공에 상표가 인쇄되어 있지 않아도 된다.

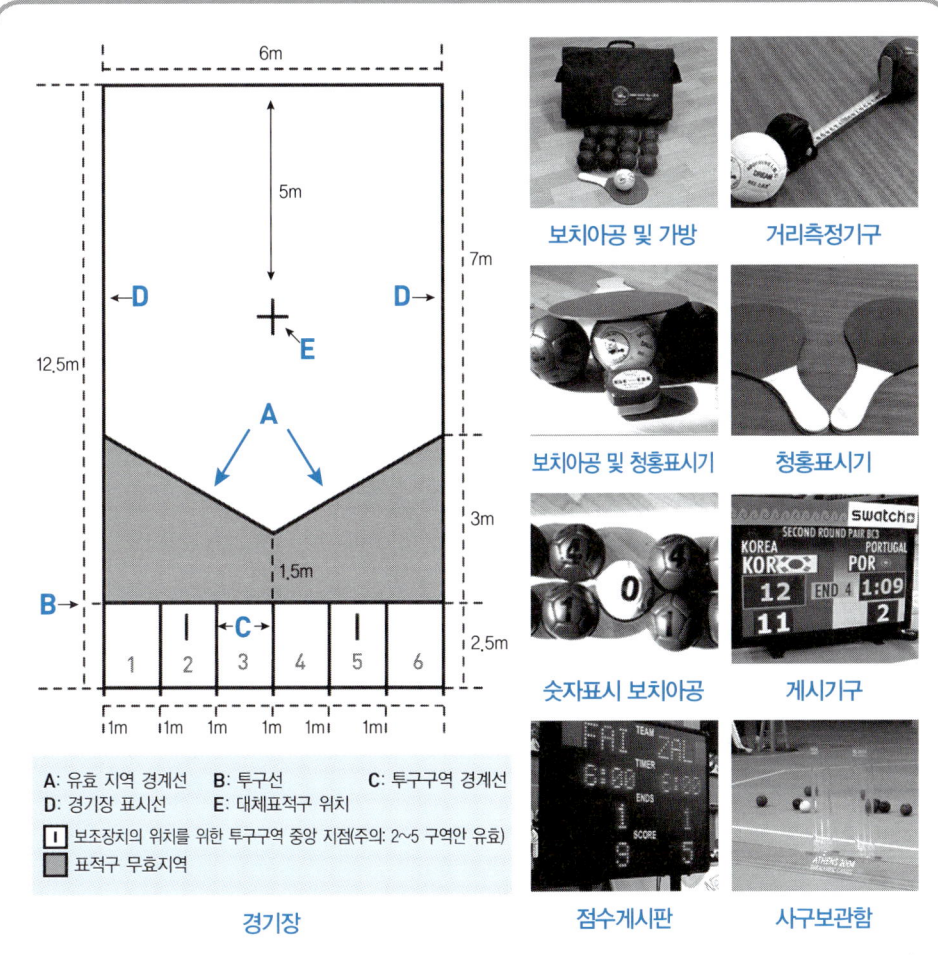

경기장 / 보치아공 및 가방 / 거리측정기구 / 보치아공 및 청홍표시기 / 청홍표시기 / 숫자표시 보치아공 / 게시기구 / 점수게시판 / 사구보관함

A: 유효 지역 경계선 B: 투구선 C: 투구구역 경계선
D: 경기장 표시선 E: 대체표적구 위치
Ⅰ 보조장치의 위치를 위한 투구구역 중앙 지점(주의: 2~5 구역안 유효)
▨ 표적구 무효지역

- 거리 측정기구는 컴퍼스와 줄자를 사용한다. 청홍표시기는 공을 투구할 차례를 알려주기 위하여 한쪽은 청색 한쪽은 홍색으로 칠해져 있는 탁구 라켓 모양의 표시기를 사용한다. 계시기구는 보치아 경기가 시간제한이 있는 경기이기 때문에 디지털로 만든 점수판에 게시된다.
- 전광판의 왼쪽이 항상 빨간색 공을 가진 선수(팀)가 표시되고 오른쪽은 파란색 공을 가진 선수(팀)가 표시된다. 점수판 아래에는 경기시간을 확인할 수 있도록 표시되어 있다.
- 선수들이 반드시 보관함에 몇 개의 공이 있는지를 볼 수 있어야 하며, 모든 선수들이 볼 수 있는 곳에 위치해야 한다.

※ 출처: 국제보치아연맹(2018), 대한장애인보치아연맹(2018), 장애인스포츠백과(2012)

6) 볼링(Bowling)

볼링경기는 데플림픽대회와 스페셜올림픽대회의 정식종목이며, 패럴림픽대회 종목에는 포함되어 있지 않으나 장애인아시아경기대회의 정식종목이다. 국제볼링연맹(International Bowling Association; IBA)의 경기규정을 동일하게 적용하고 있으며 장애에 따른 일부 변형된 규칙을 적용하여 실시하고 있다.

볼링경기는 입식과 휠체어장애인 모두가 참여 가능한 스포츠로 휠체어장애, 절단 및

※ 출처: 대한장애인체육회 공식 홈페이지(2018)

기타장애, 시각장애, 청각장애별 각각의 통합등급으로 이루어진다. 국내의 장애인볼링 선수는 2017년 기준 891명이 등록되어 활동하고 있으며, 국제경기력 수준은 데플림픽대회에서 매 대회 때마다 다수의 메달을 획득하며 우수한 성적을 유지하고 있다.

세부 종목

단체전
- 2인조, 3인조, 4인조

개인전
- **TPB 1:** 양안 모두 빛을 감지할 수 없으며, 어떤 거리에서도 손의 형태를 인지할 능력이 없다.
- **TPB 2:** 시력이 2/60까지 그리고/또는 시야는 5도 미만으로 손의 형태를 인지할 수 있다.
- **TPB 3:** 시력이 2/60 이상 그리고/또는 시야는 5도 이상 20도 미만인 경우이다. 모든 의무분류는 최대 교정상태에서 양안을 검사한 결과를 근거로 한다(경기중 콘택트 렌즈를 착용하는 선수의 경우, 실제 경기에서렌즈의 착용 유무에 관계없이 렌즈를 착용한 상태에서 의무분류를 실시함).
- **TPB 4:** 지적장애인선수
- **TPB 5:** CP ISRA 5등급
- **TPB 6:** CP ISRA 6등급

- **TPB 7:** CP ISRA 7등급
- **TPB 8:** 휠체어 경기 선수(ISMWSF 구 등급 2, 3, 4, 5, 6)/CP ISRA 3등급 및 4등급/ISOD LA2, LA3, 둔부 탈구, A1, A2, A3, A4, (A9)
- **TPB 9:** 하지장애가 있는 스탠딩 선수[ISOD LA5, A2, A3, A4, (A9)]
- **TPB 10:** 상지절단장애가 있는 스탠딩 선수[ISOD LA6, A6, A8, (A9)]

경기방법

TPB1

- 가이드레일과 눈금자는 이 클래스에 참가하는 선수들의 경우 규칙에 따라 적용된다. TPB1에서 가이드레일 보조 장치가 사용되고 그 가이드레일은 TPB1 볼링선수가 오른손잡이인지 왼손잡이인가에 따라서 입구의 왼쪽 혹은 오른쪽에 위치하게 된다. 또한 진입지의 내부가장자리가 홈통이나 통로의 내부가장자리로 나있는 라인을 가로지르지 않도록 하기 위해 정렬되어있어야 한다. 눈금가이드가 사용되는 TPB1 등급에서 볼링선수가 진입로에 서 있을 때 코치의 간섭이 있어서는 안 된다.
- 시각선수들에게 주어지는 유일한 정보는 왼쪽에 세워져있는 핀의 숫자가 새겨진 장소이다. 즉 세워져 있는 핀이 빠졌거나 볼이 말려들어간 홈통이나 통로에 있는 쪽을 말한다. 볼링선수가 진입로에 서있을 수 있도록 허용된 후 그 가이드는 이동하기 전의 볼링선수의 뒤로 이동시켜야 한다.

TPB2

- 경기관련 시설물에 대해 어떠한 물리적인 변경도 허용되지 않으나 가이드레일은 사용될 수도 있다.

TPB3

- WTBA의 규칙을 예외 없이 적용 된다.

휠체어 영역

- 바닥에 손상을 피하기 위해서 TPB8경쟁자들은 주최측에 의해서 요청이 있다면 보호판에 볼을 쳐서 떨어뜨려야 한다. 전기로 된 삼륜바퀴나 스쿠터(전기로 된휠체어는 포함 안됨)는 어떤 경우에도 허용되지 않는다.

◉ **경기장 및 경기장비**

경기장

- **레인(lane):** 실제로 볼이 굴러가는 바닥 부분을 의미한다. 레인의 표면은 전후 좌우를 모두 수평으로 깎아서 평평하게 만들어져 있다.
- **어프로치(approach):** 스텝이 이루어지는 공간으로 파울 라인의 뒤 끝까지 최소한 4.57m(15ft)가 되지 않으면 안 된다. 현재 일반적인 볼링장의 경우에는 4.87m(16ft)이다.
- **스탠딩 스폿(standing spot):** 투구 동작을 하기 위해 최초로 서는 발의 위치를 잡기 위한 것이다.
- **파울 라인(foul line):** 레인과 어프로치의 경계를 표시하는 검은 선으로 투구 시 밟고 공을 투구하면 파울이 되어 특점이 안 된다.
- **가이드 스폿(guide spot):** 레인 위의 파울라인 앞 2.14m 지점에 좌우로 다섯 개씩 있는 둥근 표시이다. 이 스폿은 에임 스폿으로 유도하기 위한 것이다.
- **에임 스폿(aim spot):** 레인 위의 가이드 스폿보다 멀리 삼각형 모양으로 늘어선 7개의 표시이며, 총의 가늠쇠와 같은 역할을 한다.
- **거터(gutter):** 레인 양쪽에 평행으로 판 홈통으로, 여기에 떨어진 볼은 핀에 맞지 않고 그대로 피트로 굴러 들어간다.
- **볼 리턴(ball return):** 피트에 떨어진 볼은 자동기계에 의해 바닥 밑에 있는 코스인 볼 리턴을 통하여 리턴 덱까지 되돌아온다. 되돌아 온 볼이 있는 곳을 리턴 덱(returndeck)이라고 한다.
- **핀덱(pin deck):** 레인끝에 핀을 세워 놓는 곳으로 핀의 위치를 늘 일정하게 하기 위한 표시가 되어있다.
- **릴리즈 스폿(release spot):** 릴리즈 스폿과 스텐딩 스폿은 일직선상에 있기 때문에 릴리즈가 끝나는 지점이 스텐딩 스폿과 일직선으로 이루어 졌는가를 확인할 수 있다.

경기장비

- **볼링공:** 볼링공의 무게는 16Lb(약7.2kg)를 초과할 수 없으며, 원둘레는 20인치(약 68.58cm)로 직경이 일정해야 한다. 또한 공의 표면에는 어떠한 이물질도 부착할 수 없으며, 볼의경도는 72듀로미터(durometer) 이상의 강도를 가져야 한다.
- **구조:** 예전의 볼링공은 외피(cover stock), 코어(core), 웨이트 블록(weight block)의 세 층을 가지는 3피스(piece)볼이 전부였으나, 80년대에 들어서 볼의 파괴력을 높

이기 위한 연구가 계속됨에 따라 소재가 다양해지고 구조도 복잡해 졌다. 둥근 공 모양 이였던 코어가 여러 형태로 변해가면서 2피스 볼이 등장하였고, 현재 만들어 지는 공들의 기준이 되고 있다. 일반적으로 볼링공의 선택은 일반인과 비교하여 선택하지 않고 장애유형에 맞는 무게의 볼을 선택한다.

- **볼링화**: 볼링경기를 하는데 있어서 볼링 공 만큼 중요한 역할을 하는 것은 볼링화이다. 정확한 스텝을 걸어야만 좋은 점수를 얻을 수 있기 때문이다. 장애인은 장애의 유형에 따라 스텝의 변화를 가진다. 일반적으로 볼링의 특성상 마지막 스텝은 발이 미끄러지는 슬라이딩(sliding)을 하게 된다. 그렇기 때문에 슬라이딩하는 발의 밑창은 가죽으로 되어있고 반대쪽 밑창은 미끄럼을 방지하기 위해 고무로 되어 있다.
- **볼링핀**: 핀은 볼과 부딪히는 강한 충격에 견딜 수 있도록 튼튼하고 견고한 단풍나무로 만들며, 표면은 특수 도료로 칠해져 있다. 핀의 표면은 흰색으로 칠해져 있고 어깨부분에는 공인 표와 생산자의 마크가 붙어 있으며, 이것이 없거나 벗겨진 핀은 공식 경기에서 사용할 수 없다. 핀의 크기는 다음과 같다. 핀의 무게는 3파운드 6온스(약 1.3kg)이상 3파운드 10온스(약 1.6kg)이하로 규정 되어 있으며, 핀의 배열은 다음과 같다.

7) 카누(Canoe)

카누 경기는 장애인스포츠 종목 중 스포츠의 변형이 거의 없으며, 다양한 장애유형이 즐길 수 있는 경기이다. 카누 경기는 중국 광저우에서 열린 IPC 집행위원회의에서 패럴림픽 프로그램에 포함되었으며, 2009년 국제카누연맹에서 첫 공식행사를 치르고 이듬해 첫 번째 세계선수권대회를 개최하였다. 장애인카누는 2016년 리우패럴림픽대회에서 처음 정식종목으로 채택되었으며, 스페셜올림픽대회에서는 카누와 비슷한 경기인 카약이 정식종목으로 치러지고 있다. 장애

※ 출처: IPC 공식 홈페이지(2018)

인카누의 경기규칙은 국제카누연맹(International Canoe Federation; ICF)의 규정을 따르고 있으나, 경기장비에 있어서는 장애의 특성을 고려하여 특수좌석, 폰툰구명조끼, 절단 및 상지손상 장애를 위한 변형과 특수좌석, 등받이 등의 사용을 허용하고 있다. 장애카누 선수는 운동 능력에 따라 KL1, KL2, KL3 등의 세 가지 범주로 분류되며, 숫자가 높을수록 장애가 약하고 운동기능이 높은 것을 나타낸다.

경기방법

카누 세부종목
- 국제카누연맹(International Canoe Federation; ICF)의 경기규정을 적용한 2016 리우패럴림픽대회에서는 200m 카누 스프린터 종목 중 KL1, KL2, KL3 각 세 클래스로 남자와 여자 부문으로 나뉜다.
- 도쿄패럴림픽대회에서는 3개(남자 : 바아 싱글 VL2~3, 여자 : 바아 싱글 VL2)의 세부종목이 늘어났다.

주요 경기방법
- 국제카누연맹(ICF)은 카누 경기를 스프린터(sprint), 슬라알럼(slalom), 마라톤(marathon), 폴로(polo), 와일드워터(wildwater), 프리스타일(freestyle), 드래곤보트(dragon boat), 오션 레이스(ocean racing) 등으로 분류하고 있다.
- 카누 스프린터 경기는 잔잔한 물에서 하는 것으로, 주어진 코스에서 속도를 겨루는 경기이다.
- 슬라럼 경기는 급류 또는 역류의 물에서 인공적으로 설치된 기문들을 통과하여 최대한 빨리 결승점에 도달하는 방식으로, 1인승과 2인승 경기가 있다.
- 와일드 워터 경기는 자연지형의 급류 코스(3km 이상)에서 장애물을 헤쳐 가며 내려오는 모험스포츠이다.
- 마라톤의 경우, 남자는 20km 이상, 여자 및 주니어는 15km 이상의 거리에서 실시하며, 폴로는 기본적으로 카약을 타고 폴로 게임을 하는 것이다.

경기장비

경기장
- 카누 경기장은 200m, 500m, 1,000m 경기를 실시하기 때문에 최소 1,500m의 길이에 예비 공간을 포함하여야 하며, 선수가 출발선까지 이동할 수 있도록 5~9m 규격의 9개 레인의 양쪽에 2개의 예비 레인이 필요하다.

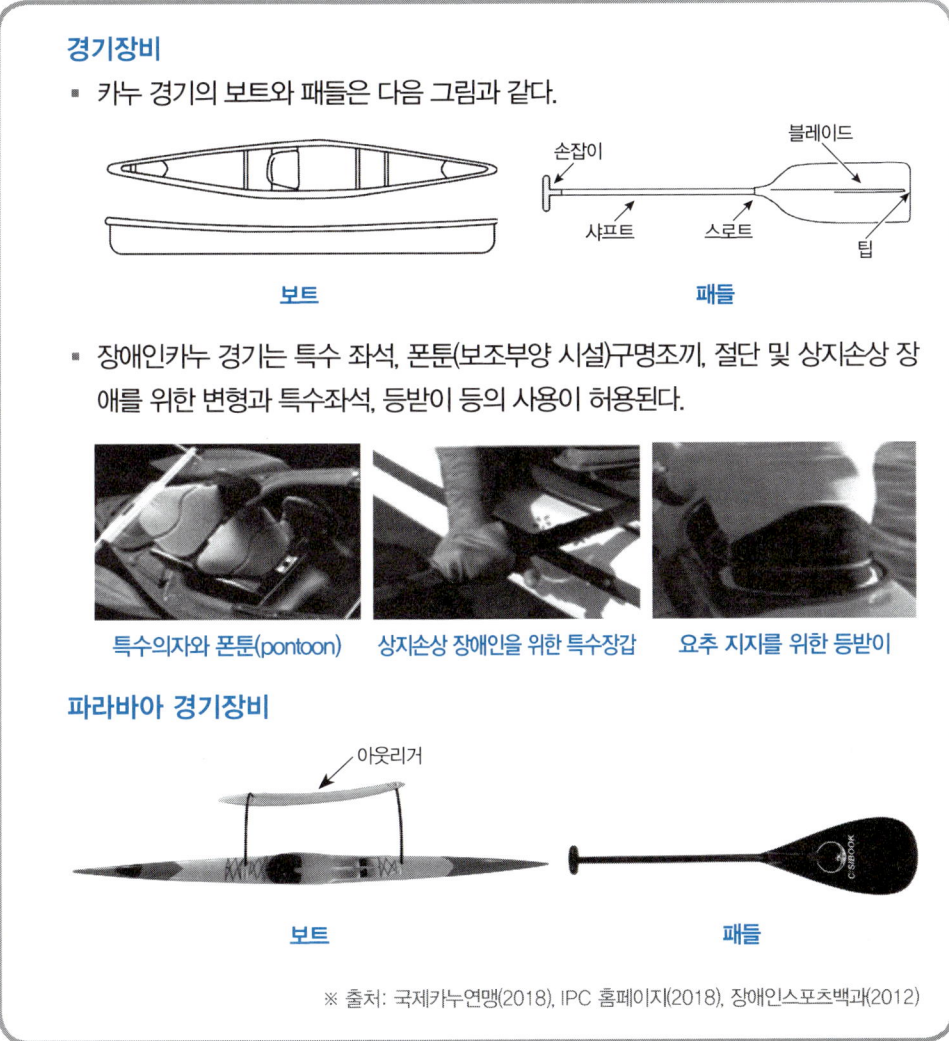

8) 사이클(Cycling)

사이클경기는 패럴림픽대회, 데플림픽대회, 스페셜올림픽대회의 정식 종목으로 국제사이클연맹(Union Cycliste Internationale; UCI)의 규정이 적용된다. 사이클 경기에 참가 가능한 장애유형은 시각장애와 뇌성마비, 절단 및 기타장애인들이며, 시각장애인선수들은 비장애인 선수와 함께 타는 탠덤사이클을 사용하여 경기에 참여한다. 이와 같이 선수들은 2인용 사이클인 탠덤사이클, 손으로 패달을 돌리는 핸드사이클, 절단장애인의 절단 부위에 맞게 변형된 사이클, 뇌성마비선수들이 사용가능한 삼륜사이클 등 각각의 선수들의 장애 유형에 맞게 변형한 장비를 사용한다.

시각장애 선수들이 참가하는 탠덤사이클 종목 경기는 1992년 바르셀로나패럴림픽대회에서 정식종목으로 채택되었다. 사이클 경기는 개인전과 단체전으로 구분되고 트랙 및 도로 경기, 추발 경기 등이 있으며, 국내의 사이클 선수는 2017년 기준 199명이 등록되어 활동하고 있다. 우리나라 사이클 종목의 국제경기력 수준은 2016년 리우패럴림픽대회에서 핸드사이클 종목에 첫 출전한 이도연 선수가 로드레이스 종목에서 은메달을 획득하는 성과를 나타냈다.

※ 출처: 대한장애인체육회 홈페이지(2018)

세부 종목

구분	경기종목
트랙경기	• 단거리종목: 200M 스프린터 (남.여), 1km독주 (남,여), 중(장)거리종목, 3km독주 (여), 4km독주 (남) • 단체경기 : 3km(여), 4km(남)
도로경기	• 도로경기는 트랙경기와 같이 정해진 거리가 없다. 대회를 주최하는 주최 측에서 현 실정에 맞게 일정한 거리를 선정하여 경기를 한다(국제경기 동일). • 연맹에서 주관하는 국내 도로경기는 5km개인독주경기와 20km 개인도로로 구분하여 경기를 실시하고 있으나, 국제대회가 최소 60km경기를 하는 실정이므로 2008년부터 국내대회도 개인도로의 경우 장거리(60km이상) 경기를 할 예정이다.

 경기방법

- 스프린트 경기는 올림픽정식 종목으로 2~4명씩 조 편성되어 333m 미만의 트랙 3바퀴, 333m 이상 트랙에서는 2바퀴를 돌면서 선수들 간에 견제와 작전을 구사하여 결승선을 가장 먼저 통과하는 선수가 승자가 되는 경기로 흥미와 스릴이 넘치는 두뇌 경기이다. 조 편성을 위해 200m 기록경기를 실시한다. 이 경기는

보통 1바퀴를 남겨 놓고 선수들이 전력 질주하는 모습을 볼 수 있는데 이는 최종 200m 정도의 거리로 승부를 가름하는 경향이 많아 200m 거리의 순간 속도가 빠른 선수들이 승리할 확률이 높다.

- 개인추발 경기는 남자 엘리트 종목은 4km, 여자 엘리트 종목은 3km, 남자 주니어는 3km, 여자 주니어는 2km 이다. 개인추발 경기는 두 팀의 각 1명씩 2명의 선수가 출전하여 트랙의 중앙에 위치한 본부석 출발선과 반대편 출발선의 출발대에서 동시에 출발하여 남자는 4km, 여자는 3km를 전력 질주하면서 서로 추월을 시도하는 경기이며, 결승선(본인 출발선)에 도착한 기록이 빠른 선수가 승리하는 경기이다. 경기는 토너먼트 방식으로 진행된다.

- 단체추발 경기는 1팀이 4명의 선수로 구성되며 2팀이 출전하여 서로 상대 팀에게 추월을 시도하는 경기 종목이다. 각 팀의 기록은 각 팀의 세번째 선수의 앞바퀴가 결승선에 도착한 시간으로 기록을 측정한다. 각 팀의 3번째 주자의 기록을 계측하기 위해서 각 선수의 앞바퀴 축에 전자 신호 장치를 부착해야 한다. 이 경기는 4명이 한 조가 되어 선수간의 호흡이 맞고 교대기술 능력에 따라 기록이 좋아지는 경기이다.

- 탠덤사이클 경기는 남녀 경기로 각각 5km와 20km 도로 경기로 치러진다. 개인 경기 및 단체 경기가 있다. 도로경기 시 정상적인 주행으로 타선수의 경기진행에 방해를 해서는 안 된다. 도로경기 시 타선수의 진로를 고의로 방해하였다고 심판이 판정할 경우 해당선수는 실격처리 되며 심각한 부상이 고의성이 있다고 판단되면 상벌위원회에 회부되어 처벌받게 되는 경우도 있다. 경기 중 비신사적인 행위는 타선수의 부상방지를 위하여 국내외적으로 강력하게 제지를 하고 있는 실정이다. 도로경기 시 차량이나 오토바이 뒤에서 주행하는 등 바람의 저항을 선수본인이 받지 않고 주행을 할 경우 실격 처리된다. 도로경기 시 심판의 안내 및 통제를 준수해야 하며, 사이클 경기는 자칫 순간의 잘못으로 심각한 부상과 직결되므로 심판행동에 적극적인 참여가 필요한 경기이다.

- 개인도로 경기는 육상으로 보면 마라톤에 해당하는 종목이다. 그만큼 열량 소모가 크고, 강한 심폐기능을 요하는 종목이다. 패럴림픽대회에서는 개인 도로 경기의 주행 거리를 남자 엘리트는 220~250km, 여자 엘리트는 100~140km로 정해 놓고 있다. 이 경기는 일정거리를 정해 놓고 개인 선수만 참가시키는 도로경기를 말한다. 출전 선수가 일제히 출발하여 결승선에 도착한 순서에 의해 등위가 결정된다. 도로경기는 벨로드롬경기와 같이 정해진 거리가 없다. 대회를 주최하는 주최 측에서 현 실정에 맞게 일정한 거리를 선정하여 경기를 한다(국제경기 동일). 연맹에서 주관하는 국내 도로경기는 5km 개인독주경기와 20km 개인도로로 구

> 분하여 경기를 실시하고 있으나, 국제대회가 최소 60km경기를 하는 실정이므로 2008년부터는 국내대회도 개인도로의 경우 장거리(60km 이상) 경기를 시행하고 있다.
> - 개인도로 독주 경기는 개인도로 독주경기는 안전하고 완전한 표시판이 설치된 코스에서 실시된다. 패럴림픽대회에서의 주행 거리는 남자엘리트는 40~50km, 여자 엘리트는 20~30km 사이로 정해진다. 선수는 동일한 시간 간격으로 출발한다. 이 시간 간격은 마지막으로 출발하는 선수들 간에는 증가될 수 있다. 출발은 출발대(Launching Ramp)에서 실행되며, 선수는 출발대에 지탱되어 있다가 놓아져야 한다. 이때 선수를 밀어서는 안 되며, 동일한 사람이 모든 선수에게 같은 행동으로 붙잡아야 한다.
>
> ※ 출처: 대한장애인사이클연맹(2018), 국제사이클연맹(2018), 장애인스포츠백과(2012)

9) 댄스스포츠(Dancesport)

댄스스포츠 경기는 레크리에이션 및 재활의 목적으로 스웨덴에서 처음 시작되어, 점차 인기가 높아져 1998년 일본에서 첫 번째 세계선수권대회가 개최된 이후 국제패럴림픽위원회(IPC)의 관리를 통해 발전하였다. 장애인댄스스포츠는 신체적 장애인들이 주로 참여하는 우아하고 세련된 스포츠로 필요한 경우 전동휠체어를 사용할 수 있다.

※ 출처: 대한장애인체육회 공식 홈페이지(2018)

장애인댄스스포츠는 국제댄스스포츠연맹(World Dance Sport Federation; WDSF)의 기본 경기규칙을 적용하며 직접적인 경기규정 및 관리는 국제장애인댄스스포츠연맹(World Para Dance Sport)의 관리를 받고 있다. 국내의 장애인댄스스포츠 선수는 2017년 기준 274명의 선수가 등록되어 있다. 댄스스포츠는 각종 국내외 대회 및 세계선수권대회가 열리고 있으며, 2014년 인천장애인아시아경기대회에 정식종목으로 개최되었다.

세부 종목

장애유형 Class 구분

구분	장애유형
Class 1	척수장애/절단장애/뇌성마비
Class 2	척수장애/절단장애/뇌성마비

구분	장애유형
Class D	청각장애
Class B	시각장애

개인전

장애유형	종목	등급	구분	세부종목
척수장애 절단장애 뇌성마비 청각장애 시각장애	스탠더드 (단 종목)	Class1 (휠체어) Class2 (휠체어) Class D (청각) Class B (시각)	커플 (남·여)	왈츠(Waltz)/탱고(Tango)/비엔니스 왈츠(Viennese Waltz)/폭스트롯(Foxtrot)/퀵스텝(Quick Step)
척수장애 절단장애 뇌성마비 청각장애 시각장애	라틴 (단 종목)	Class1 (휠체어) Class2 (휠체어) Class D (청각) Class B (시각)	커플 (남·여)	룸바(Rumba)/차차(Cha Cha)/삼바(Samba)/파소도블레(Paso doble)/자이브(Jive)
	듀오 (단 종목)	Class1 (휠체어) Class2 (휠체어)	커플 (남·여)	룸바(Rumba)/차차(Cha Cha)/자이브(Jive)
		Class1 (휠체어) Class2 (휠체어)	커플 (남·여)	왈츠(Waltz)/탱고(Tango)/퀵스텝(Quick Step)
	스탠더드 (5종목)	Class1 (휠체어) Class2 (휠체어) Class D (청각) Class B (시각)	커플 (남·여)	왈츠(Waltz)/탱고(Tango)/비엔니스 왈츠(Viennese Waltz)/폭스트롯(Foxtrot)/퀵스텝(Quick Step)
	라틴 (5종목)	Class1 (휠체어) Class2 (휠체어) Class D (청각) Class B (시각)	커플 (남·여)	룸바(Rumba)/차차(Cha Cha)/삼바(Samba)/파소도블레(Paso doble)/자이브(Jive)

단체전(포메이션 / 장애인-비장애인)

장애유형	종목	등급	구분	세부종목(통합)
척수장애 절단장애 뇌성마비 청각장애 시각장애	스탠더드 단체전	Class 1,2 (휠체어) Class D (청각) Class B (시각)	커플 (남·여)	왈츠(Waltz)/탱고(Tango)/비엔니스 왈츠(Viennese Waltz)/폭스트롯(Foxtrot)/퀵스텝(Quick Step)
	라틴 단체전	Class 1,2 (휠체어) Class D (청각) Class B (시각)	커플 (남·여)	룸바(Rumba)/차차(Cha Cha)/삼바(Samba)/파소도블레(Paso doble)/자이브(Jive)

경기방법

주요 경기규정 및 방법
- 한 팀이 댄싱자세를 취한 후 시작하여 음악이 끝날 때 경기가 끝이 난다. 심판은 댄스가 끝날 때까지 그와 그녀의 기호를 체크해야 하고 필요시 고쳐줄 수 있다. 만약 팀의 댄싱이 너무 빨리 갑작스레 중단되면 가장 낮은 점수를 받게 된다. 그러나 충돌이나 기술적 잘못 등으로 잠시 중단됐을 때는 예외로 한다. 스탠다드댄스에 있어서는 댄스가 끝날 때까지 클로즈드 홀드 상태를 유지해야 한다. 또한 심판은 출전한 팀의 연기에 대하여 의논할 수 없다.

댄스 커플 구성
- **듀오:** 남성 1인과 여성 1인으로 구성되며, 2인 모두 휠체어 사용자로 국제패럴림픽위원회 휠체어 댄스스포츠의 최소적합기준에 준해야 한다.
- **콤비:** 남성 1인과 여성 1인으로 구성되며, 2인 중 1인은 국제패럴림픽위원회 휠체어댄스스포츠의 최소적합 기준에 준하는 휠체어 사용자여야 한다.

 ### 경기장 및 경기장비

- **경기장**
  댄스 플로어는 측면 길이가 10m이상이고 최소 350㎡의 평면을 가져야 한다. 한 라운드당 최대 8커플이 들어갈 수 있어야 하지만, 400㎡ 이상일 때는 심판관 의장의 결정에 따라 더 많은 커플이 경기를 할 수 있다.

- **휠체어 및 댄스복**
  휠체어에 대한 별도의 규정 및 제한은 없으며, 댄스복은 국제댄스스포츠연맹(IDSF)의 복장 규정에 준한다. 라틴댄스에서 투피스 착용이 허용되지만 상의는 장식되어야하면 브래지어와 같은 형태는 금한다. 댄스복 변경은 각 라운드별로 가능하지만 댄스와 댄스 사이의 변경은 불가능하다.

  ※ 출처: 국제댄스스포츠연맹(2018), 대한장애인댄스스포츠연맹(2018), 장애인스포츠백과(2012)

10) 승마(Equestrian)

승마 경기는 1996년 애틀랜타 패럴림픽대회에서 처음으로 정식종목으로 채택되었으며, 스페셜올림픽대회에서도 실시하고 있다. 승마는 국제승마연맹(Federation Equestre Internationale; FEI)의 규정을 따르며 국내의 승마는 대한장애인승마협회(KEAD)에서 주관하고 있다.

국내의 승마 선수는 2017년 기준 26명이 등록되어 활동하고 있으며, 최근 지적·자폐성장애 및 뇌병변장애인들을 대상으로

※ IPC 공식 홈페이지(2018)

승마를 통한 재활을 도모하는 재활승마에 대한 관심이 높아지고 있다. 국내의 장애인승마대회는 장애인부, 어울림부, 생활체육부 등으로 구성되어 개최되고 있으며, 대한장애인승마협회에서는 2020년 도쿄패럴림픽대회에 선수를 참가하는 것을 목표로 선수육성 및 활성화를 도모하고 있다.

 경기방법

- 패럴림픽대회에서 승마 경기는 장애의 정도에 따라 Grade Ⅰa, Grade Ⅰb, Grade Ⅲ, Grade Ⅳ로 총 5개 등급으로 나눈다. 정해진 움직임에 따라 이동하면서 기술을 겨루는 선수권경기와 음악에 맞춰 겨루는 자유형 경기가 정식 종목이다.
- 자유형 경기에서 선수들은 플로어 플랜이라고 불리는 자신만의 움직임 패턴을 연출한다. 플로어 플랜은 국제장애인승마협회에서 정한 필수적인 움직임을 혼합하여야만 한다. 이 경기는 음악에 맞춰서 마술을 연출하는데 선수는 말의 속도를 빠르게 하고 알맞게 조절할 수 있다. 이 종목은 기수와 말 사이에 모든 움직임과 변화에 있어서 리듬감과 조화뿐 아니라 일련의 통일성을 연출해야 한다.
- 또한 단체전은 한 국가에서 3~4명의 기수로 구성된다. 선수 중 최소 1명은 1등급 또는 2등급이어야 한다. 단체전의 최종 점수는 팀 내 최상위 3명의 점수와 개인전 점수의 합계로 집계한다. 만일 단체전 참가자가 4명일 경우, 가장 낮은 점수

는 최종 점수에서 제외된다. 시각장애인 선수들은 경기장내에서 자신의 위치를 확정하기 위해 별도의 추가적인 방법을 사용할 수 있는데, 선수가 특정 지점에 접근하거나 지나갈 때 그 문자를 큰 소리로 불러줄 "Caller"를 경기장 주변에 위치시킬 수 있다.

⊙ 경기장 및 경기장비

- 승마 경기장에 대한 별도의 규정은 없으며, 실외·실내마장, 외승코스로 구분된다.
- 승마의 경기장비로는 승마복과 승마모, 승마부츠, 승마장갑, 승마채찍이 있다.

※ 출처: 대한장애인승마협회(2018), 국제승마연맹(2018), 장애인스포츠백과(2012)

11) 축구(Football)

축구 경기는 패럴림픽대회, 데플림픽대회, 스페셜올림픽대회 모두 정식종목으로 실시하고 있는 가장 인기 있는 장애인스포츠 종목이다. 패럴림픽대회의 정식종목은 시각장애 선수가 참여하는 5인제 축구가 있다.

5인제 축구는 2004년 아테네패럴림픽대회에서 처음 정식종목으로 치러졌으며 각 팀마다 5명의 선수로, B1~B3까지 통합등급으로 치러진다. 주요경기 규칙은 소리가 나는 공을 사용하며, 골키퍼를 제외한 모든 선

※ 출처: 대한장애인체육회(2017)

수가 아이패치와 안대를 착용하고 경기에 임한다. 또한 골키퍼는 경기 중 각 선수들에게 가이드 역할을 할 수 있다. 7인제 축구는 뇌성마비인 경기로 FIFA의 경기규칙을 일부 수정하여 실시하며, 11인제 축구 경기는 지적장애 및 청각장애인 경기로 FIFA의 경기규칙이 동일하게 적용된다.

국내에 등록된 축구선수는 2017년 기준 1,138명이 등록되어 활동하고 있으며, 장애인스포츠 종목 중 다양한 장애유형의 선수들이 참가하는 가장 활성화 되어있는 종목 중 하나이다.

세부종목

- **시각장애인축구(5인제)**
  시각장애인 축구는 B1(전맹부)과 B2 B3(약시부)로 나누어 이루어지며 공에는 특별히 고안된 방울이 삽입되어 있어서 전맹부에서 사용한다. 축구나 풋살과 경기 규칙이 비슷하나 농구와 같이 팀파울이 적용된다는 것이 특징이다.

- **뇌성마비축구(7인제)**
  뇌성마비축구의 선수는 C5 C6 C7 C8 등급 선수만이 출전할 수 있다. 각팀중 적어도 한 명은 C5또는 C6등급의 선수가 경기에 임하고 있어야 한다. 그렇지 못할 경우 참가선수의 수는 6명으로 제한된다. 경기중 C8등급 선수는 최대 1명이다.

- **지적장애인축구(11인제)**
  지적장애인축구는 학생부와 일반부로 나뉘며 경기 규칙은 FIFA 규정과 동일하다. 단 대회규정에 따라 변경될 수 있다.

- **청각장애인축구(11인제)**
  청각장애인축구의 경기 규칙은 FIFA 규정과 동일하나 전국농아인축구대회에서는 축구경기시간을 예선전 전·후반 30분씩 결승전 전.후반 45분씩 적용하며 전국장애인체육대회는 FIFA 경기규칙을 적용하여 전·후반 45분씩 적용한다. 단 청각장애인의특성을 감안하여 대회규정에 따라 다르게 적용하기도 한다.

경기 방법

뇌성마비축구 경기규칙(7인제)
- CP ISRA 7인제 축구는 몇 가지를 제외하고는 FIFA 규칙을 적용한다.
- **경기자의 수:** 각 팀은 골키퍼를 포함하여 7명의 선수로 구성되며 경기에 출전한 팀은 그 팀의 선수가 4명보다 적을 때에는 경기를 개시할 수 없다.
- 각 경기당 각 팀에서 3명까지 선수교체가 가능하다.
- 축구경기는 C5, C6, C7, C8 등급 선수만이 출전할 수 있다.
- 각 팀은 경기 중 적어도 1명은 C5등급 또는 C6등급 선수가 경기에 임하고 있어야 하며, 그렇지 못할 경우 참가선수의 수는 6명으로 제한된다.
- 경기 중 C8등급 선수의 최대 참여 수는 2명이다.

- **경기 시간:** 경기는 전·후반 30분씩이며, 전·후반 사이의 휴식시간은 15분이다.
- 뇌성마비축구에서 오프사이드는 적용하지 않는다.
- 드로우 인: 선수가 볼을 경기장 내로 굴리는 것을 허용하는 것 이외에는 FIFA의 규정을 따른다. 볼은 반드시 손으로 던지자마자 경기장 내의 지면에 닿아야 한다.
- 각 팀의 선수명단은 경기 이전에 심판 또는 지정된 임원에게 제출한다. 선수명단은 최대 12명으로 구성된다.

시각장애축구 경기규칙(5인제)
- 시각장애축구의 경기시간은 전·후반 각각 25분 중간에 10분간 휴식하며 루스타임이 적용된다. 국제경기에 있어서 경기장의 규모는 길이가 40M 폭은 20M 이어야 하며 골대의 규격은 가로 3M 세로 2M 이어야 한다. 사이드라인을 따라 펜스가 설치되어 있으며 풋살과 비슷한 경기장과 룰에 따라 진행된다. 시각장애인 축구는 B1(전맹부)과 B2, B3(약시부)로 나누어 경기가 이루어진다. 전맹부 시합에서는 공에 방울이 삽입되어 있어 공의 움직임에 따라 소리가 난다. 풋살, 축구와 규정이 비슷하게 적용되나 시각장애축구에서는 파울을 누적 적용시키는 룰이 있는데 이는 농구의 팀파울과 유사하다.

지적장애축구, 청각장애축구(11인제)
- 지적장애축구와 청각장애축구의 경기 규칙은 FIFA의 경기규칙과 동일하게 적용된다.

경기장

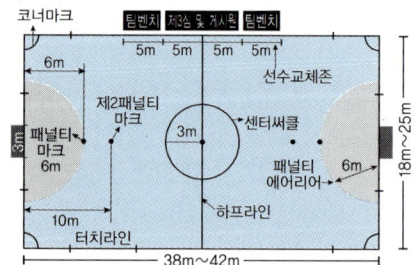

- **지적·청각장애축구(11인제):** 일반축구 경기장과 동일

※ 출처: 대한장애인축구협회(2018), 국제축구연맹(2018), 장애인스포츠백과(2012)

12) 골볼(Goalball)

골볼경기는 시각장애인들의 재활을 위해 고안된 장애인스포츠로써 소리가 나는 볼을 이용하여 상대팀 골대에 볼을 넣는 경기이다. 경기장에는 시각장애인들의 특성을 고려하여 촉각을 통해 자신의 위치를 파악하고 경기를 운영할 수 있도록 경기장라인에 실이 설치되어 있다. 골볼 경기는 1976년 토론토패럴림픽대회에

※ 출처: 대한장애인체육회 공식 홈페이지(2018)

서 처음 소개되었으며, 장애인아시아경기대회에서도 정식종목으로 채택되어있다. 국내의 골볼 선수는 2017년 기준 158명이 등록되어 많은 시각장애인선수들이 활동하고 있다.

 경기 방법

- 골볼은 전맹과 약시의 구분 없이 통합등급 경기로 남녀 구분한다.

- **경기시간**
  한 경기는 총 24분 전·후반 각각 12분씩이다. 경기당 5분 이상의 간격을 두고 패럴림픽대회와 챔피언쉽의 경우 15분의 간격을 둔다. 전후반 사이에 최소 5분의 시간이 있어야 하며 패럴림픽 및 세계선수권대회의 경우 전·후반 사이에 15분의 시간이 있을 수 있다. 경기가 시작되기 5분전에 음향신호를 준다. 전·후반 시작 전 30초전에 들을 수 있는 음향 신호를 내야 한다. 하프타임은 3분이다. 3분 경과 후 경기는 시작되어야 한다. 선수들은 경기시작 1분 30초 전에 아이패치와 고글을 착용 완료한다. 팀이 3분경과 후에도 경기에 임할 준비가 되어 있지 않을 경우 경기 지연 패널티를 부과 할 수 있고 패널티 상황 시 이 시간은 경기시간에서 제외된다. 게임의 시작 및 정지는 주심의 경적에 따른다.

- **연장전**
  정규 경기 종료 후 동점으로 인하여 승자를 결정해야 할 필요가 있을 때에는 전후반 3분씩의 연장전을 할 수 있다. 첫 번째로 골을 넣은 팀이 승자가 되며 경기는 종료된다. 정규경기 종료 후 연장전 전반경기 사이에 3분 휴식이 있게 된다. 연

장전의 시작 전에 동전던지기로 공격과 수비를 결정한다. 연장전 전·후반 사이의 3분 휴식시간에 팀에어리어를 바꾼다. 연장전 후반전에서는 시작 조건이 반대가 된다. 계속 동점으로 승자의 판별이 필요 할 때는 추가 프리드로우를 실시하여 결정한다. 패럴림픽 및 세계선수권대회의 경우 대회 규정에 따른다.

- **동전던지기**
게임 시작 전에 심판이나 달리 지정된 임원이 동전 던지기를 한다. 승자는 방어할 지역을 선택하거나 볼의 공격이나 수비를 선택할 수 있다. 남게 되는 선택권은 패자가 선택한다. 후반전 시작 시 지역과 공격권은 바뀐다. 동전 던지기에서 팀의 대표자가 준비되지 못했을 경우 게임지연 페널티가 그 경기 시작 시에 주어질 수 있다.

- **경기재시작**
정규 경기 종료 후 동점으로 인하여 승자를 결정해야 할 필요가 있을 때에는 전후반 3분씩의 연장전을 할 수 있다. 첫 번째로 골을 넣은 팀이 승자가 되며 경기는 종료된다. 정규경기 종료 후 연장전 전반경기 사이에 3분 휴식이 있게 된다. 연장전의 시작 전에 동전던지기로 공격과 수비를 결정한다. 연장전 전후반 사이의 3분 휴식시간에 팀에어리어를 바꾼다. 연장전 후반전에서는 시작 조건이 반대가 된다. 계속 동점으로 승자의 판별이 필요 할 때는 추가 프리드로우를 실시하여 결정한다. 패럴림픽 및 세계선수권대회의 경우 대회규정을 따른다.

- **방향의재설정**
경기 중 선수가 구장 밖으로 불려나간 페널티 상황에서는 심판에 의한 수비 측 선수들의 방향 설정은 허용된다. 그밖에 다른 어떤 경우라도 한 선수의 방향 설정을 할 필요가 있을 때에는 개인 경기지연 페널티가 부과된다.

- **득점**
볼이 경기 중 골라인을 넘어가면 그것은 득점이다. 그러나 주심 혹은 골심이 볼을 던져 플레이시킨 상황에서의 골은 득점되지 않는다. 만일 경기시간의 종료 시점 이전에 볼 전체가 골라인을 통과했으면 득점이다. 볼에 의해 수비 측 선수의 눈가리개가 벗겨져도 경기는 계속 진행되며 이후 이 볼이 골이 되면 득점으로 인정된다.

경기장 및 경기장비

경기장

- 경기장의 크기는 길이 18m 넓이 9m의 마룻바닥이다. 직사각형의 코트는 중앙에 센터라인을 중심으로 길이 3m 간격으로 중립지역 렌딩에어리어 팀에어리어로 각각 나뉘며 팀에 어리어 내에는 선수 포지션 라인이 그려진다. 경기장 안의 라인 표시는 시각적으로 확인 할 수 있도록 0.05m 넓이의 테이프로 표시하며 테이프 밑에 0.003m 굵기의 끈을 넣어 촉각적 느낌으로 알 수 있어야 한다.

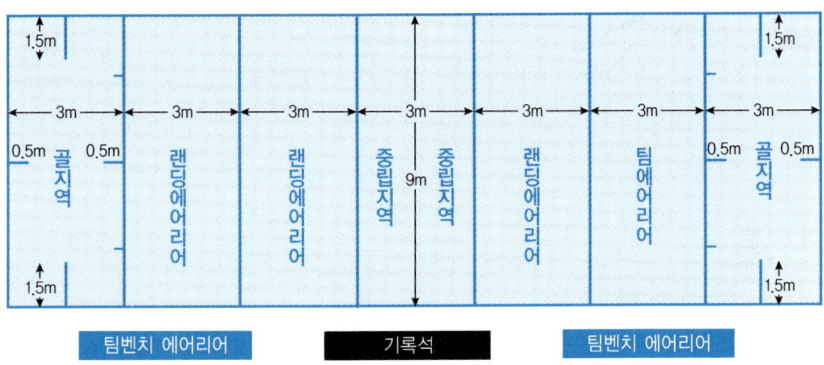

경기장비

- **골대:** 골대의 크기는 넓이 9m 높이 1.3m로 양쪽 코트 엔드라인에 설치한다. 골대는 둥글고 견고하여 경기 중에 골대가 뒤로 밀리거나 가운데가 아래로 처지는 일이 없어야 하며 코트 밖에 위치한다. 골대의 굵기는 최대 직경이 15cm를 초과할 수 없으며 표면을 부드러운 재질로 충격을 흡수할 수 있어야 한다.
- **볼:** 볼의 무게는 1250g이며 둘레는 약 76cm이고 표면에 약 1cm직경의 구멍이 8개가 있다. 볼 속에 소리 나는 방울이 들어 있어 공의 움직임에 따라 소리가 난다. 볼의 재질은 고무로 IBSA스포츠 기술위원회가 정하는 강도를 가져야 한다.
- **아이패치:** 아이패치는 선수들의 시력을 동등하게 차단하기 위해 반드시 착용해야 한다. 아이패치는 눈에 들어오는 빛을 완벽하게 차단하기 위해 눈 위에 붙이는 용품으로 아이패치가 눈 위 직접 닿기 때문에 압축된 솜이나 부드러운 천으로 된 거즈로 움직여도 피부가 상하지 않는 재질로 만들어야 한다. 아이패치를 눈 위에 고정시키는 테이프는 붙는 점성 강도가 적당하여 경기 후 떼어 낼 때 피부를 상하게 하거나 끈끈이가 얼굴에 남지 않아야 한다.
- **눈가리개(고글):** 눈가리개(고글)는 눈에 붙인 아이패치가 경기 중에 떨어질 경우 빛을 차단해 주는 보조 역할과 외부 충격으로부터 눈의 안전을 보호하기 위해 착

> 용하는 눈 보호대이다. 눈가리개는 스키 고글을 빛이 들어오지 못하도록 변형시켜 만들었다. 눈가리개는 IBSA에서 공인된 제품이 없어 규격이나 재질 또는 모양을 용도에 적합하게 만들어 사용할 수 있다.
> - **유니폼:** 공식적인 경기에는 경기복을 착용해야 한다. 경기복은 앞면과 뒷면에 선수번호를 정하여 영구적으로 숫자를 부착한다. 사용할 수 있는 숫자는 0 – 9까지이고 숫자의 크기는 최소 높이 20cm가 되어야 한다. 유니폼을 착용한 상태에서 옷을 잡고 당겼을 때 몸에서 10cm이상 늘어나면 안 된다. 이것은 경기 중에 심판이나 관중들이 선수의 번호를 파악할 때 옷이 접혀서 번호가 잘못 보이는 혼란을 줄이기 위해서이다.
>
> ※ 출처: 국제시각장애경기연맹(2018), 대한장애인골볼협회(2018), 장애인스포츠백과(2012)

13) 유도(Judo)

유도 경기는 1988년 서울패럴림픽대회에서 처음 정식종목으로 개최되었으며, 데플림픽대회와 스페셜올림픽대회에서도 정식종목으로 실시되고 있다. 우리나라에서는 1988년을 기점으로 대한장애인유도협회(KJFD)가 설립됨으로써 발전하기 시작하였다.

장애인유도는 시각장애, 청각장애, 지적장애 부문으로 나뉘며, 시각장애인 유도가 가장 활성화 되어있다. 또한 유도 경기는 국제유도연맹(International Judo Federation; IJF)의 규정을 준수하여 경기에 적용한다. 패럴림픽대회에서 유도 경기의 여자 종목은 2004년 아테네패럴림픽대회에서 처음으로 시작되었다.

※ 출처: IPC 공식 홈페이지(2018)

국내의 유도 선수는 2017년 기준 140명이 등록되어 있다. 국제 경기력 수준은 2016년 리우패럴림픽대회에서 최광근 선수가 패럴림픽 2회 연속 금메달을 획득하였고, 이정민 선수 은메달 1개, 서하나, 진송이 선수가 동메달 1개를 획득하여 장애인유도강국으로서의 면모를 나타내고 있다.

세부종목

성별	등급
남성	60kg, 66kg, 73kg, 81kg, 90kg, 100kg, +100kg
여성	48kg, 52kg, 57kg, 63kg, 70kg, +70kg

경기 방법

- 장애인유도는 시각장애와 청각장애 부문에서 남녀 각각 7개 체급에서 실시되며, 시각장애와 청각장애를 고려한 별도의 배려사항을 제외하고는 장애인유도는 국제유도연맹의 규정에 따른 기준을 엄격히 적용한다.
- 시각장애 경기의 경우 경기개시 시 주심이 양 선수를 접근시켜 서로 잡을 수 있는 거리에 위치하게 한 뒤 경기를 시작한다.
- 청각장애 경기의 경우 음성 신호 대신 선수의 신체를 접촉하여 수신호로 심판판정을 손바닥이나 손등에 주심이 알파벳 약자로 써줌으로써 전달한다.

경기장 및 경기장비

경기장

- 경기장의 크기는 IJF에서 규정된 것과 같은 4m의 안전지대를 갖춘 최대 10 x 10 이며, 2개의 경기장이 인접할 경우에는 4m의 안전지대를 둔다.
- 안전지대와 경기장은 반드시 강한 대비색으로 되어 있어야 한다.
- 백색과 청색 접착테이프는 어떤 선수가 반드시 경기의 시작과 끝에 위치하는지 지시하기 위하여 약 10㎝ 너비와 50㎝ 길이로 된 것으로 경기장 중앙에 약 1.5m 떨어져서 있어야 한다.
- 백색 테이프는 주심의 오른쪽에 그리고 청색 테이프는 왼쪽에 있어야 한다.
- 선수에 의한 부상방지 등을 위해 경기장 사이와 물체 간에 1m의 간격이 띄어져야 한다.

> **경기복**
> - 유도복의 규정은 공식경기에 출전할 경우 반드시 공인유도복을 입어야 하며, 상의 뒷면에는 30cm×7cm 그리로 목깃 아래 선수명을 부착해야 한다.
> - 시합 시 첫 번째 선수는 청색, 두 번째 선수는 백색과 같은 계열의 색이어야 한다.
> - 시각장애 부문의 전맹일 경우 7cm의 붉은 원(circle)을, 청각장애일 경우 등 부분의 번호판 상단 우측에 지름 7cm의 푸른 원(circle)으로 표시를 해야 한다.
>
> ※ 출처: 대한장애인유도협회(2018), 대한유도회(2018), 세계유도연맹(2018), 장애인스포츠백과(2012)

14) 역도(Powerlifting)

역도경기는 무거운 원판을 심봉의 양쪽에 끼우고 들어 올린 무게가 얼마나 무거운지를 겨루는 경기이다. 역도경기의 종목은 장애유형에 따라 구분되는데 지체장애, 척수장애, 뇌성마비, 절단 및 기타장애는 벤치프레스경기를, 시각장애, 청각장애, 지적장애는 파워리프트경기에 참여한다.

역도 경기는 1964년 도쿄패럴림픽대회에서 처음 정식종목으로 개최되었다. 또한 역

※ 출처: 대한장애인체육회 공식 홈페이지(2018)

도는 국제역도연맹(International Powerlifting Federation; IPF)의 규정과 규칙아래 장애인역도(World Para Powerlifting; WPP)의 별도 경기규칙을 적용한다. 패럴림픽대회에서 역도는 남녀 10개 체급으로 나뉘며, 파워리프팅 경기만 실시된다.

국내의 역도 선수는 2017년 기준 539명이 등록되어 있으며, 우리나라 장애인역도의 국제 수준은 정금종 선수가 1988년 서울패럴림픽대회부터 2000년 시드니패럴림픽대회까지 4연패를 차지하였으며, 2008년 베이징패럴림픽대회까지 7회 연속 메달획득을 통해 통산 메달 수가 금메달 4개, 은메달 1개, 동메달 2개로 장애인역도의 한 획을 그었다. 또한 2012년 런던패럴림픽대회에서 전근배 선수가 동메달을 획득함으로써 장애인역도 종목에서 우수한 경기력을 나타내고 있다.

세부 종목

성별	등급
남성	49kg, 54kg, 59kg, 65kg, 72kg, 80kg, 88kg, 97kg, 107kg, +107kg
여성	41kg, 45kg, 50kg, 55kg, 61kg, 67kg, 73kg, 79kg, 86kg, +86kg

경기 방법

벤치프레스

- 파워리프팅(Powerlifting)의 선수는 머리 몸통(엉덩이포함) 다리 및 양 뒤꿈치를 벤치에 올린 후 양 집게손가락 사이 폭은 81cm를 초과하지 않게 바를 잡고 주심의 시작 신호 이후 선수는 바를 가슴까지 내려야하고 가슴에서 움직이지 않고 1초 정도 멈추었다가 위로 들어올린다.

파워리프트

- 스쿼트(squat) 경기에 참가하는 시각, 청각, 지적장애인 선수는 바를 목과 등 사이에 올린 후 바로 선 자세에서 주심의 시작 신호 이후 엉덩이가 무릎 아래까지 내려가는 자세로 앉아서 일어난다.
- 데드리프트(deadlift) 경기에 참가하는 시각, 청각, 지적장애인 선수는 양손으로 바를 잡고 주심의 신호 없이 바를 다리위로 무릎과 허리가 펴지게 들어 올린다.

경기 장비

벤치프레스

- 세계장애인역도의 승인 디스크는 스포츠 규칙 및 규정에 명시된 표준을 준수해야 한다. 선수들은 2.1m 길이의 세계장애인역

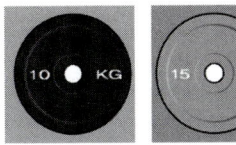
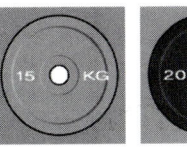
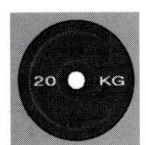

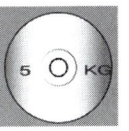

도 공인 승인 벤치에 누워서 경쟁한다. 의자의 너비는 61cm 이고 머리 부분은 30cm로 좁혀진다. 벤치의 높이는 지상에서 48cm ~ 50cm로 다양하다.

※ 출처: 세계역도연맹(2018), 대한장애인역도연맹(2018), 장애인스포츠백과(2012)

중량	색상	중량	색상
25kg	적색	2.5kg	적색
20kg	청색	2kg	청색
15kg	노랑색	1kg	초록색
10kg	초록색	0.5kg	백색
5kg	백색		

15) 조정(Rowing)

조정 경기는 일반 조정의 경기방식과 경기용기구를 수정하여 장애인들이 참여할 수 있도록 한 것으로 2008년 베이징패럴림픽대회에서 처음 정식 종목으로 채택되었다. 장애인 조정경기는 국제조정연맹(Fédération Internationale des Sociétés d'Aviron; FISA)의 경기규정을 적용하고 있으며, 국제조정연맹 산하 국제장애인조정위원회에서 각종 관련 전담 업무를 담당하고 있다.

※ 출처: 대한장애인체육회 공식 홈페이지(2018)

우리나라의 장애인조정은 2006년 대한장애인조정연맹이 창설되면서 빠르게 발전하였다. 장소에 제한이 없고 쉽게 접할 수 있는 실내조정은 가장 인기 있는 스포츠로 활성화되어 넓은 저변을 확보한 생활체육으로써 자리매김하였다. 국내에 등록된 조정선수는 2017년 기준 434명이 등록되어 있다.

세부 종목

- 장애인조정은 크게 싱글스컬, 더블스컬, 유타포어로 나뉘며 세부종목은 다음 표와 같다.

종목	거리	구성
ASM1×	1,000m	남자개인전(척수 및 지체장애)

종목	거리	구성
ASW1×	1,000m	여자개인전(척수 및 지체장애)
TAMix2×	1,000m	남자 1명, 여자 1명(지체장애로 구성) 구성
LTAMix2×	1,000m	남자 1명, 여자 1명(지체 및 시각장애로 구성)
LTAMix4+	1,000m	남자 2명, 여자 2명(지체 및 시각장애로 구성), 콕스 1명(성별 및 장애유무 구분 없음)
LTA-IDMix4+	1,000m	남자 2명, 여자 2명(지적장애로 구성), 콕스 1명(성별 및 장애유무 구분 없음)

※ 패럴림픽대회에서는 남자 싱글스컬 PR1 M1x, 여자 싱글 스컬 PR1 W1x, 혼성종목으로 더블스컬 PR2 Mix2x와 콕스포어 PR3 Wix4+ 4개의 종목이 치러진다.

- **보트의 등급**
  - 규정, 규칙 29: 세계 챔피언쉽 장애인 보트 등급

- **세계 조정경기 챔피언쉽은 다음의 장애인 조정경기를 포함한다.**
  - Legs, trunk and arms, 혼성(LTAMix) 4+ (LTAMix4)
  - Trunk and arms, 혼성(TAMix) 2x (TAMix2x)
  - Arms only, 남성 (AM) 1x (AM1x)
  - Arms only, 여성 (AW) 1x (AW1x)

- **혼성 장애인 경기에서 한 팀의 반은 남성, 반은 여성이어야 한다. 4+에서 타수는 성별에 관계하지 않는다.**
  - Regulation, Rule 30 : 국제신체장애인올림픽 게임 요트 등급

- **국제신체장애자올림픽 경기의 프로그램은 다음과 같다.**
  - Legs, trunk and arms, 혼성(LTAMix) 4+ (LTAMix4)
  - Trunk and arms, 혼성(TAMix) 2x (TAMix2x)
  - Arms only, 남성 (AM) 1x (AM1x)
  - Arms only, 여성 (AW) 1x (AW1x)

- 혼성 장애인 경기에서 한 팀의 반은 남성, 반은 여성이어야 한다. 4+에서 타수는 성별에 관계하지 않는다.

경기 방법

- **싱글스컬(ASM1×, ASW1×) 무게 24Kg**
  한 선수가 두 개의 노를 젓는 개인종목을 말하며 1,000m 거리를 선착순에 의해 순위를 결정한다.

- **더블스컬(LTAMix2×, TAMix2×) 무게 37Kg**
  남자 1명, 여자 1명 총 2명이 한 조로 구성되는 단체종목으로 한 사람이 좌, 우 두 개의 노를 잡고 경기를 하며 1,000m 거리를 선착순에 의하여 순위를 결정한다.

- **유타포어(LTAMix4+) 무게 51kg**
  단체전 혼성경기로 한 사람이 한 개의 노를 잡고 경기를 하며 남자 2명, 여자 2명과 콕스(남·여 구분 없음) 1명을 포함 총 5명이 한 조가 되어 1,000m 거리를 선착순에 의해 순위를 결정한다.

경기 장비

보트
- 조정경기에 사용되는 경기용 보트에는 스컬링(sculling)과 스위프(sweep) 보트가 있다. 스위프 보트는 한 선수가 하나의 노를 젓는 반면, 스컬링 보트는 2개의 노를 젓는다. 일반적으로 보트는 그 표기상의 편의를 위하여 종류에 따라 국제적으로 약칭 부호를 사용하고 있다. 스컬 보트는 '×'로 표기하고, 스위프 보트는 타수가 있으면 '+', 타수가 없으면 '-'로 표기한다. 그리고 조수의 수는 스컬 또는 스위프 보트의 부호 앞에 숫자로 표시한다.

장애인 보트
- 국제조정연맹 표준 장애인 보트의 사용은 모든 장애인 1×, 2×경기에서 의무사항 이다. 4+경기에 사용되는 모든 보트는 콕스가 있어야 한다. 또한, 국제지체장애인올림픽 경기에 있어서, 국제조정연맹에 의해 제공된 국제조정연맹 표준 장애인 보트의 사용 역시 의무사항이다.
- **Standard Adaptive 4+:** 장애인올림픽 게임에 사용된 FISA Standard Adaptive 4+는 stern-coxed보트이다. 디자인과 세부사항은 FISA에 의해 규정되어야 한다.
- **Standard Adaptive 2×:** FISA Standard Adaptive 2×는 single skin hand-laid wt lay-up construction으로 되어있고, 고정된 좌석과 안정된 평저

보트를 가지고 있다. 선체, 고정된 평저 보트, 좌석 고정은 표준 세부사항의 부분이다. 디자인과 세부사항은 FISA에 의해 규정되어 있어야 한다. Standard 2×의 좌석 자체와 리거(rigger) 디자인은 제한이 없다.
- **Standard Adaptive 1×:** FISA Standard Adaptive 1×는 single skin hand-laid wt lay-up construction으로 되어있고, 고정된 좌석과 안정된 평저 보트를 가지고 있어야 한다. 폰툰(Pontoon)은 제 위치에 고정되어 있어서 선수가 균형 잡힌 보트에 앉았을 때 수평이고 최소한, 물을 만질 수 있어야 한다. 선체, 폰툰(pontoon), 좌석 고정은 표준 세부사항의 부분이다. 디자인과 세부사항은 FISA에 의해 규정되어 있어야 한다. 좌석 자체와 리거(rigger) 디자인은 제한이 없다.

※ 출처: 국제조정연맹(2018), 대한장애인조정연맹(2018), 장애인스포츠백과(2012)

16) 사격(Shooting sport)

사격경기는 패럴림픽대회와 데플림픽대회의 정식종목으로 일정한 거리에 설치된 표적을 총으로 맞혀 그 정확도를 점수로 겨루는 경기이다. 사격은 국제사격연맹(International Shooting Sport Federation; ISSF)의 규칙을 적용하며, 기능적 분류시스템을 통해 여러 유형의 장애인이 함께 경기한다.

※ 출처: 대한장애인체육회 공식 홈페이지(2018)

국내의 사격선수는 2017년 기준 202명이 등록되어 있으며, 우리나라 장애인사격의 경기력 수준은 박세균 선수가 2008년 베이징, 2012년 런던패럴림픽대회에서 연속메달을 획득하였고, 이주희 선수가 2008년 베이징, 2012년 런던, 2016년 리우패럴림픽대회까지 3개 대회 연속 메달을 획득하는 쾌거를 이루었다.

경기 방법

- 사격경기는 크게 소총·권총·이동표적·클레이 종목으로 구분되며, 소총에는 공기소총·화약소총, 권총에는 공기권총·화약권총, 이동표적에는 런닝타겟, 클레이에

는 트랩·더블트랩·스키트 종목이 있다. 현재 장애인사격대회에서는 공기소총과 공기권총, 화약소총과 화약권총 종목만 채택하고 있으며 머지않아 클레이 종목이 추가될 전망이다.

SH1 등급(절단 및 기타장애)

- **공기소총입사, 남(R1)·여(R2):** 공기소총입사 종목에 참가하는 선수들은 앉아서 또는 서서 총을 쏠 수 있다. 이 종목에서 선수들은 지지대 없이 팔로만 소총을 받쳐야 하며, 팔의 어떠한 부분도 사격 의자와 접촉해서는 안 된다. 또한 의학적으로 확인된 일상적인 의수족 외에는 어떠한 지지물도 사용할 수 없다.

- **공기소총복사, 혼성(R3):** SH1 등급의 공기소총복사(R3)는 입사종목과는 달리 혼성으로 진행되며 복사용 받침대를 사용한다. 복사판은 ISCD 규정에 준하여 제작하여야 하고, 자신에게 맞는 넓이와 각도로 사격의자에 고정하여 양 팔꿈치를 받치고 경기하게 된다.

- **50m소총복사, 혼성(R6):** 50m소총복사 종목은 혼성으로 진행되며, 공기총의 복사종목과 같이 ISCD 규정에 맞는 받침대를 사용한다. 선수들은 앉아서 쏘거나 엎드려서 경기할 수 있다.

- **50m소총3자세, 남자(R7), 여자(R8):** SH1 등급의 50m 소총3자세 경기는 남, 녀 따로 진행되며 복사·입사·슬사의 순으로 진행된다. 슬사 종목에서 선수들은 복사 받침대와 구분되는 슬사 전용 받침대를 사용하며, 복사판에 고정하여 한쪽 팔을 받칠 수 있다. 이때 다른 한쪽 팔은 어떤 지지대에도 의지해선 안 된다.

- **공기권총, 남자(P1), 여자(P2):** SH1 등급의 공기권총 종목은 남, 여로 구분되며, 선수들은 앉아서 쏘거나 서서 경기할 수 있다. 모든 권총종목에 사용되는 의자의 팔걸이는 제거되어야 하며, 권총사격에서 사용하지 않는 손은 휠체어를 잡거나 다른 지지대에 의지해서는 안되며, 무릎 위에 올려놓아야 한다.

- **25m권총, 혼성(P3):** 25m(스포츠)권총 경기는 완사 30발과 속사 30발로 나뉘어, 총 60발을 발사하는 경기이다. 완사는 5분 동안 각 5발씩 6시리즈에 걸쳐 쏘고, 속사는 각 5발씩 6시리즈를 쏘는데 각 시리즈는 7초 돌발(표적의 측면), 3초 출현(표적의 정면)을 하게 된다. 선수는 표적이 출현할 때마다 1발씩만 사격한다.

- **50m권총, 혼성(P4):** 50m권총 경기는 표적지 별 5발을 발사하며, 총 12장의 표적에 60발을 발사하는 경기이다. 연습 표적(시사)은 2장을 사용하는데, 발 수는 제한되지 않는다. 50m권총 경기는 스포츠권총을 사용할 수도 있는데, 1회 1발씩 실탄을 장전하여야 한다.

SH2 등급(경수장애)

- SH2 등급의 경기로는 10m공기소총입사(R4)·10m공기소총복사(R5·50m소총복사(R9)의 종목이 있으며, 50m소총복사(R9) 종목은 2002년부터 국제대회 정식종목으로 채택되었다. SH2 등급의 모든 종목은 혼성으로 치러지며, 팔 사용이 자유롭지 못하므로 권총종목은 없다.
- **50m권총, 혼성(P4):** SH2 공기소총입사 종목은 팔 사용이 자유롭지 못한 점을 고려하여 소총의 무게를 지탱할 수 있는 스프링 식 거치 대를 사용할 수 있으나 팔꿈치를 받침대에 의탁해서는 안 된다. 소총을 받쳐주는 거치대나 거치대를 고정시킬 수 있는 받침대는 모두 ISCD의 규정에 따라 제작된 것이어야 한다.
- **공기소총복사, 혼성 (R5):** SH2 복사종목 규정은 입사(R4)와 동일하며 다만 양 팔꿈치를 받침대에 의탁할 수 있다.
- **50m소총복사, 혼성(R9):** SH2 50m소총복사 종목은 10m소총복사(R5)와 동일하다.

SH3(시각장애)

- 시각 장애를 가진 선수는 모두 SH3 등급을 갖게 되며, SH2 등급의 선수처럼 소총 종목에만 참가할 수 있다. SH3 등급의 경기는 10m공기소총입사(R10),10m공기소총복사(R11)의 두 종목이 있으며, 2002년부터 복사종목이 국제대회정식종목(패럴림픽·올림픽 제외)으로 채택되었고 모두 혼성으로 경기가 진행 된다.
- **공기소총입사(R10) 복사(R11), 혼성:** SH3 등급의 선수들은 특별한 스코프가 부착된 공기소총을 사용한다. 이 스코프는 표적에서 나오는 빛의 반사를 감지하여 빛의 강도에 따라 고음이나 저음을 발생하는 전기회선이 부착되거나 삽입되어 있어 선수들이 헤드폰이나 이어폰을 통해 정조준여부를 가늠하도록 제작되었고 선수들은 이 소리에 따라 조준과 격발을 수행하는 사격경기이다. 경기 방식은 SH1 등급 선수들과 동일하며 이 역시 선수들이 사용하는 모든 장비는 ISSF 및 ISCD 규정에 따라 검사를 받아야 한다.

경기 장비

- **소총:** 소총종목은 SH1~SH3등급에 해당되는 장애인들이 참가할 수 있으며, 실내에서 경기하는 10m 공기소총과, 실외에서 경기를 하는 50m화약소총이 있다. 10m공기소총은 입사와 복사(엎드려 쏴)종목이 있으며, 복사종목은 남성과 여성이 따로 경기를 하는 입사종목과 달리, 남녀 구분 없이 혼성으로 승부를 겨루는 종목이다. 50m화약소총 역시 복사종목은 혼성이며 세 가지 자세로 사격을 해야 하는 3자세 경기는 남·녀 종목으로 구분된다. 모든 종목마다 규정에 적합한 총기를 사용하되 공기소총 복사종목은 일반사격대회종목에 없는 유일한 장애인 사격 종목이다.
- **권총:** 권총종목은 SH1 등급에 속하는 선수만 참가할 수 있다. 권총은 소총과 마찬가지로 실내에서 경기하는 10m공기권총(남, 여)과, 실외에서 경기하는 50m권총(혼성)·25m권총(혼성)으로 나뉜다. 권총선수 역시 각 종목 규정에 적합한 총기가 있어야하며 공기권총·50m권총·25m권총 등 모든 권총종목 선수들은 앉아서 쏘거나 서서 쏠 수 있다.
- **사격복:** 사격복은 정밀사격을 위한 필수 장비 중 하나이다. 사수는 총을 최대한 정지시키고자 노력하나 심장 박동과 외부 요인 등의 많은 방해를 받게 되므로, 총의 동요를 최소화시키는데 사격복의 도움을 받게 된다. 사격복은 두텁고 견고한 섬유로 제작되어 사격자세가 흐트러지지 않고 장시간 똑같은 자세로 안정을 도모할 수 있도록 조력해 주는 장비로서 국제사격연맹(ISSF: International Shooting Sport Federa)의 규정에 부합되어야 한다.
- **기타 장비:** 장애인 사격경기는 일반 사격경기와는 달리 신체장애에 따른 일부 보조기구의 사용이 허용된다. 팔 받침대 또는 소총 스탠드 지지대(SH2 등급의 총기 거치대) 등이 대표적인 보조 장비로써 국제사격연맹(ISSF: International Shooting Sport Federa)의 제한 규정을 엄격히 적용하고 있다.

※ 출처: 국제사격연맹(2018), 대한장애인사격연맹(2018), 장애인스포츠백과(2012)

17) 수영(Swimming)

수영 경기는 패럴림픽대회 뿐만 아니라 데플림픽대회와 스페셜올림픽대회의 정식종목으로 척수장애, 뇌성마비, 절단 및 기타장애, 시각장애, 청각장애, 지적장애 등 모든 유형의 장애인이 참가가 가능한 스포츠 종목이다.

장애인 수영은 국제수영연맹(Federation Internationale De Nation; FINA)의 규칙이 동일하게 적용되고 있으나 출발대에서 균형을 잡기 어려운 장애의 경우 물속에서 출발을 허용하는 등 장애의 유형별 특성

※ 출처: 대한장애인체육회 공식 홈페이지(2018)

을 고려한 별도 규칙이 일부 적용되고 있다. 국내의 수영선수는 2017년 기준 450명이 등록되어 활동하고 있으며, 국내의 장애인스포츠 종목 중 가장 활성화 되어 있는 종목 중 하나이다. 우리나라의 국제 경기력 수준은 임우근 선수가 2012년 런던패럴림픽대회 금메달에 이어 2016년 리우패럴림픽대회에서도 메달을 획득함으로써 2개 대회 연속 메달을 획득하였으며, 2016년 리우패럴림픽대회에서 조기성 선수가 3관왕을 달성하는 쾌거를 이루었다.

세부 종목

수영 경기

종목	성별	등급분류
자유형 50m	남	S3, S4, S5, S7, S9, S10, S11, S13
	여	S4, S6, S8, S10, S11, S13
자유형 100m	남	S4, S5, S6, S8, S10, S12
	여	S3, S5, S7, S9, S10, S11, S12
자유형 200m	남	S2, S3, S4, S5, S14
	여	S5, S14
자유형 400m	남	S6, S7, S8, S9, S10, S11, S13
	여	S6, S7, S8, S9, S10, S11, S13

종목	성별	등급분류
배영 50m	남	S1, S2, S3, S4, S5
	여	S2, S3, S4, S5
배영 100m	남	S1, S2, S6, S7, S8, S9, S10, S11, S12, S13, S14
	여	S2, S6, S7, S8, S9, S10, S11, S12, S13, S14
평영 50m	남	SB2, SB3
	여	SB3
평영 100m	남	SB4, SB5, SB6, SB7, SB8, SB9, SB11, SB12, SB13, SB14
	여	SB4, SB5, SB6, SB7, SB8, SB9, SB11, SB12, SB13, SB14
접영 50m	남	S5, S6, S7
	여	S5, S6, S7
접영 100m	남	S8, S9, S10, S11, S12, S13, S14
	여	S8, S9, S10, S13, S14
혼영 150m	남	SM3, SM4
	여	SM4
혼영 200m	남	SM6, SM7, SM8, SM9, SM10, SM11, SM13, SM14
	여	SM5, SM6, SM7, SM8, SM9, SM10, SM11, SM13, SM14
자유형 4x100m		34 Points
4x100m 계주		34 Points

경기 방법

출발 규칙

- 자유형, 평영, 접영 및 개인혼영의 출발은 다이빙으로 한다.
- 시각장애 선수의 경우 심판의 긴 호각소리에 선수는 출발자의 "take your mark" 라는 구령이전에 적응하는 것이 허용된다.
- 균형을 잡는데 문제가 있는 선수는 출발대에서 균형을 잡기 위해 보조자의 엉덩이, 손, 팔 등을 잡아서 도움을 받을 수 있다.
- 선수는 출발대 옆에서 출발이 허용되며, 하지장애가 있는 선수는 출발대 위에서

앉는 자세를 취하는 것이 허용된다. 또한 선수는 물속에서의 출발이 허용되나, 출발신호가 있기 전까지는 한 손이 풀의 면에 접촉하고 있어야한다. 이때 선수가 풀의 면을 쥐지 못하는 경우는 지원요원 또는 지원장치로 도움을 받을 수 있으나 신호가 있기 전까지 신체의 일부가 벽에 접촉하고 있어야 한다.

- 의학적 이유로 시각장애 선수는 물속에서 출발할 수 있다. 의학진단서는 대회 시작 전에 기술위원에게 제출되어야 한다.
- 시각장애 및 청각장애 선수들의 경우, 태핑(tapping)하는 자는 구두가 아닌 방법으로 선수에게 출발신호를 주는 것이 허용된다.
- 청각장애 수영선수의 경우, 출발 불빛이 가용하지 않을 때 구두가 아닌 지시로 출발신호를 줄 수 있다.
- 시각장애 선수 중, S11 등급 선수들의 만족스러운 출발을 확실하게하기 위해, 관중들은 선수가 부정출발 밧줄을 지날 때까지 침묵을 지켜야 한다. 경적, 호각소리 등에 의한 소음은 부정출발 신호로 오인될 수 있다.

자유형

- 자유형에서 선수는 개인 혼영 또는 혼영 릴레이 종목을 제외하고 어떠한 형태의 영법을 할 수 있으며, 배영, 평영, 접영을 제외한 어떠한 형태로의 영법을 의미한다.
- 신체의 일부분은 각 길이로의 영법 종료 및 결승선에서 벽에 닿아야만 한다.
- 신체의 일부분은 턴을 하는 동안과 출발 및 각각의 턴 후에 15m 미만의 거리 동안에 완전히 물속에 가라앉는 것이 허용되는 것을 제외하고는, 영법 도중에 물의 표면을 접촉해야 한다. 이 지점에서 머리는 수면에 접촉해야 한다.

배영

- 출발신호 이전에 선수는 출발선에 얼굴을 향한 채로 양손은 출발 손잡이를 쥐고 물속에 늘어선다. 발가락을 포함한 발은 수면 아래에 있어야 한다. 홈 위 또는 안에 서거나 홈의 가장자리에 발가락을 기대는 것은 금지된다.
- 출발신호 및 턴 동작 후 선수는 턴을 할 때를 제외하고는 레이스 전반에 걸쳐 등을 밑으로 한 채로 출발하고 수영해야 한다. 등의 정상적인 위치는 수평에서 90도를 포함하지 않고 신체의 좌우 요동 움직임을 포함할 수 있으며, 머리의 위치는 관계없다.
- 선수 신체의 어느 부분이라도 출발 및 매번 턴 한 후에 15m 미만의 거리 동안 완전히 잠수하는 것을 제외하고 경기 도중 수면 밖으로 나와야 한다. 이 시점에서 머리는 반드시 수면 위로 나와야 한다.

- 턴하는 도중에 어깨는 연속적인 한 팔 젓기를 한 후에 가슴에서 수직으로 뒤집어져야 하거나 연속적인 동시에 두 팔 젓기를 턴을 시작할 때 사용할 수 있다. 한 번 신체가 등에서 위치를 바꾼 후에 연속적인 킥을 해서는 안 되고 연속적인 턴동작과는 별도의 팔 젓기를 해서는 안 된다. 선수는 벽을 떠나자마자 등을 아래로 한 자세로 되돌아 와야 한다. 턴을 하고 난 후, 선수 신체 일부분으로 벽을 터치해야만 한다.
- 레이스 종료시 선수는 등을 아래로 한 채로 벽을 터치해야 한다.

평영
- 출발 및 각각의 턴 후 첫 팔 젓기 시작에서, 신체는 가슴을 아래로 한 자세가 유지되어야 한다. 언제라도 등을 아래로 한 채 회전하는 것은 허용되지 않는다.
- 모든 팔 동작은 동시에 이루어져야 하며, 서로 교차하는 움직임 없이 똑같은 수평면이어야 한다.
- (양)손은 수면 위, 아래에서 가슴으로부터 함께 전방으로 밀어야 한다. 양 팔꿈치는 결승선에서의 마지막 영법을 제외하고는 수면 아래에 있어야 한다. 또한 (양)손은 수면 아래 또는 수면으로 다시 되돌아와야 한다. 양손은 출발 및 각각의 턴 동작 후 첫 영법을 할 때를 제외하고는 엉덩이 선 아래로 되돌아가서는 안 된다.
- 모든 다리의 움직임은 동시에 이루어져야 하며 양다리의 교차 동작 없이 수평으로 이루어져야 한다.
- 추진력을 내는 킥을 할 때 발은 바깥쪽으로 향하게 해야 한다. 양다리로 펴 닫는 동작, 물장구치기나 아래로 접영 발놀림하는 킥은 허용되지 않는다(단, 스타트 직후와 턴 직후에 1회의 돌핀킥은 가능하다). 그리고 다리로 수면을 가르는 것은 그 다음에 아래로 접영 발놀림을 하지 않는 한 허용된다.
- 매번 턴을 할 때와 레이스 종료 시에 터치는 수면 높이 정도나 위 또는 아래에서 양손을 동시에 사용하면서 이루어져야 한다. 머리는 터치하기 전에 마지막 완전 또는 불완전 사이클 동안 어느 지점에서 수면을 가르는 조건으로 터치하기 전 마지막 팔 동작 후에 잠수할 수 있다.
- 이 순서로, 출발 후 및 매번 턴을 한 후에 완전히 잠수한 상태로 선수가 한 팔 스트로크를 다리 뒤쪽으로 완전히 하는 것을 제외하고, 선수 머리의 일부분은 수면을 갈라야 한다.

접영
- 출발 및 매번 턴을 한 후에, 첫 팔 동작의 시작부터 신체는 가슴을 아래로 하며 양 어깨는 정상적인 수면선과 일치해야 한다. 옆으로 수면 아래에서 킥 하는 동작은

허용된다. 언제든지 등을 위로 하여 좌우요동을 치는 것은 허용되지 않는다.
- 양팔은 수면 위에서 전방으로 함께 움직여야하며 동시에 뒤쪽으로 옮겨져야 한다.
- 모든 발의 움직임은 동시에 이루어져야 한다. 다리와 발이 수직면에서 위 아래로 동시에 움직이는 것은 허용된다. 다리 또는 발은 같은 위치에 있지 않아도 되지만 서로 바꿔가면서 움직이는 것은 허용되지 않는다.
- 레이스 종료 시 및 매번 턴을 할 때 수면에서(수면 위, 또는 수면 아래) 양손으로 동시에 터치를 해야 한다.
- 출발 및 매번 턴을 할 때, 수면 아래에서 킥 한 번 또는 그 이상의 킥과 한팔 젓기가 허용되며, 이렇게 해서 선수는 수면으로 나와야 한다. 출발 및 매번 턴을 한 후에 최대 15m 거리 동안 완전히 잠수하는 것이 허용된다. 이 시점에서 머리는 수면을 갈라야 한다. 선수는 다음 턴 또는 골인 시까지 수면 위에 있어야 한다.

혼영
- **개인 혼영 종목에서 선수는 다음 순서로 4가지 영법을 실시한다.**: 접영, 배영, 평영 및 자유형
- **150m 개인 혼영 종목에서, 선수는 다음 순서로 3가지 영법을 실시한다.**: 배영, 평영 및 자유형
- **혼영 릴레이 종목 선수들은 다음 순서로 4가지 영법을 실시한다.**: 배영, 평영, 접영 및 자유형
- 각 부문은 관련된 영법에 적용되는 규정에 맞게 끝나야 한다.

경기장 및 경기장비

경기장

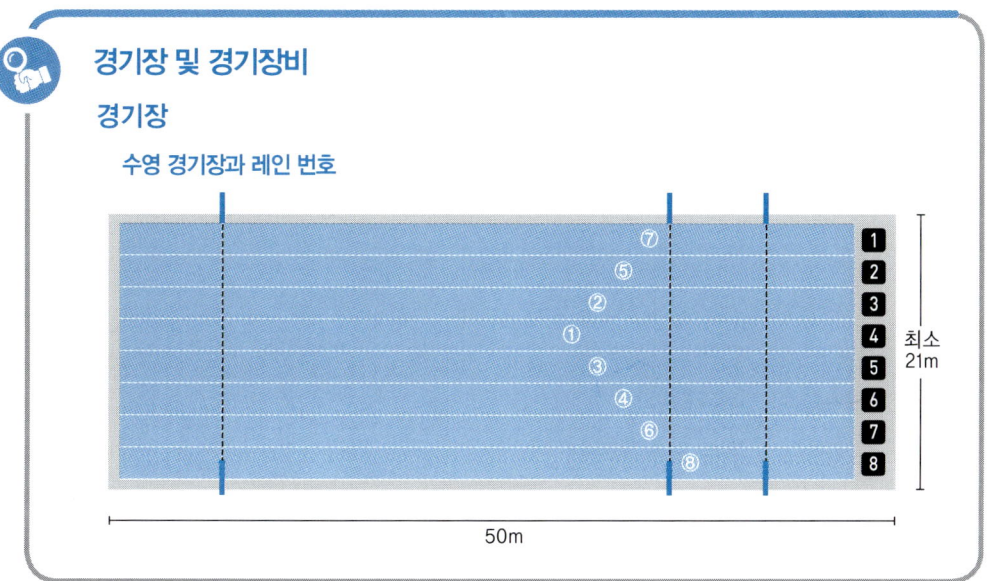

수영 경기장과 레인 번호

- 경기장의 길이는 50m(허용오차 0.03m)이며, 폭은 최소 21m, 수심 1.8m, 벽은 수직 평행해야 한다.
- 레인(Lane)은 8개이고, 레인 폭은 각 2.5m이며, 1레인과 8레인 밖으로 50cm 간격을 둔다.
- 레인로프는 코스 전 거리에 설치하여 양쪽 벽에 고정된 앵커 블래킷을 표면으로 나오지 않게 설치하고, 각 레인로프는 떠 있어야 하며 지름은 5~11cm이다.
- 색채는 양쪽 끝에서 5m까지의 색과 그 외 부분의 색과는 대조적이야 한다.
- 출발대는 수면 상 0.5~0.75m, 넓이 0.5×0.5m, 경사 10° 이하이며, 레인 번호 1~8번까지를 각각 기입한다. 부정출발 로프는 각종 벽으로부터 1.5m 지점에 고정된 기둥을 세우고 수영장을 가로질러 로프를 친다. 제대로 작동시키기 위해서는 재빨리 풀 수 있는 장치를 해야 한다. 수온은 최소한 24℃를 유지해야 한다.

경기장비
- 수영복은 속도, 부력 또는 지구력에 도움이 되는 모든 것을 금지하고 있다.
- 수영 모자 및 선수의 눈을 보호하고 물 속 시야를 향상시키는 수경은 착용이 허용된다.

※ 출처: 국제수영연맹(2018), 대한장애인수영연맹(2018), 장애인스포츠백과(2012)

18) 탁구(Table tennis)

탁구경기는 패럴림픽대회와 데플림픽대회, 스페셜올림픽대회의 정식종목으로 많은 국가에서 활성화 되어있는 종목이다. 탁구 종목은 제1회 패럴림픽대회인 1960년 로마 패럴림픽대회 때 정식종목으로 채택되었으며, 시각장애를 제외한 척수장애, 절단 및 기타장애, 뇌성마비가 참가할 수 있다. 경기운영은 선수 간의 기능별로 1~5등급까지는 휠체어를 사용하고, 6~11등급까지는 입식으로 경기를 진행하는 방식으로 진행된다. 탁구의 경기규칙은 국제탁구연맹(International Table Tennis Federation; ITTF) 경기규정을 따른다.

※ 출처: 대한장애인체육회 공식 홈페이지(2018)

국내의 탁구선수는 2017년 기준 1,244명이 등록되어 활동하고 있으며, 장애인스포츠 종목 중 가장 활성화되어 있는 종목 중 하나이다. 우리나라의 국제 경기력 수준은 1965년 처음 국제대회에 참가한 이래 패럴림픽대회 및 각종 국제대회에 꾸준히 좋은 성적을 거둠으로써 우리나라를 대표하는 효자 종목이다.

세부 종목

- 탁구는 총 11개 세부등급별 종목으로 나뉜다.
- 탁구경기의 세부종목에서 신체장애 선수는 1~10등급으로 나뉘며, 지적장애의 경우 11등급으로 구분된다. 1~5등급의 선수는 휠체어 부문이며 6~10등급 선수는 입식 부문이다. 남자와 여자 개인, 복식 또는 팀 경기로 나뉘며, 경기는 각각 11점씩 5세트로 구성된다.
- 탁구는 총 11개 세부등급별 종목으로 나뉜다.
- 탁구경기의 세부종목에서 신체장애 선수는 1~10등급으로 나뉘며, 지적장애의 경우 11등급으로 구분된다. 1~5등급의 선수는 휠체어 부문이며 6~10등급 선수는 입식 부문이다. 남자와 여자 개인, 복식 또는 팀 경기로 나뉘며, 경기는 각각 11점씩 5세트로 구성된다.

경기 방법

- 탁구경기는 단식과 복식으로 나누며, 개인전(개인단식·개인복식·혼합복식)과 단체전의 경기방식이 있다. 단체전의 방식은 4단식 1복식, 또는 5단식 2복식, 세계선수권대회에서 채택하고 있는 남자의 스웨이들링컵 방식, 여자의 코르비용컵 방식이 있다.
- 1게임은 11점이며, 10대10일 경우 듀스가 되어 먼저 2점을 선취하는 쪽이 그 게임을 이긴다. 심판원이 경기자와 용구를 확인하고 두 경기자 또는 두 팀의 주장이 토스하여 이긴 자가 서브·리시브·엔드를 먼저 선택하게 되며 2분 동안 연습한 후 경기에 들어간다.
- 서브를 넣을 때, 손은 엄지손가락을 제외한 네 손가락을 모아서 펴고 손바닥 중앙에 공을 놓고 16cm 이상 던져올려 낙하하는 공을 자기 코트에 먼저 바운드시키고 상대편 코트에 보내야 한다. 서비스하는 동안 서버의 라켓을 든 손과 공을 올려놓은 손은 반드시 코트의 경기면 보다 위에 있어야 한다. 서브 이후 모든 타구는 코트 안에 바운드된 후에 이루어진다.

경기장 및 경기장비

경기장

- 탁구 경기장의 넓이는 최소 길이 14m, 너비 7m, 천장의 높이는 마루 위에서 5m이어야 한다. 조명은 탁구대의 상판 윗면에서 측정했을 때 세계선수권대회 및 올림픽 경기대회에서는 1,000럭스 이상이어야 하고 탁구대 외에는 500럭스이어야 한다.

경기장비

- **탁구대:** 탁구대 윗면을 코트라 하며 공식적으로 인정된 공을 30cm 높이에서 떨어뜨려서 23cm 바운드될 수 있는 단단한 나무로 만들어야 한다. 시합표면은 에지와 코너를 포함하며 평탄하고 반사되지 않도록 하며 일반적으로 청색과 녹색으로 칠해야 한다. 탁구대의 표면 가장자리에 2cm, 중앙에 0.3cm의 너비로 흰선을 긋고 그밖에 어떤 기호나 글자를 써서는 안 된다.
- 탁구대의 크기는 길이 274cm, 너비 152.5cm의 직사각형으로 바닥에서 76cm 위에 수평으로 설치한다. 네트의 높이는 15.25cm, 길이는 양 지주를 포함하여 183cm이며, 지주대를 탁구대의 상판에 단단하게 부착시켰을 때 지주봉은 경기면과 수직이어야 하고, 지주봉의 외부 한계는 경기면의 양 사이드라인으로부터 15.25cm이다. 네트는 위쪽 가장자리에 너비 1.5cm의 흰 천 안에 한 가닥의 끈을 넣어 그 끈의 양끝을 지주대에 맨다.

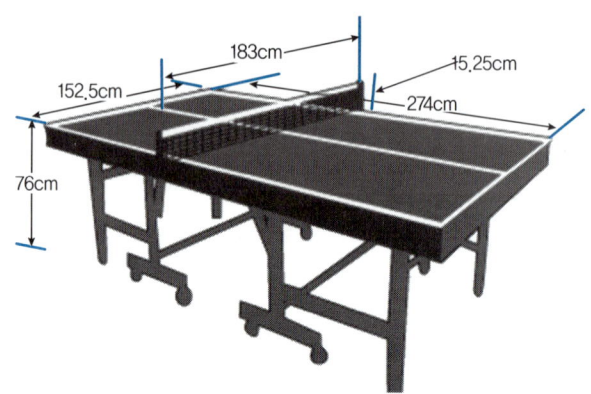

- **공:** 공은 셀룰로이드나 그와 유사한 플라스틱으로 만들며, 반사되지 않는 백색 또는 오렌지색이어야 하고, 무게는 2.7g, 지름은 4cm이다. 라켓의 크기·모양·무게에 제한은 없으나 면이 고른 같은 두께의 나무여야 한다. 모양은 라켓의 손잡이를 펜대 잡듯이 잡는 펜홀더그립용 둥근형과 모진형, 악수하듯이 잡는 셰이크핸드그립용의 손잡이가 길고 납작한 둥근형, 하트형, 타원형으로 크게 구분되며, 재질은 단판·합판(3장 합판, 5장 합판, 카본 파이버합판)이 있다.

- **라켓:** 펜홀더그립의 유형은 한국과 일본 선수들이 주로 사용하는 유형과 중국 선수들이 사용하는 유형으로 구분된다. 타법이나 기술이 다양하고 서로 상대적이기 때문에 어떻게 라켓을 잡는 것이 유리한지 한마디로 단언하기 어렵다. 러버는 라켓의 면에 붙이는 것으로서, 크게 핌플러버와 샌드위치러버가 있으며, 고무판의 표면은 반사되지 않는 짙은 색이어야 하고, 두께는 4mm 이내여야 한다. 양면을 고무로 덮어 씌울 경우 질이 다른 고무를 사용해도 되지만, 한 면은 밝은 적색으로 하며 다른 면은 검은색으로 하고 무광택이어야 한다. 돌기고무판은 안정성이 높아 전진형에게 적합하고, 평면고무판은 공에 대한 마찰력과 탄력이 크기 때문에 강력한 회전타법(드라이브·커트)에 유리하다.

※ 출처: 대한장애인탁구협회(2018), 국제탁구연맹(2018), 장애인스포츠백과(2012)

19) 태권도(Taekwondo)

태권도경기는 2020년 도쿄패럴림픽대회에서부터 정식종목으로 채택되었으며 데플림픽대회의 정식종목이다. 장애인태권도는 장애의 특성에 따른 몇 가지 변형된 규칙이 적용될 뿐 세계태권도연맹(World Taekwondo Federation; WTF)의 경기 규칙과 기술을 중심으로 사용한다.

국내의 장애인태권도선수는 2017년 기준 85명이 등록되어 있다. 우리나라 태권도의

※ 출처: IPC 공식 홈페이지(2018)

국제 경기력 수준은 2009년 타이페이데플림픽대회에서 처음 정식종목으로 채택된 이후 계속해서 우수한 성적을 거두며 태권도 종주국으로써의 위상을 높이고 있다.

경기 방법

태권도 세부종목
- 세계태권도연맹에서는 모든 태권도 선수가 공평하게 시합에 참여할 수 있도록 장애유형별 등급분류를 겨루기와 품새 종목에 종목별 특성을 고려하여 적용하고 있다.
- 태권도 경기는 여자·남자 각각 4개(K41~44)의 스포츠등급과 각각의 등급에서 3개의 체급으로 나눠 치러진다.

- 패럴림픽대회에서는 총 6개의 이벤트가 치러지며, T44/43 남·녀 각각 3개의 체급별(남 : 61kg 이하, 75kg 이하, 75kg 이상, 여 : 49kg 이하, 58kg 이하, 58kg 이상) 경기가 치러진다.

경기 시간

- 부별 경기는 2분 3회전, 회전 간 휴식시간은 1분으로 한다. 단, 동점으로 3회전 종료 시 1분간의 휴식 후, 골든포인트로서 2분 1회전의 제 4회전을 실시한다. 대회에 따라서 기술위원들은 경기시간을 1분 3회전 또는 1분30초 3회전으로 하고 라운드 사이 휴식시간은 30초에서 1분 사이로 조정할 수 있다. 또는 4~5분 단회전을 실시할 수 있으며, 지도자는 경기 중 1~2분30초(기술위원들의 사전 결정에 따라)의 타임아웃을 요청할 수 있다.

허용 부위 및 득점

- 바른 주먹을 이용한 손기술 공격과, 복사뼈 이하의 발부위를 이용한 발기술만이 허용된다. 허용부위는 몸통호구로 보호되는 부위로서 주먹 및 직선공격에 의한 발차기 시 1점, 회전에 의한 발차기 시 2점이 부여되며, 머리부위는 발기술만 허용되며, 직선공격에 의한 발차기 3점, 회전에 의한 발차기 4점이 부여되고 타격에 의한 상대선수가 위험한 상태에 빠져 주심이 계수를 하면 추가 1점이 부여된다. 득점은 3회전을 통산하여 채점결과로 한다.

경기장 및 경기장비

경기장

- 경기장은 장애물이 없는 수평이어야 하며, 바닥은 탄력성이 있으며 미끄럽지 않은 매트로 한다. 단, 필요에 따라 경기장은 일정 높이(1m 이내)의 경기대로 조정 설치할 수 있으며, 안전도를 고려하여 30°이내의 경사각이 지도록 해야 한다. 경기장의 형태는 팔각, 사각, 또는 원형으로 할 수 있다.

경기장비

- 경기에 임하는 남·여 선수는 몸통보호구, 머리보호구, 살보대, 팔다리 보호대 및 손·발등 보호대, 전자감응양말(전자동 전자호구 사용 시), 마우스피스를 착용해야 하고, 살보대, 팔다리 보호대는 도복 안에 착용하여 몸통보호구 외 모든 보호구는 각 개인이 지참해야 한다. 보호구 및 보호대 미착용 시 출전을 금지한다.

※ 출처: 대한장애인태권도협회(2018), 세계태권도연맹(2018), 장애인스포츠백과(2012)

20) 테니스(Tennis)

테니스경기는 패럴림픽대회, 스페셜올림픽대회, 데플림픽대회의 정식 종목으로 테니스의 다양한 기술들을 쉽게 변형하여 적용할 수 있어 많은 장애인들이 즐겨 하는 스포츠이다. 테니스는 단식과 복식경기의 형태로 나뉘며, 휠체어테니스는 장애인들이 휠체어를 타고 이동하며 테니스 경기를 하도록 개발된 스포츠이다. 휠체어테니스의 모든 규칙은 국제테니스연맹(International Tennis Federation; ITF) 경기규칙이 동일하게 적용되지만 투 바운드가 허용되는 것과 같이 휠체어를 사용한 경기 운영에 관련된 변형된 규칙이 일부 적용된다.

※ 출처: 대한장애인체육회 공식 홈페이지(2018)

휠체어테니스는 1988년 서울패럴림픽대회에서 시범 종목으로 채택된 이후 1992년 바르셀로나패럴림픽대회에서 정식 종목으로 채택되며 급속한 성장을 이루었다. 우리나라에서는 1988년 서울패럴림픽대회에 휠체어테니스가 시범 경기로 채택된 시점을 계기로 활성화되기 시작하여 1993년 대한장애인테니스협회가 설립되면서 더욱 발전하게 되었다. 휠체어테니스는 비장애인과 함께하는 대표적인 통합스포츠 종목 중 하나이며, 국내의 테니스선수는 2017년 기준 108명이 등록되어 활동하고 있다.

 경기 방법

- 휠체어테니스의 모든 대회는 통합등급으로 치러지며 남녀 단식과 복식경기가 있다. 등급분류는 장애 정도나 상태에 따른 등급분류를 적용하지 않고 테니스의 경력이나 그 선수의 경기력의 수준에 따라 분류(Grade)한다.
  ※ 상위 그레이드로 갈수록 뛰어난 기량으로 분류
- 휠체어테니스는 단식, 복식, 혼합복식 등이 있다. 시합의 승패는 게임의 경우 포인트가, 세트의 경우 게임 득점이 많은 쪽이 승자가 된다. 국제 시합이나 정식 시합에서는 남자는 5세트, 여자와 주니어는 3세트로 한다. 테니스경기는 포인트, 게임, 세트, 매치의 4단계로 구성된다. 시합 도중 공격에 성공하거나 실패하면 1점을 얻거나 잃게 되는데, 이때의 점수를 포인트라 한다. 4포인트를 먼저 얻으면 1게임을 이기게 되며, 만약 3대3의 포인트가 되면 듀스라 하여 2점을 연속해서

먼저 얻은 선수가 그 게임을 이기게 된다. 6게임을 먼저 얻으면 1세트를 이기게 된다.
- 청각장애 및 지적장애인들이 참가하는 테니스 경기는 일반테니스 경기와 규칙이 동일하지만, 휠체어테니스는 약간의 규칙 변형이 있다. 휠체어테니스 경기는 휠체어를 사용한다는 점과 공이 지면에서 두 번 튀기는 투 바운드를 허용한다(이때에 두 번째 바운드가 코트의 바깥이어도 무방함). 그러나 신체를 이용한 중심이동은 금지된다. 이와 같이 휠체어의 사용으로 인한 이동에 있어서의 변형된 규칙을 제외한 모든 규칙은 국제테니스연맹(ITF) 경기 규칙이 동일하게 적용된다.
- 모든 경기는 토너먼트 방식으로 진행되며, 경기는 1게임 3세트로 실시되고, 세부 종목으로는 남녀 단식과 복식 경기가 있다. 단식과 복식에서 휠체어테니스 선수가 일반인 선수와 함께 혹은 대항하여 경기를 하는 경우에는 휠체어테니스 선수에게는 테니스 규칙이 적용된다. 이 경우에는 휠체어 선수는 투 바운드가, 일반인 선수는 원 바운드가 허용된다.

경기장 및 경기장비

경기장

- 휠체어테니스는 경기 중에 플레이어가 휠체어를 이용하여 급제동, 턴을 하며 이동하는 과정에서 코트 면을 손상시킬 수 있기 때문에 주로 하드코트에서 이루어진다. 코트의 규격은 베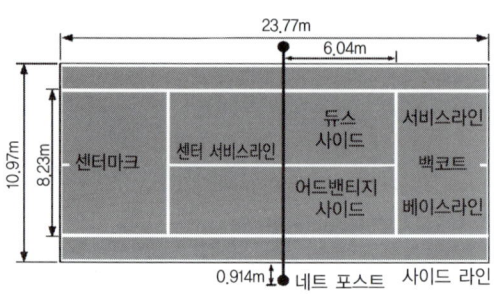이스라인의 길이가 10.97m, 서비스라인과 단식라인의 길이 8.23m, 사이드라인 23.77m, 센터라인 6.40m이며, 더블 존이 1.37m 더 넓어진다. 테니스 코트에 대한 규정은 라인의 길이에 대한 규격만 제시되어 있으나 공인된 세계선수권대회 코트에 관해서만은 후방에 6.40m, 옆쪽에 3.65m 이상의 공간이 없으면 안 된다. 그러나 휠체어테니스 코트는 투 바운드까지 허용되기 때문에 후방으로 그 이상의 공간이 요구된다.

경기장비

- **네트:** 네트의 길이는 복식 경기에서 사용하는 네트와 단식 경기에서 사용하는 네트의 길이가 차이가 있다. 복식 경기의 네트는 12.802m이고, 단식 경기의 네트 길이는 10.058m이다. 네트의 높이는 좌우 사이드가 1.07m가 되어야 하고, 중앙에는 9.14m가 되어야 한다. 따라서 단식 경기 시에는 단식 라인에서 복식 라인 방향으로 9.14m 지점에 1.07m 높이의 싱글스틱(Singles Stick)을 세워야 한다.
- **볼:** 테니스 경기용 볼은 흰색, 노란색, 오렌지색 등을 사용할 수 있으며, 크기는 지름 6.35~6.67cm이어야 하고, 볼의 무게는 56.7~58.8g을 초과해서는 안 되며, 탄력은 254cm 높이에서 낙하하여 바운드가 135~147cm 이상 되어야 한다.
- **라켓:** 근래의 라켓에는 약간의 변화가 있으나 규정은 길이 81.28cm 이내와 라켓 면의 넓이가 39.27cm 이내라고 규정되어 있다.
- **휠체어:** 경기용 수동휠체어로 속도와 방향 전환을 쉽게 하기 위해 좌우 바퀴에 3~6도 정도의 캠버(camber)를 제작할 수 있다. 또한 중심 유지를 위해 캐스터를 부착할 수 있으며 상태에 따라 끈을 이용한 보조 지지대로 발목, 다리, 허리의 움직임을 고정시켜야 한다. 휠체어테니스에서 경기용 전동휠체어는 손동작과 발 동작에 제약을 받는 쿼드 플레이어에게 해당되는 특수한 상황에서만 사용될 수 있다.

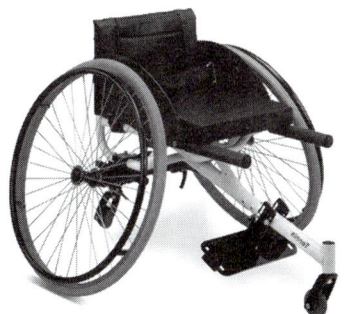 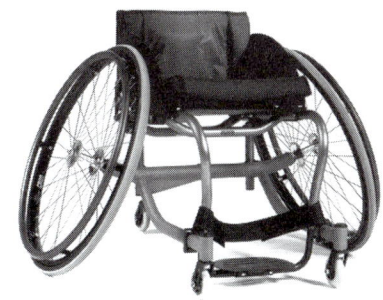

휠체어테니스용 휠체어

※ 출처: 대한장애인테니스협회(2018), 국제테니스연맹(2018), 장애인스포츠백과(2012)

21) 트라이애슬론(Triathlon)

트라이애슬론경기는 철인 3종 경기로도 불리는데 유산소운동을 대표하는 수영, 사이클, 달리기 3종목을 연속으로 하는 극기와 인내심이 필요한 경기이다. 장애인선수는 자전거 부문에서 핸드사이클, 탠덤사이클을 사용할 수 있으며 휠체어는 달리기 부문에서 허용된다.

장애인트라이애슬론은 2016년 리우패럴림픽대회에 정식 종목으로 채택되었으며, 국제트라이애슬론연맹(International Triathlon Union; ITU)의 경기규칙을 적용한다.

※ 출처: IPC 공식 홈페이지(2018)

세부 종목

- 현재 수영 750m, 사이클 20km, 달리기 5km(휠체어 사용 가능)로 구성되어 있다.
- 패럴림픽대회 남자 부문 PT1, PT2, PT4
- 패럴림픽대회 여자 부문 PT2, PT4, PT5

경기 방법

주요 경기규칙

- 트라이애슬론의 세부 종목에 참가하기 위해서는 선수의 팔, 다리 장애정도가 최소한 15% 이상은 되어야 한다.
- TRI6에 참가하기 위해서는 선수의 교정시력이 최대 20/200은 되어야 한다.
- ITU경기규칙은 ITU경기 중 장애인부 선수의 동작과 행동을 구체화한다. ITU경기 규칙이 구체적으로 필역하지 않는 부분은 국제패럴림픽위원회의 국제수영연맹과 국제사이클연맹, 국제육상연맹의 장애인종목 관련규정을 해당 영역에 적용한다.
- 도뇨관이나 기타 소변기기를 사용하는 선수는 경기 중 항상 도뇨관 봉지를 사용하여 세는 것을 막아야 할 의무가 있다. 이는 훈련할 때, 경기 중을 포함한다.

- TRI1, TRI2, TRI3, TRI4, TRI5 그리고 TRI6에 출전하는 장애인부 선수들은 동계 트라이애슬론, 크로스 트라이애슬론과 크로스 듀애슬론대회에 출전이 허용된다.
- 경기 도중에 정지한 부이나 움직이지 않는 보트를 잡는 행위는 허용되지만 앞으로 전진하는 도구를 사용하는 것은 금지되어 있다.
- 영법의 규정은 없지만 거의 모든 선수가 자유형으로 경기한다.
- 사이클 경기의 경우 수분 공급이 매우 중요하기 때문에 경기 중의 도로에 푸드 스테이션이 준비되어 있다.

경기장 및 경기장비

- 수영 경기는 보통 실외에서 이루어진다. 수온이 낮은 경우, 네오프렌의 수영복이 필요하다. 물의 저항감이 적어지도록 대부분 몸에 붙는 수영복을 사용한다.
- 사이클 경기는 보통 도로 경기로 이루어진다. 필요한 경우 장비를 수리할 수 있는 도구를 준비해야 한다.

※ 출처: 국제트라이애슬론연맹(2018), 장애인스포츠백과(2012)

22) 배구(Volleyball)

배구경기는 경기규칙이 간단하며, 남녀노소 누구나 쉽게 참여할 수 있어 장애인들에게 인기 있는 종목 중 하나이다. 패럴림픽대회에서는 좌식배구(Sitting Volleyball)가 정식종목으로 채택되어 있으며, 스페셜올림픽대회와 데플림픽대회에서는 배구가 정식종목으로 치러지고 있다.

청각장애인과 지적장애인이 참여하는 배구 경기는 일반배구의 경기규칙을 동일하게 적용하지만 좌식배구는 더 작은 코트와 낮은 그물을 설치하여 경기를 하며 경기가 매우 빠르게 진행된다.

※ 출처: 대한장애인체육회 공식 홈페이지(2018)

좌식배구는 1980년 아른험패럴림픽대회에서 처음 소개되었으며, 장애에 따른 몇 가지 수정된 규칙을 제외하고는 국제배구연맹(Federation Internationale de Volleyball; FIVB)의 규정을 기반으로 적용한다. 좌식배구의 선수 구성은 대부분 절단장애가 많으며, 각 팀당 2명의 선수는 '최소 장애'를 가질 수 있다.

좌식배구는 비장애인과 함께하는 대표적인 통합스포츠 종목 중 하나로써, 각종 국내대회에 비장애인팀도 꾸준히 참가하고 있다. 국내의 좌식배구선수는 2017년 기준 382명이 등록되어 활동하고 있으며 점차 그 수가 증가하고 있는 추세이다.

경기 방법

- 장애인배구는 좌식배구, 배구, 좌식비치발리볼, 비치발리볼 종목이 있다.
- 패럴림픽대회에서는 좌식배구만이 정식종목으로 채택되어 있다. 이러한 좌식배구 경기는 남성경기와 여성경기로 나뉘며 6인제 경기로 진행된다. 팀은 남성, 여성, 혼합 경기로 6인제 경기로 진행된다.

주요 경기방법
- 상대편 코트에 볼이 성공적으로 닿는 경우, 상대팀이 반칙을 범하는 경우, 상대팀이 벌칙을 받는 경우 1득점을 한다.
- 한 팀은 규칙에 어긋나는 경기 동작을 함으로써 반칙을 범하게 되며, 심판은 반칙을 판단하고 규칙에 따른 결과를 결정하게 된다.
- 만약 두 개 또는 그 이상의 반칙이 연속적으로 범해졌다면 첫 번째 반칙만이 적용된다.
- 두 개 또는 그 이상의 반칙이 양 팀에 의해 동시에 범해졌다면 '더블 폴트'가 선언되며 경기는 다시 시작된다.
- 한 랠리는 서버에 의해 서비스가 행해진 순간에서부터 볼이 '아웃 오브 플레이'될 때까지 일련의 경기 동작이다. 완료된 랠리는 한 점수를 주게 되는 결과를 가져오는 일련의 경기 동작이다.
- 서빙 팀이 랠리에서 이기게 되면 한 점을 획득하게 되고 서브는 계속된다.
- 리시빙 팀이 랠리에서 이긴다면, 한 점을 얻고 다음의 서브를 하게 된다.6.2 세트의 승자한 세트(최종 세트, 다섯 번째 세트 제외)는 최소 2점을 앞선 상태에서 먼저 25점 을 획득한 팀이 승리한다. 24 – 24 동점을 이룬 경우 경기는 2점 리드가 이뤄질 때까지 계속된다(26 – 24; 27 – 25;...). 6.3 경기의 승리6.3.1 경기는 3세트를 이긴 팀이 승리한다.
- 세트가 2 – 2로 동점인 경우, 최종 5세트는 최소 2점을 앞선 상태에서 15점제로 경기하게 된다.
- 토스경기 전, 주심은 첫 세트에서의 첫 서브와 코트 선정을 위한 토스를 실시한다.

- 만약 5세트가 진행된다면 새로 토스를 하게 된다.
- 토스는 양 팀 주장의 참여하에 이뤄진다. 토스의 승자는 서브권을 가질 것인지, 서브 리시브 권을 선택할 것인지, 또는 코트 면을 선택할 수 있다. 패자는 남은 선택권을 가지게 된다.
- 공식연습을 따로 할 경우, 첫 서비스를 가진 팀이 먼저 네트에서 웜–업을 하게 된다.7.2 공식 웜–업7.2.1 경기에 앞서, 팀이 임의대로 미리 사용할 수 있는 경기 코트가 있다면 네트 근처에서 함께 6분간의 연습시간을 갖게 되며, 그렇지 않다면 10분을 가지게 된다.
- 양 팀 주장 중 한명이 네트에서 공식 연습을 따로 하겠다고 요청한다면, 팀들은 각 3분 또는 각 5분이 허용된다.
- 웜–업을 따로 할 경우, 첫 서비스를 가진 팀이 먼저 네트에서 웜–업을 하게 된다.
- 경기 중 팀은 항상 6명의 선수가 있어야 한다.
- 코트의 6명의 선수 중 최대 1명의 최소장애 선수는 포함 될 수 있다. 만약 리베로가 코트에 있다면, 6명의 선수에 포함 되어야 한다. 팀의 스타팅 라인–업은 코트에서 선수들의 회전 순서를 나타내는 것으로 이순서는 세트 동안 유지되어야 한다.
- 매 세트 시작 전, 감독은 라인–업 용지에 팀의 스타팅 라인–업을 적고, 사인하여 부심 또는 기록원에게 제출해야 한다.
- 세트의 스타팅 라인–업에 있지 않은 선수들은 그 세트의 교대 선수들이다. (리베로 제외)
- 일단 라인–업 용지가 부심이나 기록원에게 제출되면 정규교대 없이 라인–업을 바꿀 수 없다.

경기장 및 경기장비

경기장

- 경기장은 경기 코트와 프리존을 포함한다. 이것은 직사각형으로 둘로 나뉜 양쪽이 대칭을 이뤄야 한다.
- 경기 코트는 모든 면이 최소 3m 폭의 프리존으로 둘러진 10m×6m 크기의 직사각형

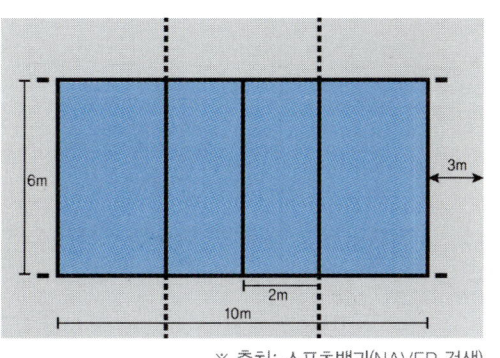

※ 출처: 스포츠백과(NAVER 검색)

좌식배구 경기장

이다. 경기 공간은 어떠한 장애로부터 자유로운 경기장 위의 공간을 말하며, 경기장 표면으로부터 최소 7m 높이가 확보되어야 한다. 세계장애인배구대회(World ParaVolley) 및 공식대회, 지역의 선수권대회에서도, 프리존은 사이드라인으로부터 최소 4m, 엔드라인으로부터 최소 6m 가 확보되어야 하며, 경기 공간은 경기장 표면으로부터 최소 10m 높이가 확보되어야 한다.

경기장비

- 네트는 센터라인의 수직으로 남자 1.15m, 여자 1.05m 높이로 설치된다.
- 네트 높이는 경기 코트의 중앙에서 측정되며, 양 사이드라인 상에서 네트 높이는 정확히 같아야 하고 공식적 높이보다 2cm이상 초과해서는 안 된다.
- 네트는 폭 0.80m, 길이 6.50 ~ 7m (사이드밴드 양 옆에 25 ~ 50cm길이 포함)로, 10cm의 정사각형 검정 그물로 만들어진다. 상단의 수평 밴드는 두 겹의 흰색 캔버스로 만들어진 7cm의 너비로, 전체 길이를 꿰맨다. 밴드의 양 끝에는 끈이 통과해 상단 부분을 팽팽하게 유지하여 지주에 밴드를 고정시켜주는 구멍이 있다. 밴드 속 신축성이 좋은 케이블은 네트를 지주에 고정시켜 상단의 팽팽함을 유지시켜준다. 네트 하단에는 로프로 연결된 또 다른 수평 밴드가 있는데, 이는 상단의 밴드와 유사하며 5cm 너비로 되어있다. 이 로프는 네트를 지주에 고정시켜 하단부분의 팽팽함을 유지시켜준다.
- 사이드 밴드는 2개의 흰색 밴드가 수직으로 네트에 고정되어 각 사이드라인 바로 위에 설치된다. 이 사이드 밴드는 너비 5cm, 길이 0.80m로 네트의 부분으로 간주된다.
- 안테나는 유연한 막대기로 길이 1.60m, 직경 10mm의 유리섬유나 이와 유사한 재질로 만들어진다. 안테나는 각 사이드 밴드 바깥 가장자리에 고정되며 네트의 서로 반대쪽으로 설치한다. 각 안테나 상단 80cm는 네트 상단을 연장하여 대체적으로 빨간색과 흰색의 대조적 색상을 사용하여 10cm 너비의 줄무늬로 표시한다.
- 안테나는 네트의 한 부분으로 간주하며, 옆으로는 통과허용 공간의 범위를 규정짓는다.
- 네트를 받치고 있는 지주는 사이드라인 밖 0.50 ~ 1.00m 거리에 설치되고, 1.25m의 높이로 조정 가능한 것이어야 한다. 세계장애인배구대회(World ParaVolley) 및 공식대회, 지역의 선수권대회에서도, 네트를 받치고 있는 지주는 사이드라인 1m 밖에 설치한다.
- 지주는 둥글고 매끄러운 것으로, 줄을 사용하는 것 없이 바닥에 고정된다. 어떤 위험성이 있거나 방해가 되는 장치가 있어서는 안 된다.
- 모든 추가 장비는 세계장애인배구(World ParaVolley) 규정에 의해 결정된다.

- 볼은 구의 형태로 고무나 이와 유사한 재질로 만든 내피에 유연한 가죽 혹은 합성 가죽 표피로 만들어진다. 색상은 동일한 밝은 색 혹은 조합된 색상이어야 한다.
- 세계장애인배구대회(World ParaVolley) 및 공식 대회, 지역의 선수권대회에서 사용되는 인조가죽 컬러 볼은 세계장애인배구(World ParaVolley) 규정에 부합되어야 한다.
- 볼의 둘레는 65㎝ ~ 67㎝ 이고, 무게는 260g ~ 280g 이다. 내부 기압은 0.30 ~ 0.325kg/cm (4.26~4.61 psi/294.3~318.82 mbar 또는 hpa) 이다.
- 경기에 사용되는 모든 볼은 둘레, 무게, 압력, 형태, 색상 등이 동일한 기준을 지녀야 한다.
- 세계장애인배구대회(World ParaVolley) 및 공식대회, 지역의 선수권대회, 국내 혹은 챔피언 리그에서도 세계장애인배구(World ParaVolley) 의 동의가 없는 한 세계장애인배구(World ParaVolley) 공인구로 시합해야 한다.
- 세계장애인배구대회(World ParaVolley) 및 공식대회, 지역의 선수권대회에서도, 볼 3개가 사용되어야 한다. 이 경우, 볼 리트리버 6명은 자유 지역의 각 모서리와 주. 부심 뒤쪽에 위치해야 한다.

※ 출처: 대한장애인배구연맹(2018), 국제배구연맹(2018), 장애인스포츠백과(2012)

23) 휠체어펜싱(Wheelchair fencing)

휠체어펜싱 경기는 상이군경들의 재활을 위한 수단으로 구트만 박사에 의해 개발되었으며, 1960년 제 1회 로마패럴림픽대회에서 정식종목으로 채택되었다. 휠체어펜싱경기는 국제펜싱연맹(International Fencing Federation; FIE)의 규칙을 적용하며 휠체어선수의 경우 장비, 거리 등 일부 수정된 조항을 적용한다.

휠체어펜싱 경기는 척수장애, 절단 및 기타장애로 구분하여 장애유형별로 경기를 실

※ 출처: 대한장애인체육회 공식 홈페이지(2018)

시한다. 국내의 휠체어펜싱선수는 2017년 기준 84명이 등록되어 활동하고 있다. 우리나라 휠체어펜싱팀의 국제 경기력 수준은 1988년 서울패럴림픽대회에서 금메달 3개와 은메달 1개를 획득한 것이 최고 성적이다.

세부 종목

성별	등급		비고
남성	에페	카테고리 A	
		카테고리 B	
		팀	
	플러레	카테고리 A	• 휠체어펜싱경기는 남·녀 각각 에페, 플러레, 사브로 그리고 팀경기와 카테고리를 A·B로 나누어 경기를 치른다.
		카테고리 B	• 팀경기는 예비선수 없이 3명의 선수로 구성해야 하며 B 카테고리는 반드시 1명을 구성해야 함.
		팀	• 카테고리 A에 해당하는 선수는 양하지 절단 및 척수손상 T10~L2, L4~ 의 선수들이며, 앉아 있을 때 자세균형을 잡을 수 있음
	사브르	카테고리 A	• 카테고리 B에 해당하는 선수는 앉는 자세 불균형
		카테고리 B	
여성	에페	카테고리 A	
		카테고리 B	
		팀	
	플러레	카테고리 A	
		카테고리 B	
		팀	
	사브르	카테고리 A	
		카테고리 B	

플러레
- 플러레는 펜싱의 기본 종목으로 선제 공격권은 기본자세 이후 심판의 시작 선언 후 먼저 공격적인 자세를 취한 선수에게 주어지고, 유효 표적은 사지와 얼굴을 제외한 몸통이다. 펜싱의 기본 종목으로서, 플러레 경기는 공방이론에 의해 이루어지며, 민첩성을 근본으로 하는 운동으로서 예민한 감각과 합리적 사고, 그리고 빠른 판단력과 스피드를 필요로 하는 종목이다.

에페
- 에페 경기는 어느 선수이든 먼저 찌르는 선수가 득점하게 되며 마스크와 장갑을 포함한 상체모두가 유효 표적이 된다. 상체전체가 유효면이기 때문에 리치가 길고, 힘이 좋은 선수가 유리하다. 에페는 플러레와 사브르의 공방논리에 적용되지 않고, 어느 선수이든 먼저 찌르는 선수가

득점하게 되며 마스크와 장갑을 포함한 상체 모두가 유효타깃이 된다(일반경기 에페에서는 다리도 포함되지만, 휠체어 펜싱에서 다리는 너무 취약하므로 제외).

사브르

- 플러레와 에페가 찌르기를 위주로 하는 종목이라면 사브르는 베는 종목으로 가장 중세적인 스타일의 경기이다. 사브르의 유효 표적은 상체이며 기본자세와 기술면에서 플러레, 에페와는 다소 차이가 있다. 휠체어는 서로 평행으로 중앙 기준대에 대하여 110도의 각도를 가지며 전자 심판기가 설치된 비스트에 고정한다.

경기 방법

- 프레임 위에 휠체어를 고정할 때 리치가 짧은 선수에게 거리를 결정할 수 있는 우선권이 있으며 서로에게 유리하기 위하여 결정이 나지 않을 경우 심판이 중재한다.
- 선수 간의 적정 거리는 플러레와 사브르의 경우, 팔 길이가 긴 선수가 휠체어에 똑바로 앉아 검을 쥐고 있는 팔을 위로 들어 올려 팔꿈치를 90도 각도로 유지해야 하고, 상대선수는 검을 뻗어 검 끝이 들어 올려진 팔꿈치의 안쪽 내각에 닿는 것을 적정 거리로 한다.
- 경기 중 선수가 휠체어에서 떨어지거나 중심을 잃어 손을 땅에 짚을 경우 심판은 중지를 선언하며, 엉덩이가 들리거나 발이 땅에 닿으면 경고가 주어진다.
- 선수가 검을 완벽하게 쥘 수 없을 때는 그립에 밴딩할 수 있다. 심판의 시작 사인이 중요하므로 시작 구령 전 양 선수의 검의 끝이 서로의 가드를 넘지 않는 선에서 멈춰져야 하고, 어느 한 선수가 심판의 구령보다 먼저 움직였을 경우 첫 번째는 경고, 두 번째는 실점하게 된다.

경기장 및 경기장비

경기장

- 경기에 사용되는 경기 지면의 부분을 삐스뜨(piste)라고 한다. 삐스뜨는 흙·목재·리놀륨·콜크·탄성고무·플라스틱·금속망·금속 혹은 혼합금속 등 여러 가지로 만들 수 있다. 삐스뜨의 너비는 1.80~2m이며, 길이는 14m이다. 각각의 무기를 위

해 준비된 길이 이외에, 삐스뜨는 후방 경계선을 통과하게 되는 선수가 동일하고 평탄한 지면에서 후퇴를 할 수 있도록 양 끝에서 실질적으로 1.5m 내지 2m의 연장이 요구된다. 만약 삐스뜨가 플랫폼 위에 가설되는 경우, 플랫폼의 높이가 30cm를 초과해서는 안 된다.
- 휠체어펜싱의 경기를 위해서는 몇 가지 특별한 시설이 필요하며 이와 같은 특수한 조건이 갖추어지면 나머지 용기구는 일반 펜싱과 공유할 수 있다. 휠체어펜싱은 일반적인 펜싱 경기장에서 시합을 할 수 있으나 일반 선수들이 시합하는 경기대 위에 휠체어를 고정할 수 있는 프레임을 설치해야 한다. 프레임은 오른손, 왼손 모두 시합이 가능할 수 있도록 만들어야 하며 그 기능을 단순히 조작할 수 있어야 한다. 전기 장치를 사용할 수 있도록 금속으로 만들어야 하며 거리 조절장치는 양 휠체어의 중간에 위치할 수 있도록 하고 조작이 간편해야 한다. 프레임의 폭은 다양한 휠체어의 폭에 따라 쉽게 조정이 가능해야 한다.

경기장비

- **휠체어:** 국제휠체어펜싱연맹(IWF)에서 권고하고 있는 휠체어펜싱경기 시 사용되는 휠체어는 그림과 같으며, 경기 시 휠체어가 선수에게 상해를 주지 않도록 하기 위한 안전장치들이 있어야 한다. 그리고 레일에 휠체어를 고정하기 위해 휠체어는 수평을 이루어야 한다.

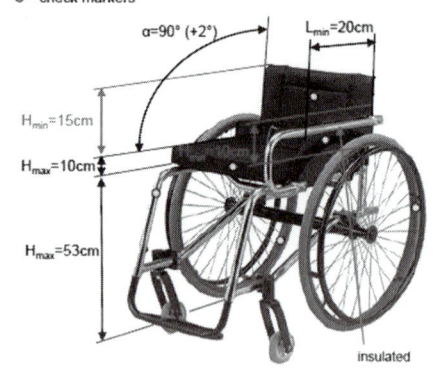

Fencing wheelchair for right-handed fencers
In Blue: Measurements taken with fencer seated on cushion

- 휠체어 쿠션은 의무사항은 아니며 만약 쿠션을 사용해야 할 경우 10cm 이하여야 한다.
- **플러레 검:** 총 길이는 최대 110cm, 무게는 500g 이하이며 브레이드(검의 몸)는 강철로 되어 있으며 길이는 90cm 정도이고 단면은 사각형이다. 가드(손 보호막)는 손을 보호하는 역할을 하여 지름은 20cm 이하이다. 그립의 최대 길이는 20cm이고, 손의 크기와 선수의 취향에 따라 여러 가지 형태의 그립을 선택할 수 있다.
- **메탈재킷(전기조끼):** 가느다란 전선으로 만들어진 전기옷으로 도복 위에 입으며, 이것이 상대방의 득점 유효면이 된다. 전기적 장치의 일종으로 보관에 특별한 신경을 써야 하며 사용 전 반드시 이상, 유무를 확인해야 한다.

※ 출처: 국제펜싱연맹(2018), 대한장애인펜싱협회(2018), 장애인스포츠백과(2012)

24) 휠체어럭비(Wheelchair rugby)

휠체어럭비 경기는 럭비와 농구, 핸드볼 경기의 요소가 결합된 경기로 팔과 다리가 완전히 마비되거나 부분적으로 마비되어있는 척수 손상을 갖고 있는 선수들을 위한 팀 스포츠이다. 휠체어럭비는 1977년 사지마비 장애인 선수를 위해 처음 만들진 이후 1996년 애틀랜타패럴림픽대회 시범종목을 거쳐 2000년 시드니패럴림픽대회에서 처음 정식 종목으로 채택되었다.

※ 출처: 대한장애인체육회 공식 홈페이지(2018)

휠체어럭비경기는 국제휠체어럭비연맹(International Wheelchair Rugby Federation; IWRF)에서 각종 국내외 대회 및 선수 관리 등을 관장하며, 국제휠체어럭비연맹에서 제정한 경기 규정을 준수한다. 우리나라의 휠체어럭비선수는 2017년 기준 132명이 등록되어 활동하고 있다. 아직까지 우리나라에선 장애인스포츠 경기종목 중 비교적 참여인구가 낮은 스포츠로 분류되고 있으나 최근 휠체어럭비의 활성화를 위한 노력의 일환으로 오픈종목을 추가하여 전국장애인체육대회에 동호인부 경기를 운영하고 있다.

세부 종목

- 휠체어럭비 경기는 패럴림픽대회 및 각종 국제대회에서 남녀 혼성팀 부문만 개최되고 있다.

 경기 방법

- 휠체어럭비는 4:4로 럭비전용 휠체어를 타고 휠체어럭비 경기용 공을 갖고 게임을 하여 다 득점하는 팀이 이기는 경기이다. 경기시작 시 tip off로 경기시작을 알리고 10초에 한 번씩 드리블을 하며 IWRF(국제연맹)의 규정에 의해 경기를 진행한다. 국제등급은 0.5~3.5까지 4명 등급합계가 8점으로 진행한다. 2008년 새로운 규정에서는 공격제한시간 40초 룰이 적용되고 있다. 코트 내에 있는 팀 선수

들의 등급분류점수의 합계는 최대 8점 또는 그 이하여야 한다. 코트 내에 여자선수가 있을 경우 0.5 포인트가 초과되는 것이 허용된다. (8.5까지 허용) 만약 부상이나 자격박탈 등의 상황들로, 팀이 등급분류 점수의 최대를 존중하면서(8점을 초과하지 않으며) 4명의 선수들을 출전시킬 수 없는 상황을 초래하면(남아 있는 선수들의 조합에 있어서 4명의 조합이 무조건 8점을 넘어서 4명이 출전하면 8점을 넘기는 경우) 그 팀은 3명의 선수들을 출전시키는 것이 허락된다. 이러한 경우, 코트내의 선수들의 등급분류 점수들의 합은 8점 미만이어야 한다(8점은 될 수 없다).

- 휠체어럭비는 8분씩 4번의 피리어드로 실시된다. 첫 번째 피리어드와 세 번째 피리어드의 종료 시에는 2분간의 휴식시간이 있다. 두 번째 피리어드 종료 시에는 5분간의 휴식시간이 있다. 연장전의 경우, 연장전의 각 피리어드는 3분이어야 한다. 정규경기의 종료와 첫 연장전 피리어드 사이에는 2분간의 휴식시간이 있어야 한다. 만약 추가적인 연장전 피어리드들이 필요한 경우에는 각 연장전 피어리드들 후에 2분간의 휴식시간이 있어야 한다.

- 공을 잡은 선수는 푸시 횟수에 관계없이 전진할 수 있는데, 반드시 10초 안에 패스하거나 공을 튀겨야 한다. 이를 이행하지 않으면 공을 상대팀에게 넘겨줘야 한다. 또한 선수는 15초 안에 중앙선을 넘어야 하며, 수비에서 한 번에 3명까지만 키 에어리어 안에 있을 수 있고, 공격에서 10초 동안만 4명 모두 키 에어리어 안에 있을 수 있다. 개인 반칙을 범하면 반드시 패널티 박스에 정해진 시간 동안 있어야 하고, 이로 인해 상대팀에게 파워플레이(power play)를 허용한다.

경기장 및 경기장비

경기장

- 휠체어럭비 경기장은 주로 농구경기장에 설치된다. 휠체어럭비는 폭 15m, 길이 28m의 실내 코트에서 행해진다. 코트에는 경계선들, 센터라인, 센터서클, 2개의 키 에어리어가 7조에 규정된 바와 같이 표시되어야만 한

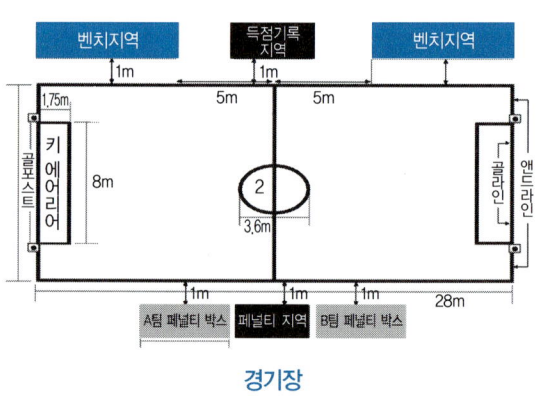

경기장

다. 코트 위의 모든 선은 같은 폭과 같은 색으로 표시되어야 한다. 양 엔드라인에 각각 골라인을 표시하는 고깔을 세워두고 각 골라인 전방 8m×1.75m에 키 에어리어(key area)를 그린다. 농구를 위한 국제농구연맹(Federation Internationale de Basketball; FIBA) 규정들에 적합한 코트는 휠체어럭비를 위한 IWRF의 규정들에 적합한 것으로 간주한다.

용기구

경기용 공   공격형 휠체어   수비형 휠체어

- **경기용 공:** 휠체어럭비에서 사용되는 흰색 공은 둘레 65~67cm, 무게 260~280g, 압력 최소 7.5파운드의 규격을 가진다. 게임은 유연한 가죽 또는 모조가죽의 덮개로 만들어지고, 안에 고무 또는 비슷한 재질로 만들어진 공기주머니를 가진 구형의 공으로 진행되어야 한다. 공의 둘레는 65~67cm, 무게는 260~280g이어야만 한다. 배구를 위한 국제배구연맹(Federation Internationale de Volleyball; FIVB)의 규정들에 적합한 공은 휠체어럭비를 위한 IWRF의 규정들에 적합한 것으로 간주한다. 공은 흰색이고, 최소 7.5파운드의 압력으로 충전되어야 한다.
- **경기용 휠체어:** 휠체어럭비에서 사용되는 휠체어는 공격형 휠체어와 수비형 휠체어로 구분된다.

※출처: 국제휠체어럭비연맹(2018), 대한장애인럭비연맹(2018), 장애인스포츠백과(2012)

3. 동계 경기 종목

1) 알파인스키(Alpine skiing)

알파인스키 경기는 제2차 세계대전에 참전하여 하지절단이 된 상이군인을 대상으로 3트랙 스키 경기를 개최하면서 시작되었다. 알파인스키 경기는 최초의 동계패럴림픽대회인 1976년 오른스퀼드빌동계패럴림픽대회에서부터 정식종목으로 채택되었으며, 데플림픽대회와 스페셜올림픽대회에서도 정식종목으로 치러지고 있다.

알파인스키의 경기규칙은 국제스키연맹(International Ski Federation; FIS)의 규칙을 따르며 세계장애인알파인스키기술위원회(World Para Alpine Skiing Technical Committee)에서 각종 관련규정과 선수 및 대회를 관리한다. 장애인스키 선수들은 각각의 장애의 특성에 맞게 변형된 모노스키, 바이스키, 아웃리거 등과 같은 장비를 사용하여 경기에 임하며 시각장애인선수의 경우 가이드와 함께 경기에 참여한다.

※ 출처: 대한장애인체육회 공식 홈페이지(2018)

국내의 알파인스키 선수는 2017년 기준 86명이 등록되어 있다. 우리나라 알파인스키대표팀은 1992년 티니동계패럴림픽대회에 처음 참가한 이래 2002년 솔트레이크동계패럴림픽대회 때 대회전 부문에서 한상민 선수가 처음 은메달을 획득하는 쾌거를 이루었다.

세부 종목

- 알파인스키 경기의 세부종목은 활강(Downhill), 슈퍼-대회전(Super-G), 대회전(Giant Slalom), 회전(Slalom), 복합경기(슈퍼대회전/회전) 남·녀 부문으로 나뉜다.

 경기 방법

공통 규칙

- 출발기문(start gate) 높이는 입식부문 선수들(standing skiers)에게는 40㎝, 좌식부문 선수들(sitting skiers)에게는 80㎝ 높이로 만들어져야 하고, 좌식선수들을 위해 두 기둥(start posts) 사이는 80㎝가 되어야 한다.
- 선수들은 출발선 앞 또는 앞쪽을 가리키는 방향에 그의 폴(폴로 대응되는 기타 안정장치 포함)을 놓아야 하나, 좌식부문 선수들은 경기장비 특성상 예외로 한다. 선수들은 자신의 폴 또는 아웃리거만의 사용으로 출발 후 충분한 속도를 낼 수 있다. 또한 선수의 폴과 아웃리거는 출발 전에 눈에 고정되어 있어야 한다. 단, 좌

식부문 선수들은 출발기문 앞에서 1회 밀기가 허용되나 러닝출발은 허용되지 않는다.
- 시각장애인 선수의 안내자(in the B-classes the guide)는 출발기문을 통과할 수 없다. 그렇기 때문에 아래와 같은 방법으로 출발할 수 있다.

출발순서

- 각 장애부문별 출발순서는 회전경기는 시각장애인 부문 → 입식스키부문 → 좌식스키부문 순으로 출발하고, 대회전·슈퍼-대회전·활강경기에서는 시각장애인 부문 → 좌식스키부문 → 입식스키부문 순으로 출발한다.
- 모든 알파인경기에서 선수들의 출발순서는 ASD-Point(비장애인경기는 FIS-Point)dp에 의해 다음과 같이 결정된다.
    - 하나의 장애부문에 25명 이상이 참가 : 15명 출발그룹을 사용
    - 하나의 장애부문에 16-24명 참가 : 10명 출발그룹을 사용
    - 하나의 장애부문에 11-15명 참가 : 7명 출발그룹을 사용
    - 하나의 장애부문에 7-10명 참가 : 5명 출발그룹을 사용
    - 하나의 장애부문에 6명 이하 참가 : 3명 출발그룹을 사용
- 위 상위 최상급 선수는 국적에 관계없이 선두그룹의 추첨을 하고 나머지 선수는 점수 순으로 순위가 정해지며 ASD-Point가 없는 선수들은 마지막 그룹에서 추첨한다. 2차전을 갖는 경기에서는 출발순서를 상위 Ⅰ그룹을 제외하고는 모두 1차전 결과에 의하여 결정한다. 상위 Ⅰ그룹의 출발 순서는 1차전 결과의 15위는 1번 출발, 1차전 결과의 14위는 2번 출발, 1차전 결과의 13위는 3번 출발, 1차전 결과의 12위는 4번 출발, 1차전 결과의 1위는 15번 출발로 2차전 16위 이후 선수들의 출발순서는 1차전 결과의 순위와 같다.
- **2회전 경기의 특별규칙:** 1·2회전 두 차례의 기록합계로 순위를 결정하는 회전과 대회전경기에서는 1차전경기의 출발자가 120명 이상일 경우, 2차전 경기는 각 장애부문 상위 80%의 등위자에게만 2차전 경기에 참가할 수 있다. 단, 한 장애부문에 10명 이하의 선수가 참가한 경우는 모든 선수가 2차전에 참가할 수 있다.
- 출발간격은 경기상황에 따라 재량 것 출발시킬 수 있지만, 시각장애인부문 B1등급은 앞 주자가 거의 경기를 마치게 되어야만 다음 주자를 출발시킬 수 있다.
- 회전경기는 안전을 위해 시각장애부문(B1-B3)에 참가하는 모든 선수와 안내자, 좌식부문선수들(LW10-LW12) 전 선수, 입식부문 LW5/7 출전선수들은 반드시 헬멧을 써야한다. 또한 안전을 위해 27㎜ 회전기문을 사용하도록 한다.
- 슈퍼-대회전경기는 특히 좌식부문과 시각장애부문 선수들의 장애특성상 너무 어려운 점프와 기문설치는 피해야 하고, 복합경기는 한 번의 슈퍼-대회전 경기와

1회의 회전경기의 경기결과로 순위가 결정된다.
- 외발스키 경기인 LW2와 LW9의 선수는 속도를 내기 위해서 또는 균형을 잡기 위해 다른 한쪽 하지에 의족 등을 착용하는 것은 허용되지 않는다.

시각장애 부문 특별경기 규칙
- 모든 시각장애인 경기는 선수와 안내자가 한 팀으로 이루어져야 한다.
- 경기 중에 안내자와 선수는 신체적으로 접촉할 수 없고, 안내자의 목소리 또는 무선통신시설을 이용한 소리 전달로만 안내할 수 있다.
- B1의 모든 선수들은 빛을 차단할 수 있는 고글을 착용하며, 심판의 테스트를 통과되어야 한다.
- B2와 B3의 안내자는 반드시 선수 앞에 위치하며, B1의 안내자는 선수 앞 또는 뒤에 위치하여 안내할 수 있고 결승선을 통과할 수 있다.
- 회전과 대회전 경기에서 선수와 안내자의 거리는 2회 방향전환이 초과되지 않도록 거리를 유지하며, 활강과 슈퍼대회전 경기에서는 1회 방향전환이 초과되지 말아야 하며, 위반 시 실격처리 된다.
- 안내자는 반드시 기문을 통과해야 한다.

경기장 및 경기장비

알파인스키 경기장
- 활강 종목은 빠른 속도가 가장 큰 특징이다. 국제경기 코스의 표고차는 남자가 800~1000m, 여자는 500~700m이고, 코스의 너비는 8m 이상이며, 평균 경사각은 약 15도이다.
- 회전 종목은 기문(게이트)으로 표시한 코스를 지그재그로 회전하여 최단 시간에 미끄러져 내려오는 경기이다. 코스의 표고차는 남자는 180~220m, 여자는 120~180m이며, 코스 전체의 4분의 1 이상이 30도 이상의 경사각을 유지하여야 한다. 기문은 남자는 55~75개, 여자는 약 45~60개가 설치되는데, 기문의 너비는 4m, 기문과 기문 사이의 거리는 최소 75㎝, 최대 15m로 규정한다. 기문을 하나라도 빼놓고 통과하거나 두 발이 기문을 통과하지 않은 선수는 실격으로 처리된다.
- 대회전 종목은 기문 사이의 거리가 회전 종목보다 길기 때문에 활강 종목의 속도와 회전 종목의 회전 기술을 모두 필요로 하는 경기이다. 코스의 표고차는 남자는 250~450m, 여자는 250~400m이다. 기문의 너비는 4~8m이며, 기문 사이의

거리는 10m 이상으로 총 30개 이상을 설치한다. 기문의 깃발 형태는 회전 종목이 삼각형인 데 비하여 사각형이며, 빨간색과 파란색을 번갈아 설치한다.
- 슈퍼대회전은 '슈퍼G'로 약칭하기도 한다. 대회전과 마찬가지로 활강과 회전 기술이 동시에 필요하지만, 대회전에 비하여 슬로프의 경사가 가파르고 기문 사이의 거리도 길기 때문에 활강처럼 속도가 중점인 종목으로서 레이스의 평균 시속은 88~96㎞이다. 코스의 표고차는 남자는 500~600m, 여자는 350~600m이다. 기문의 너비는 6~8m이며, 기문 사이의 거리는 25m 이상으로 남자는 35개 이상, 여자는 30개 이상을 설치한다. 기문의 깃발은 대회전과 마찬가지로 사각형이며, 빨간색과 파란색을 번갈아 설치한다.

※출처: 두산백과, 2017

알파인스키의 경기장비에는 플레이트, 스키부츠, 폴, 모노스키, 아웃리거 등이 있다.

모노스키 　　　　　아웃리거

※출처: 국제스키연맹(2018), 대한장애인스키협회(2018), 장애인스포츠백과(2012)

2) 바이애슬론(Biathlon)

바이애슬론은 '둘'을 뜻하는 '바이(bi)'와 '운동경기'를 뜻하는 '애슬론(athlon)'의 합성어로 크로스컨트리스키 종목과 사격이 결합된 경기이다. 우리나라의 바이애슬론 경기는 2012년 대한장애인바이애슬론연맹(KBUD)이 창립되면서 짧은 기간과 부족한 선수에도 불구하고 우수한 지도자와 선수를 양성하고 있다.

※ 출처: 대한장애인체육회 공식 홈페이지(2018)

바이애슬론경기는 1976년 외른셸스비크동

계패럴림픽대회에서 처음 정식종목으로 경기가 치러졌다. 바이애슬론 종목의 경기규칙은 국제 바이애슬론연맹(International Biathlon Union; IBU)의 규정을 따르며 세계장애인노르딕 스키기술위원회(World Para Nordic skiing Technical Committee)에서 각종 관련규정 및 대회를 관리한다.

세부 종목

- **입식부, 좌식부, 시각장애인부(남·여):** 7.5Km 개인경기, 2회 사격
- **좌식부 여자:** 10Km 개인경기, 3회사격
- **입식부, 시각장애인부 여자:** 12.5Km 개인경기, 4회 사격
- **입식부·좌식부·시각장애인부 남자:** 12.5Km 개인경기, 4회 사격

경기 방법

주요 경기방법

- 모든 개인경기에서는 개인출발로 하며, 보통 30초 간격으로 출발한다. 그러나 여유가 있다면 40초 혹은 1분 간격으로 출발할 수 있다.
- 선수들은 스키, 폴 이외에 다른 추진방법을 사용할 수 없다. 그리고 다양한 활주방법이 허용된다. 장애인 바이애슬론에서는 장애특성상 총기를 사격장애 놔 둔 상태에서 경기에 임한다.
- **벌칙주로:** 사격에 실패한 경우 표적당 150m의 벌칙주로를 주행해야 한다.

경기장 및 경기장비

경기장

- 바이애슬론의 경기장의 길이는 2개의 코스로 나뉘며, 총 길이는 7.5km 이다.
- 사격장은 스타디움 구역의 중아에 위치하며, 표적과 사선은 많은 관중들이 볼 수 있도록 되어야 한다. 또한 사격장은 평탄해야 한다. 표적은 후면과 옆면에 적당한 안전용구로 둘러싸여지게 만들어야 하며, 사격방향은 경기하는 동안 광선 조건을 강화하기 위해 일반적으로 북쪽을 향한다.

- **사격거리(Shooting Distance)**: 사선의 앞단부터 표적선까지의 거리는 10m가 되어야 한다.
- **수평유지(Levels)**: 사선의 지표면과 표적이 서 있는 지표면은 같은 높이로 만들어져야 한다. 또한 사선과 표적판이 설치될 지표면은 양 지표면 사이의 지면보다 최소한 30cm 이상 높아야 된다.

- 장애인바이애슬론의 경기장비로는 모노스키, 라이플 총 등이 있으며, 시각장애 선수는 소리에 따라 사격타임, 표적지명중 여부를 알려주는 별도의 헤드셋과 부수장치들(EKO AINS-Shooting system)이 제공된다.

※출처: 국제바이애슬론연맹(2018), 대한장애인노르딕연맹(2018), 장애인스포츠백과(2012)

3) 크로스컨트리스키(Cross-country skiing)

크로스컨트리스키 경기는 눈이 덮인 경기장에서 스키를 신고 정해진 코스를 빠르게 완주하는 경기이다. 크로스컨트리스키 경기는 스키의 마라톤이라고 할만큼 강인한 체력과 정신력을 요구하는 동계스포츠 종목이다.

크로스컨트리스키의 경기규칙은 국제스키연맹(International Ski Federation; FIS)의 규칙을 따르며 세계장애인크로스컨트리스키기술위원회(World Para Nordic Skiing Technical Committee)에서 각종 관련규정을 관리한다. 크로스컨트리스키 경기는 제1회 동계패럴림픽대회인 1976년 외른셸스비크동계패럴림픽대회에서부터 정식종목으로 개최되고 있으며, 데플림픽대회와 스페셜올림픽대회에서도 정식종목으로 실시되고 있다.

※ 출처: 대한장애인체육회 공식 홈페이지(2018)

국내의 크로스컨트리스키 선수는 2017년 기준 95명이 등록되어 있다. 우리나라 크로스컨트리스키대표팀은 국내에 장애인크로스컨트리스키가 보급된지 얼마 되지 않았음에도 불구하고 2017년 세계장애인노르딕월드컵에서 신의현 선수가 2관왕을 차지하였으며, 2018년 평창동계패럴림픽대회에서는 금메달 1개와 동메달 1개를 획득하였다.

세부 종목

거리	세부종목	장애등급
장거리	남자 20km	• 클래식주법 • 입식부문 • 시각부문
	남자 15km	• 좌식부문
	여자 15km	• 클래식주법 • 입식부문 • 시각부문
	여자 10Km	• 좌식부문
중거리	남자 10Km	• 클래식주법 • 입식부문 • 시각부문 • 좌식부문
	여자 10Km	• 클래식주법 • 입식부문 • 시각부문
	여자 5Km	• 좌식부문

경기 방법

경기와 선수

- 각 팀의 대표자는 선수의 조편성을 지정할 수 있으며 추첨시간 전에 소속선수를 각조에 균등하게 배정해야 한다. 편성조의 수 보다 많은 선수가 참가한 국가는 나머지 선수를 대표자가 희망하는 조에 1명씩 추가할 수 있으며, 이 규정은 편성조의 수보다 적은 선수가 참가하는 팀에도 적용된다. 모든 시각장애인 경기는 선수와 안내자가 한 팀으로 이루어지며 안내자도 모든 경기규칙에 선수와 같이 적용받는다. 시각장애부문 B1과 B2선수는 안내자와 반드시 경기를 하며, B3 선수의 안내자 선택은 자유이다. 경기 중 시각장애 선수와 안내자 사이의 신체적 접촉은 홀딩존(holding zone)을 제외하고는 안 된다.

경기와 선수

- **출발 방법:** 개인 출발은 보통 30초 간격으로 출발하며, TD는 선수들이 공평한 조건을 갖기 위해 출발시간 간격을 더 짧게 하거나 길게 조정할 수 있다. 출발 순서는 가급적 추월을 피하기 위해 경기위원회가 결정하며, 여자경기 전에 남자경기가 이루어진다.
- **계시:** IPC가 승인한 모든 경기의 계시는 전자계시 기기로 출발 및 결승지점 통과 시간을 100분의 1초까지 측정하여 기록한다. 10km 경기에서의 중간 계시는 1회, 15km 또는 20km 경기에서는 1회 내지 2회 이상 실시한다.
- **결과:** 경기결과는 결승시간과 출발시간의 차이를 계산하여 결정하며, 만약 통합된 등급이 있다면 그 부분에서의 실제 경기결과는 개인퍼센티지에 의해 계산된다.

계주 경기

- **출발:** 단체 출발은 반지름이 100m의 원의 호의 한 부분에서 실시한다. 개인 출발 지점은 적어도 1.5m씩 떨어져 있어야 한다. 계주경기의 첫 주자는 출발선에서 출발한다. 출발번호 1번은 가운데 2번은 1번의 오른쪽 3번은 1번의 왼쪽에서 경기한다. 평탄치 않은 지형에 출발선이 놓여있다면 모든 출발 선수들은 그와 같은 조건에서 경기해야 한다.
- **남자 계주경기:** 3.75km(좌식부문 1명), 5km(입식부 클래식 1명), 5km(입식부 프리주법 1명)으로 구성하고, 전체 퍼센티지는 최대 288%이다. 단, 위의 입식부란 시각장애도 포함된다. 각 팀은 추첨시간 전까지 6명의 선수를 지명할 수 있으며, 경기 개시 2시간 전에 3명의 출발 명단과 주법 그리고 순서를 통보하여야한다.
- **선수교대:** 들어오는 선수가 도착지점을 통과해야만 다음 선수가 출발할 수 있다. 만약 규칙대로 이루어지지 않으면 그 선수는 다시 교대 구역에 들어와 출발선을 통과해야 한다. B1-3 선수들은 출발할 수 있을 때까지 보조원이 붙잡고 있을 수 있다. 또한 보조원은 교대지역으로 들어오는 선수가 출발하는 선수를 방해하지 못하도록 바깥쪽으로 안내할 수 있다.

경기장 및 경기장비

경기장

- 크로스컨트리 코스는 선수의 실력을 기술적, 전략적, 신체적으로 시험할 수 있도록 만들어져야하며 난이도는 대회의 수준에 적합해야 한다. 코스는 자연 상태를 최대한 살리되 단조로움을 피하기 위하여 기복이 많은 평지, 오르막, 내리막 구역

이 고루 있어야한다. 가능하면 숲을 통과하여 갈 수 있도록 설계하는 것이 좋다. 리듬은 너무 많은 방향전환이나 오르막 급경사로 인해 깨지지 않도록 해야 한다. 리듬의 변화를 최소로 해야 하며, 내리막 경사는 선수들의 도전정신을 고취 시킬 수 있도록 만들어져야 한다. 크로스컨트리 코스는 원칙적으로 다음과 같이 구성되어야 한다. 오르막(3분의 1) : 9%(1:11)의 경사와 표고차 10미터 이상의 짧은 가파른 오르막으로 구성하며 그 경사는 18% 이상이다. 평지(3분의 1) : 표고차 1 내지 9m 정도의 짧은 오르막, 내리막의 지형적 특성을 잘 이용한 기복이 있는 지형, 필요한 경우 평탄한 지형에 인위적으로 굴곡을 설치할 수 있다. 내리막(3분의 1) : 능숙한 활강기법이 필요한 정도로 구성한다. IPC 크로스컨트리경기의 코스는 경기의 지침서에 따라서만 상용할 수 있다. 모든 참가팀의 스키 테스팅 트랙은 스타디움과 팀왁싱룸, 연습 트랙과 가까워야 한다. 테스팅 트랙은 실제 경기 트랙과 같은 조건으로 준비되어야 한다.

경기장비
- 크로스컨트리 선수가 경기에 참여하기 위해서는 FIS/IPC의 규정에 따른 장비를 사용해야한다. 크로스컨트리 장비는 부츠, 바인더, 플레이트, 폴 등으로 구성된다.
- 좌식스키의 경우 바스켓에 한 쌍의 플레이트가 고정된 장비를 사용하는데, 바스켓과 플레이트 간의 최대간격은 30cm이다.

※출처: 국제장애인노르딕스키연맹(2018), 대한장애인노르딕스키연맹(2018), 장애인스포츠백과(2012)

4) 컬링(Curling)

컬링 경기는 척수손상, 뇌성마비, 다발성경화증 및 하지절단 등 신체 하부에 신체적 장애가 있는 남성과 여성선수들이 모두 참여 가능하다. 휠체어컬링은 2006년 토리노동계 패럴림픽대회에서 처음 정식종목으로 채택되었으며, 동계데플림픽대회에서도 정식종목으로 실시되고 있다. 휠체어컬링의 경기규칙은 세계컬링연맹(World Curling Federation;

※ 출처: 대한장애인체육회 공식 홈페이지(2018)

WCF)의 규칙을 준수하며, 국내의 휠체어컬링 선수는 2017년 기준 105명이 등록되어 있다. 우리나라 휠체어컬링 대표팀은 2010년 벤쿠버동계패럴림픽대회에서 은메달을 획득하는 쾌거를 이루었으며, 꾸준히 국제대회에서 좋은 성적을 거두고 있다. 그리고 2018년 평창동계패럴림픽대회에서는 4위를 하였다.

경기 방법

휠체어컬링 경기는 패럴림픽대회 및 각종 국제대회에서 남녀 혼성팀 부문만 개최되고 있다.

주요 경기방법
- 경기는 8엔드로 이루어지며 동점일 경우 엑스트라엔드를 실시한다.
- 모든 선수들은 스톤이 호그라인에 닿기 전에 릴리즈를 끝내야 한다.
- 스위핑은 하지 않는다.
- 모든 선수들은 고정된 휠체어에서 스톤을 투구해야 하며 발이 얼음에 닿으면 안 된다. 투구하는 쪽 호그라인부터 하우스 앞쪽 사이에서 투구를 할 때는 스톤이 확실히 휠체어라인 안이 있어야 하고, 하우스를 포함해서 그보다 뒤쪽에서 투구를 할 때는 반드시 스톤은 센터라인에서 투구되어야 한다.
- 각 팀은 혼성으로 구성되어야만 한다. 4명의 플레이어로 구성되어 경기가 시작되어야 하고 각자 2개의 스톤을 상대편 선수와 번갈아가며 투구한다. 5명의 플레이어가 등록이 되고 이들 5명은 동등한 지위로 언제든지 스킵이나 코치의 재량 또는 룰에 따라 교체 할 수 있다. 단 교체 시에도 혼성은 유지되어야 한다.
- 스톤의 투구는 일반적인 투구법(손을 사용하는)이나, 익스텐더 큐를 사용한다.
- 휠체어 컬링은 다리 또는 걷는데 상당히 명백한 장애가 있어야 하고 일상생활에서 휠체어를 사용 하거나 자격규정의 범위에 적합해야 한다.
- 경기규정은 세계컬링연맹(WCF) 규칙이 적용된다.

스톤
- 각 팀의 스톤은 핸들의 색깔로 구분하며, 실수로 상대팀의 스톤을 가지고 투구했을 경우, 투구된 스톤은 유효하며, 스톤이 정지한 후 그 위치에 자신의 스톤으로 교체한다.
- 호그라인을 넘지 못하거나 선상에 위치한 스톤은 즉시 치워져야하며, 백라인을 넘는 스톤은 즉시 치워져야 한다. (단, 백라인 선상에 위치한 스톤은 유효함)

투구방법
- 휠체어가 호그라인을 기준으로 후방에 위치하여 투구한다.

- 투구 시 보조기구를 사용할 수 있다.
- 투구 시 팀원 중 1명이 휠체어를 고정하는 역할을 할 수 있다.
- 투구 시 스톤을 호그라인 후방에서 투구하여야 한다.

점수계산
- 점수의 결정은 하우스의 안에 있는 스톤만이 점수에 가산된다.
- 상대편보다 링 중심에 가까이 있는 스톤마다 1점이 가산되며, 만약 한 엔드 양 팀 모두 점수를 얻지 못하면 바로 앞 엔드에서 이긴 팀이 다음 엔드를 먼저 시작한다.

프리가드존
- 호그라인과 티라인 사이에서 하우스를 제외한 영역을 말한다.
- 각 엔드마다 처음 4개의 스톤은 프리가드존에 위치할 경우 테이크아웃을 할 수 없으며, 만일 테이크아웃을 했을 경우 쳐낸 스톤은 치워야 하며, 먼저 있던 스톤은 제자리에 다시 놓아야 한다.
- 5번째 스톤부터는 테이크아웃을 할 수 있다.

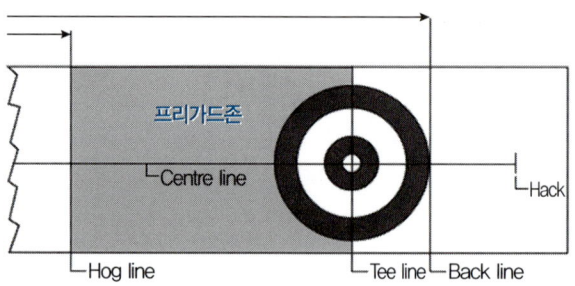

 경기장 및 경기장비

경기장
- 경기장은 일반 아이스링크에 만들 수 있다. 하지만 기존의 아이스링크 표면에 패블이라는 작은 물방울(엠보싱 화장지 표면)을 뿌려 스톤과의 마찰을 줄인다. 패블의 상태에 따라 경기장의 전반적인 컨디션이 좌우된다고 할 수 있다. 1개 팀 4명(lead, second, third, skip)으로 구성된 두 팀이 화강암 재질의 둥근 돌(19.96kg)을 얼음판 위에서 밀어 던져, 지름 1.83m 과녁모양의 하우스라고 하는 목표 구역내 표적에 누가 더 가까이 접근시키느냐를 겨루는 경기이다.

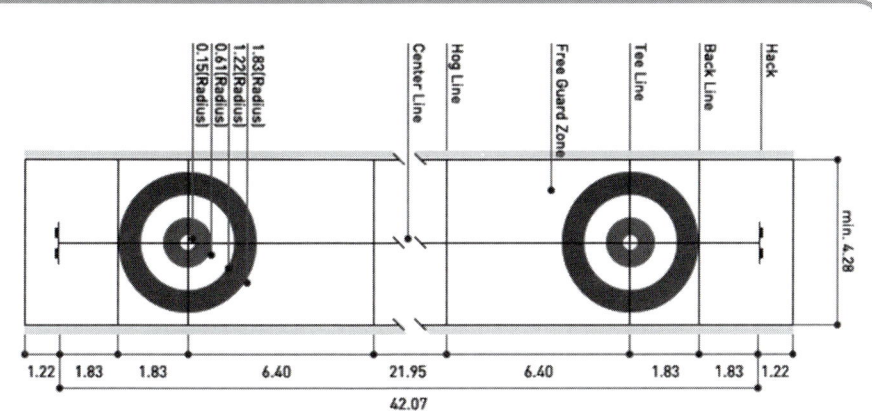

경기장비

- 각 팀의 스톤은 핸들의 색깔로 구분하며, 실수로 상대팀의 스톤을 가지고 투구했을 경우, 투구된 스톤은 유효하며, 스톤이 정지한 후 그 위치에 자신의 스톤으로 교체한다. 호그라인을 넘지 못하거나 선상에 위치한 스톤은 즉시 치워져야하며, 백라인을 넘는 스톤은 즉시 치워져야 한다. (단, 백라인선상에 위치한 스톤은 유효함)

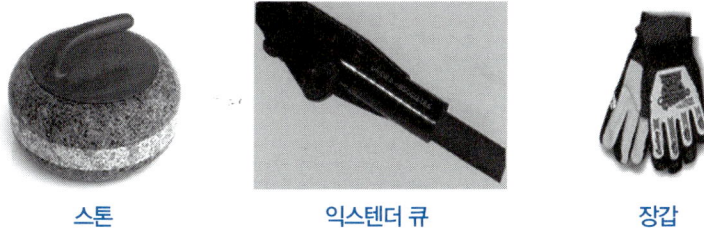

스톤   익스텐더 큐   장갑

※출처: 국제장애인컬링연맹(2018), 대한장애인컬링협회(2018), 장애인스포츠백과(2012)

5) 아이스하키(Ice hockey)

아이스하키경기는 스케이트 대신 양날이 달린 썰매를 타고 픽(pick)이라고 불리는 변형된 스틱으로 퍽(puck)을 치며 경기를 한다. 아이스하키경기는 각 팀당 골키퍼 포함 총 6명의 선수가 경기를 한다. 경기규칙은 국제아이스하키연맹(International Ice Hockey Federation; IIHF)의 규정을 따르며 세계장애인아이스하키기술위원회(World Para Ice hockey Technical Committee)에서 각종 관련규정을 관리한다.

장애인아이스하키는 1994년 릴레함메르동계패럴림픽대회에 처음 정식종목으로 채택되었으며, 동계패럴림픽대회뿐만 아니라 데플림픽대회의 정식종목이다.

스페셜올림픽대회에서는 아이스하키와 비슷한 경기형태를 띄는 플로어하키(Floor Hockey)를 동계 종목으로 채택하고 있다. 국내의 장애아이스하키 선수는 2017년 기준 111명이 등록되어 있다. 우리나라 장애인아이스하키대표팀은 첫 출전한 2010년 벤쿠버동계패럴림픽대회에서 6위의 성적을 거둔 이후, 2014년 소치패럴림픽대회에서는 아쉽게 4강 진출에 실패하였다. 그러나 이후 2016년 캐나다월드슬레지하키챌린지대회에서 동메달을 획득하였고 2018년 평창동계패럴림픽대회에서는 동메달을 획득하며 국제대회에서 우수한 성적을 거두고 있다.

※ 출처: 대한장애인체육회 공식 홈페이지(2018)

세부 종목

아이스하키는 패럴림픽대회 및 각종 국제대회에서 남자부문만 개최되고 있다.

팀 구성
- 대회에 출전할 수 있는 팀 엔트리(Team entry)수는 골키퍼를 포함하여 15명이며, 링크 안에서 플레이에 참가하는 선수는 6명으로 구성된다.
- 골키퍼 1명, 방어가 주 임무인 디펜스 2명, 공격을 주로 하는 포워드 3명이다. 이중 디펜스는 라이트 디펜스(right defense)와 레프트 디펜스(left defense)로 나뉘고, 포워드는 중앙에 위치하는 센터 포워드(center forward) 1명과, 그 양 옆에 자리하는 라이트 윙(right wing), 레프트 윙(left wing)으로 구분된다.

 경기 방법
- 각 팀의 골키퍼를 포함한 6명으로 편성된 선수들이 출전하고, 센터라인 중앙에서 양 팀의 센터가 마주 선 가운데, 심판이 떨어뜨려주는 퍽을 스틱으로 서로 빼앗는 페이스오프(face off)를 하는 것으로써 경기가 시작되며, 골에 퍽을 넣음으로써 득점이 되고, 따라서 득점수가 많은 쪽이 승리팀이 된다.
- 중앙에서 페이스오프는 각 피리어드가 시작될 때와 득점발생 후에만 실시한다.

- 그 외의 페이스오프는 반칙이 있었을 때 그 반칙이 발생한 지점에서 펜스로부터 6m 떨어진 안쪽에서 실시하며, 엔드존(End zone)에서 반칙이 있었을 경우, 그 원인을 구분하여 공격 측의 반칙인 경우에는 뉴트럴 존(Neutral zone)의 스포트(spot)에서, 수비 측의 반칙인 경우에는 엔드존 스포트에서 페이스오프를 한다.
- 아이스하키는 매우 스피디하고, 스틱을 사용하여 플레이하며, 규정의 한도 내에서 바디체크(body check)가 허용되는 경기이므로 때때로 위험한 플레이가 속출될 때가 있어 반칙을 범한 선수는 그 경기 중에 따라 2분, 5분, 10분간 또는 잔여 시간동안 퇴장을 당하는 등의 벌칙이 주어진다.
- 게임시간은 15분을 한 피리어드(period)로 3피리어드를 한다. 한 피리어드가 끝나면 15분간의 휴식을 취한다. 3피리어드로 승부가 나지 않을 경우 통례적으로 토너먼트에서는 10분 연장전을 실시하며 선취득점과 동시에 경기가 종료된다. 이러한 연장전 방식을 써든 데스(sudden death)라 부른다. 리그전에서는 무승부로 경기를 끝낸다. 각 팀은 전 경기를 통하여 30초간의 작전 타임을 1회에 한하여 요청할 수 있다.
- 대회에 출전할 수 있는 팀 엔트리(Team entry) 수는 골키퍼를 포함하여 15명이며, 링크 안에서 플레이에 참가하는 선수는 6명으로 구성된다. 골키퍼 1명, 방어가 주 임무인 디펜스 2명, 공격을 주로 하는 포워드 3명이다.

경기장 및 경기장비

경기장
- 아이스하키경기장 링크는 길이 60m×폭 30m이다. 링크의 짧은 가장자리에서 4m 떨어진 곳에 골 라인이 그어진 그 중앙에 높이 1.22m, 폭 1.83m의 골대가 놓여진다. 양 골라인을 3등분한 블루 라인이 2줄 있다. 이 2 개의 라인으로 나뉘어 영역의 자기 팀 측의 골이 있는 아이스 구역을 디펜딩 존, 중간을 중립 존, 상대방의 골이 있는 아이스영역을 어택킹 존이라고 한다. 벤치와 페널티 박스 앞의 펜스는 선수가 썰매를 탄 채 경기를 볼 수 있도록 투명한 펜스보드가 있다.

경기장비
- 아이스하키는 스케이트 대신 슬레지(썰매)를 사용하여 스포츠로 일반아이스하키와는 다른 독특한 장비를 사용한다. 슬레지(썰매)의 높이는 퍽이 통과할 수 있어야 하며, 썰매의 좌석은 선수의 몸에 맞아야 한다.
- 아이스하키의 스틱은 일반아이스하키 스틱과는 다르게 썰매를 추진할 수 있어야

하기에 한쪽에는 톱니가 달린 픽(pick)이 다른 한쪽에는 퍽을 가격할 수 있는 블레이드(blade)가 달려 있다.
- 그 외에 일반 보호장구인 숄더패드, 신가드, 엘보패드, 헬멧, 마스크, 스타킹, 넥가드 등은 일반하키와 동일한 장비를 사용한다.

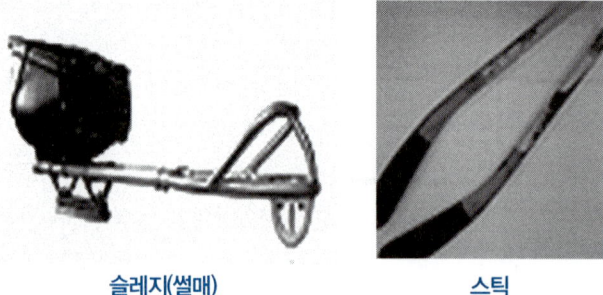

슬레지(썰매)   스틱

※출처: 국제파라아이스하키연맹(2018), 대한장애인아이스하키협회(2018), 장애인스포츠백과(2012)

6) 스노보드(Snowboard)

스노보드 경기는 신체적 장애를 가진 장애인들이 스노보드를 즐길 수 있도록 변형 및 수정한 경기이다. 스노보드경기는 크게 상지장애와 하지장애 부문으로 분류되며 척수손상, 뇌성마비 및 절단장애와 같은 신체적 장애가 있는 남성과 여성 선수들이 참여할 수 있다.

※ 출처: 대한장애인체육회 공식 홈페이지(2018)

스노보드 경기는 2014년 소치동계패럴림픽대회에서 알파인스키의 세부종목에 포함되어 처음으로 동계패럴림픽대회에 선보였으며, 2018년 평창동계패럴림픽대회에서 정식으로 치러졌다. 스노보드 경기는 동계패럴림픽대회뿐만 아니라 동계데플림픽대회와 스페셜올림픽대회에서도 정식종목으로 실시되고 있다.

스노보드 경기 종목의 경기규칙은 세계스노보드연맹(World Snowboard Federation; WSF)의 규정을 따르며 세계장애인스노보드스포츠기술위원회(World Para Snowboard Sport Technical Committee)에서 각종 관련규정 및 대회를 관리한다. 국내의 장애인스노보드 선수는 2017년 기준 17명이 등록되어 있다.

경기 방법

- 스노보드 경기의 세부종목은 등급별(SB-LL/SB-LL29/SB-UL)로 나누어 총 10개 부문이 진행된다.
  - 뱅크드 슬라롬(남·여)
  - 스노보드 크로스(남·여)
- 뱅크드 슬라롬(BSL)은 기문 코스를 회전하며 내려오는 기록을 겨루는 경기로 스노보드를 타고 하는 회전경기(Slalom)라 할 수 있으며, 선수들의 회전을 용이하게 하기 위해 각 기문에는 뱅크가 조성된다. 각 선수는 3번의 코스 주행을 통해 얻은 기록 중 최고 2개의 기록 합산으로 순위를 결정한다.
- 스노보드 크로스(SBX)는 뱅크, 롤러, 스파인, 점프, 우탱 등 다양한 지형지물로 구성된 코스에서 경주하는 경기이다. 선수 혼자 단독으로 코스를 주행하여 기록을 겨루는 방식과 두 명이 동시에 출발해 먼저 들어온 선수가 승리하는 경기 방식이 있다. 패럴림픽대회에서는 한 번에 한 명의 선수만 코스를 주행하여 기록을 통해 순위를 결정 한다.
  - 선수들은 총 3번 주행하여 2번의 가장 좋은 기록을 합산해 최종 결과를 집계 또는 1차, 2차 주행 기록의 합산으로 순위를 정한 후 순위에 따라 두 명의 선수가 한 조를 이뤄 동시에 출발하여 먼저 들어오는 선수가 승리한다.
  - 코스는 표고차가 100m-200m, 길이 500-900m, 평균 경사 15도±3도, 주행 시간이 약 40-70초가 되어야 하며 넓이는 최소 40m가 되어야 한다.
  - 이밖에 자이언트 슬라롬과 스노보드 크로스(시간제한) 부문이 치러지기도 한다.

경기장 및 경기장비

경기장
- 스노보드 경기는 일반 스노보드경기장 규정과 동일하며, 표고차 200m ~ 400m 에서 대략 550미터 길이의 코스에서 진행된다.

경기장비
- 스노보드 경기에 사용하는 데크는 최대 135cm x 14cm, 135 cm X 16 cm 규격을 사용한다.
- 바인딩은 보드의 장축에 대각선으로 고정되어야 하며, 두 바인딩을 연결하는 플레이트 시스템은 SBX에서 허용되지 않는다
- 스노보드의 경기장비는 경기에 참여가 가능하도록 변형된 보철이나 보조기를 제외하고는 일반스노보드에서 사용하는 주요 보호장비인 경기복, 헬멧, 고글, 장갑 등을 사용한다.

※출처: 국제스키연맹(2018), 대한장애인스키협회(2018), 장애인스포츠백과(2012)

PART III

장애인스포츠지도사, 특수체육교사를 위한 **장애인스포츠론**

장애인스포츠 지도의 실제

01 장애인스포츠 코칭 _ 178
02 스포츠 등급 분류 _ 216

장애인스포츠 코칭

1. 장애유형별 지도법

장애인선수는 같은 장애유형이라도 개별적인 특성이 모두 다르다. 따라서 장애인선수의 스포츠지도 시 지도계획부터 시작하는 모든 지도영역에서 장애인선수의 개별적인 특성을 고려해야 하며 다양한 지도법을 숙지하여 지도하는 선수에게 가장 효율적이고 효과적인 방법을 찾아야 한다.

장애인선수의 장애유형별 특성을 고려하는 것은 스포츠지도의 효율성을 높이고 환경적 혹은 의학적인 문제로 인한 사고의 위험을 줄일 수 있는 매우 중요한 사항이다.

1) 휠체어선수

휠체어 스포츠경기에 참여하기 위해서는 최소한 10%의 하지기능손상이 있어야 한다. 휠체어 스포츠에 참여하는 대표적인 장애유형으로는 척수손상, 소아마비, 절단장애, 뇌성마비와 기타 장애인 등이 있다.

휠체어선수 스포츠지도에 있어서 가장 우선시적으로 잔존기능 수준을 파악하는 것이 중요하다. 이를 위해 지도자들은 휠체어선수들의 개별적인 운동수행능력을 명확히 파악해야 한다. 이는 휠체어선수들의 능력을 일반화시키는 것을 방지하기 위한 것으로 휠체어선수 지도자는 반드시 같은 유형의 장애로 분류된 선수들 개인 간에도 운동수행능력의 차이가 있음을 유념해야 한다.

훈련장과 경기장의 선택 역시 휠체어선수 지도 시 중요한 고려사항이다. 휠체어선수들에게 장소는 접근성, 훈련 시 필요한 물리적·인적지원, 그리고 안전에 있어 매우 중요한 요소이다. 휠체어선수에게 적절한 훈련·경기장소를 제공하기 위해 아래와 같은 사항을 고려해야 한다.

휠체어선수를 위한 훈련·경기 장소선정 시 고려사항

- 휠체어가 이동하는데 장애물(출입구의 턱, 계단 등)이 없어야 한다.
- 휠체어가 이동하기에 충분한 공간(엘리베이터 너비, 화장실 너비, 복도)을 확보한다.
- 장애인 전용 주차장과 경기장 사이의 거리가 가까워야 한다.
- 장애인 화장실이 구비되어 있어야 한다.
- 보조인력이 배치되어 있어야 한다.

※출처: 호주스포츠위원회(2005)

휠체어선수 스포츠활동 시 지도자가 알아야 할 일반적인 고려사항은 다음과 같다.

휠체어선수 지도 시 고려사항

- 장애를 가지기 이전에 스포츠 활동에 참가한 경험이 있는 휠체어선수는 참가경험이 없는 휠체어선수에 비해 휠체어 스포츠에 적응하는 속도가 빠르다
- 이동수단과 시설의 접근성이 휠체어선수에게는 훈련·경기 시 주요 장애물이 되므로 접근성에 대한 확인이 미리 이루어져야 한다.
- 휠체어선수가 스포츠 활동을 하는 시설에서는 체육관 바닥, 수영장, 출입문, 화장실, 경사로 등이 휠체어가 이동하기에 용이한 상태인지 반드시 확인해야 한다.
- 휠체어선수 개별적인 운동수준에 맞는 성능, 크기, 가격을 고려한 장비의 사용을 권장한다.
- 휠체어선수의 과도한 어깨 근육 사용으로 인한 부상방지를 위해 지도자는 반드시 훈련과 경기 전·후로 충분한 스트레칭을 할 수 있는 시간을 주어야 한다.
- 절단장애인선수는 휠체어 이용 시 높은 무게중심으로 인해 뒤로 넘어지는 경우가 많음으로 주의가 필요하다.
- 사지마비 선수와 같이 낮은 수준의 허리근력을 가지고 있는 선수들이 휠체어에 착석 시 균형을 유지하는데 어려움을 보일 수 있으므로 스트렙과 같은 균형유지를 위한 보조장비를 사용해야 한다.

- 배변활동 조절이 필요한 선수들에 대한 정보를 지도자가 알고 있어야 한다.

※출처: 캐나다생활체육협회(2013); 캐나다코칭협회(2011); 호주스포츠위원회, (2005)

2) 절단장애인선수 및 기타장애인선수

절단장애인은 사지 중 주요관절 부위(팔꿈치, 손목, 무릎, 발목)가 최소 하나 이상 절단되어 기능적인 움직임의 수행이 불가능한 장애인이다.

절단장애의 원인은 발생 시기에 따라 선천성 장애와 후천성 장애 두 가지로 분류된다. 구체적인 내용은 다음과 같다.

표 3-1 절단장애의 원인

발생시기		원인
선천성	선천성 손실	선천적으로 신체의 일부가 손실된 경우
후천성	질병으로 인한 손실	악성종양, 당뇨, 심혈관 질환으로 신체의 일부를 절단한 경우
	외상성 절단	교통사고, 산업재해 등의 외상으로 인한 절단

※ 출처: 캐나다코칭협회(2011); 호주스포츠위원회(2005)

절단장애인선수를 위한 지도전략 중 가장 고려되어야 하는 것은 잔존기능을 최대화하여 장애로 인한 제한점을 최소화하는 것이다. 따라서 절단장애인 스포츠지도자는 비장애인 동료 혹은 우수선수를 모방할 수 있도록 하는 지도법이 효과적일 수 있다. 이는 절단장애인선수들의 후천적 요인(사고, 질병 등)으로 인한 중도장애인인 경우가 많기 때문에 손상 전의 신체활동 경험들이 운동수행에 도움을 줄 수 있기 때문이다.

절단장애인선수 지도 시 고려사항은 다음과 같다.

절단장애인선수 지도 시 고려사항

- 의족, 의수 등 보장구의 활용은 스포츠 활동을 매우 용이하게 해준다.
- 비장애인 동료나 운동선수를 모델링할 수 있는 기회를 제공한다.
- 절단장애인선수의 개개인에 따라 요구되어지는 스포츠와 운동프로그램의 고려사항을 이해한다.

- 절단장애인선수를 개별적으로 지도함에 있어 절단부위, 장애가 동작에 미치는 영향, 잔존기능을 고려해야 한다.

※출처: 캐나다코칭협회(2011); 호주스포츠위원회(2005)

기타장애의 원어인 'Les Autres'는 프랑스어의 '기타'에 해당하는 말로 전통적으로 이미 설정된 장애 집단의 분류 방식에 적절히 적용될 수 없는 장애로 인하여 동작 또는 이동에 문제가 있는 사람을 지칭한다.

기타장애인선수의 참가 자격은 다음과 같다.

기타장애인선수 참가자격

- 손목이나 발목의 절단장애인(주관절이 손상되지 않은 장애인)
- 주요 관절의 장애
- 뇌성마비의 몇몇 유형
- 이동에 영향을 주는 선천적 장애
- 다음의 원인으로부터 영향을 받은 이동장애
  - 화상
  - 골절
  - 뼈 또는 신경계 손상으로 인한 영구적인 상해
- 손 또는 발의 장애
- 신체 활동에 장애를 유발하는 뇌손상
- 다발성 경화증
- 근위축증

※출처: 호주스포츠위원회(2005)

일부 스포츠에서는 기타장애인선수의 기능적 능력에 따른 분류가 엄격히 시행된다. 그러므로 선수는 어떤 스포츠 종목의 스포츠등급에 속하여 경기에 참여할 수 있으나, 다른 스포츠 종목에서는 스포츠등급에 속하지 않아 경기 참여가 가능하지 않을 수도 있다.

기타장애는 그 장애범주가 광범위하기 때문에 모든 범주의 기타장애인선수를 위한 지도 가이드라인을 제시한다는 것은 쉽지 않다. 기타장애인선수의 지도를 위한 일반적인 고려사항은 다음과 같다.

> **기타장애인선수 지도 시 고려사항**
> - 스포츠 활동 시 지도자는 반드시 기타장애인선수가 가능한 활동과 가능하지 않은 활동이 무엇인지 인지시켜줘야 한다.
> - 스포츠 활동의 강도, 복잡성은 단계적으로 천천히 높이고 시간도 단계적으로 늘려야 한다.
> - 스포츠 활동의 안전을 위해 지도자는 반드시 사지에 영향을 주는 감각손실에 주의해야 한다.
>
> ※출처: 캐나다코칭협회(2011)

3) 뇌성마비인선수

뇌성마비(Cerebral Palsy)는 중추신경계 손상에 의한 근육마비, 협응성, 근육 약화, 기타 운동기능장애로 특정 지어지는 신경장애이다. 이는 근육, 반사신경, 자세, 움직임 등을 조정하는 뇌의 일부가 손상을 입어 나타나고 장애의 정도와 부위에 따라 시각장애, 청각장애, 경련장애(뇌전증), 지적장애, 언어장애 등을 동반하기도 한다.

뇌성마비는 신경계 손상이 뇌의 중앙에서 일어나 인지, 감각기능과 같은 중추신경기능 보다 운동기능의 손상이 두드러지며 초기 소아발달을 평가하는데 있어 가장 쉽게 장애판별이 가능하다.

뇌성마비의 원인으로는 시기에 따라 크게 3단계로 구분된다.

- **출산 전:** 미숙아, 산모의 질병, 혈액의 불화합성 등
- **출산 중:** 산소결핍, 충격, 낮은 분만 기술 등
- **출산 후:** 감염, 중독, 충격, 영양결핍 등

이외에도 주로 3세 이하에서 발생하는 교통사고, 중추신경계감염 등으로 인한 뇌손상도 하나의 원인으로 알려져 있다. 이러한 특징과 원인을 바탕으로 한 뇌성마비인선수 지도 시 고려사항은 다음과 같다.

뇌성마비인선수 지도 시 고려사항

- 뇌성마비의 정도는 뇌손상의 부위와 손상정도에 따라 다양하다.
- 뇌성마비의 장애정도는 중등도(신체를 전혀 조절할 수 없음)에서부터 경도(언어적으로 약간의 문제만 있음)까지 다양하다.
- 뇌성마비는 뇌손상의 원인 그리고 정도에 따라 다르게 나타나므로 개개인이 동일한 수준을 보이지 않는다.
- 대다수의 뇌성마비인선수는 비정상적인 반사작용을 보여, 기초운동능력을 조절하고 협응하는데 어려움을 겪는다.
- 비록 마비라는 단어가 들어있어도 지도자는 반드시 뇌성마비인선수가 근력이 저하되고 마비된 근육을 소유한 것이 아니라 운동능력의 결핍을 의미한다는 것을 인식해야 한다.
- 뇌성마비인선수의 지도자는 장애의 영향을 받는 상·하지의 신체 일부 보다는 전신의 운동기능의 활용과 향상을 고려해야한다.
- 지도자는 선수의 건강상태를 점검할 때 장애에 의해 영향을 받는 부위뿐만 아니라 전신의 건강상태를 유념해야한다.
- 비장애인에 비하여 낮은 수준의 인지능력을 보일 수가 있으나 이는 인지능력의 부족보다는 경험의 부족이 더 큰 원인이 될 수 있음을 알아야 한다.
- 뇌성마비인선수는 운동기술을 전체적으로 한 번에 습득하는데 어려움이 있기 때문에 지도자는 선수가 배우는 기술을 세분화하여 단계별로 지도하는 것이 효과적이다.
- 뇌성마비인선수가 피로감을 느낄 때에는 새로운 기술을 지도하는 것을 삼가해야 한다.
- 의사소통의 문제로 뇌성마비인선수를 처음 지도하는 지도자는 당황할 수 있으나 반복적으로 질문하고 지도하여 선수를 이해시키도록 해야한다.
- 지도자는 선수가 지도내용을 이해했다고 추측해서는 안된다.
- 필요한 경우에는 부모, 의사 그리고 특수교육 관련전문가(물리치료사, 작업치료사, 뇌성마비 전문가 등)와 협력체계를 갖추어야 한다.
- 뇌성마비인선수의 신체적 장애정도 뿐만 아니라 정서·인지적인 능력에 대한 이해도 역시 갖추어야한다.

※출처: 캐나다코칭협회(2011) ; 호주스포츠위원회(2005)〉

뇌성마비의 분류는 크게 신경학적 분류, 해부학적 분류, 기능적 분류로 나눌 수 있다. 이 중 신경학적 분류와 해부학적 분류는 의학과 교육적인 목적으로 사용되어왔다. 하지만 뇌성마비인선수의 스포츠현장에서의 공정한 경기운영을 위해 1970년대 중반 기능적 분류가 개발되었다.

신경학적 분류는 전형적으로 뇌성마비선수들의 운동패턴에 따라 아래와 같이 여섯 가지 범주로 나누어진다.

표 3-2 뇌성마비인선수의 신경학적 분류에 따른 특성

구분	내용
경직성 (Spasticity)	근육운동의 부조화. 근육이 빠른 속도로 뻗칠 때 자동적으로 수축됨. 높은 근긴장도로 인해 의도적인 움직임이 정확하지 않음
무정위 운동 (Athetosis)	불수위적이고 근육의 떨림이나 근긴장이 수시로 변함. 인지적 손상이 동반됨
운동 실조형 (Ataxia)	일반적으로 경련과 분수의적 운동이 동반하며 협응력, 균형감각이 부족함. 이로 인해 자세, 공간 감각 등이 요구되는 운동 수행에 있어 부자연스러움
진전 (Tremor)	특정 근육의 비의도적이고 주기적 움직임
강직성 (Rigidity)	지속적인 근육 긴장
혼합형 (Mixed)	위 증세가 다양한 형태로 복합되어 나타남. 가장 대표적인 복합은 경련과 뒤틀림임

※ 출처: 캐나다코칭협회(2011) ; 호주스포츠위원회(2005)

해부학적 분류는 총 6가지 범주로 분류된다. 해부학적 분류는 뇌성마비인선수를 지도하는데 유용할 수 있으나, 선수의 개별적 특성과 능력이 각기 다르기 때문에 한 선수의 운동수행능력을 해당 범위 안에 있는 특성만으로 판단하는 것은 적절하지 않다.

대부분의 스포츠 동작은 중심이동과 말초운동신경의 조절이 필요하다. 머리와 몸통에서 나타나는 경도의 장애도 뇌성마비인선수의 운동수행 뿐만 아니라, 심지어 앉거나 서있는 자세에도 부정적인 영향을 미칠 수 있다. 그렇기 때문에 모든 범주에서는 반드시 선수의 머리와 몸통의 움직임을 고려해야 한다.

표 3-3 뇌성마비인선수의 해부학적인 분류에 따른 특성

구분	내용
편마비 (Hemiplegia)	몸의 한쪽, 즉 같은 쪽의 팔과 다리가 영향을 받음

구분	내용
양마비 (Diplegia)	다리가 팔보다 더 영향을 받음
사지마비 (Quadriplegia)	양팔, 양다리 모두 영향을 받음
하지마비 (Paraplegia)	다리에만 영향을 받음
단마비 (Monoplegia)	사지 중 한 부위만 영향을 받음
삼지마비 (Triplegia)	사지 중 세 부위가 영향을 받음

※ 출처: Adapted Physical Education and Sport(2011)

4) 지적장애인선수

장애인복지법에 의하면 지적장애인은 '정신 발육이 항구적으로 지체되어 지적 능력 발달이 불충분하거나 불완전하고 자신의 일을 처리하는 것과 사회생활에 적응하는 것이 상당히 곤란한 사람'으로 정의되어 있다.

지적장애인선수들의 지도 시 고려사항은 다음과 같다.

지적장애인선수 지도 시 고려사항

- 지도자가 사용하는 언어는 간단하고 짧으며 명확해야 한다.
- 지도자는 참을성이 있으며 인내하고 일관성이 있어야 한다.
- 여러 지도 방법(과업분석법, 전체학습법 등)에 모두 익숙해 있어야 한다.
- 선수 개인의 능력에 따라 각종 규칙을 이해할 수 있도록 해야 한다.
- 활동은 선수의 실제 나이에 따라 선택한다.
- 선수, 지도자, 심판, 자원봉사자 등 모든 주변 사람들이 선수의 실제나 이와 참여 스포츠종목에 적절한 언어를 사용하도록 한다.
- 적절하고 정확하며 구체적인 강화지도법을 사용한다.
- 지적장애인선수의 낮은 체력과 기초운동기능은 생리적인 요인이기보다는 신체활동 참여기회 부족에서 온다. 결과적으로 지도자가 초보 선수를 지도할 때에는 선수의 현 상태에 따라 적절하게 트레이닝의 양과 요구 사항을 조절한다.

- 다른 선수들보다는 지적장애인선수가 발작 증세를 보일 경우가 비교적 더 많다.
- 다운증후군 선수는 환축추불안으로 첫 번째 경추(C-1)와 두 번째 경추(C-2)가 선천적으로 취약한 증세를 보인다. 이 증세를 보이는 다운증후군 선수를 지도할 때에는 목을 지나치게 앞으로 또는 좌우로 구부리거나 척추 상부에 직접 충격이 가해지는 활동(다이빙, 체조, 축구, 승마, 접영, 높이뛰기, 수영의 다이빙 스타트 등)에 참여 시 주의가 필요하다.
- 지도자는 다운증후군선수가 팀에 참가하게 되면 의사의 확인이 있을 때까지 위에서 제시한 활동의 참여를 자제시켜야 한다.
- 약물복용 여부 및 주요 질환을 파악해야 한다.

※출처: 캐나다코칭협회(2011); 호주스포츠위원회(2005)

5) 시각장애인선수

장애인복지법에 따르면 시각장애은 전혀 볼 수 없는 '전맹'에서부터 '시각에 문제가 있어 사회적 혹은 교육적 도움이 필요한 자'에 이르기까지 그 범위가 다양하다. 따라서 시각장애란 용어는 단순히 의학적으로 시각에 문제가 있다기 보다는 사회적인 측면까지 고려되어져야 할 것이다. 법적으로는 안과의사나 시력검안사에 의해 10% 미만의 시력을 가지고 있다는 것이 증명되어야 한다.

시각장애인선수는 달리기, 점프 등의 기본 운동기술능력이 떨어진다. 이는 저하된 시력으로 인해 운동경험이 부족하고, 신체를 움직이는 것에 대한 두려움을 느끼는 것이 주요 원인이다. 특히 보행에 문제를 보이는 시각장애인선수가 많으므로 지도자는 엉덩이 근육의 강한 수축과 이완이 동반되는 보행과 관련된 운동 프로그램 지원이 필요하다. 또한 낮은 시각과 시력 때문에 시각장애인선수는 본인의 자세를 관찰하기 어렵다. 이는 운동수행 시 불안전한 자세가 원인이 되기 때문에 지도자는 반드시 시각장애인선수의 올바른 자세유지에 도움을 주어야 한다. 위와 같은 원인으로 인해 시각장애인선수의 체력수준은 일반적으로 비장애인선수에 비해 낮게 나타나며, 보다 높은 수준의 체력향상을 목표로 운동에 참여해야 한다.

시각장애인선수 지도 시 지도자는 반드시 시각장애인의 등급별 특성과 장애에 따른 스포츠 활동 제한점을 전문교육을 통해 반드시 숙지하고 있어야 한다. 또한 시각장애인선수의 지도자들은 해당 스포츠에 대한 기술과 규칙에 전문지식을 갖추고 있어야 한다. 일반적으로 시각장애인선수가 수행하는 스포츠 기술은 비장애인의 기술과 동일하기 때문이다.

6) 청각장애인선수

청각장애인선수의 운동수행능력은 비장애인과 비슷하기 때문에 지도자들은 그들의 청각손실을 보완할 수 있는 지원만을 통해서 모든 스포츠에 무리 없이 참여할 수 있도록 해야 한다. 하지만 잔존청력이 있는 선수에게는 무조건적인 지원보다는 남은 청력을 이용할 수 있도록 최소한의 지원만이 이루어져야 한다.

청각장애인선수들은 일반적으로 전정기관의 손상으로 인해 평형성이 저하된 경우가 많기 때문에 낮은 운동수행능력을 보이고 올바른 자세유지가 힘든 경우가 많다. 따라서 청각장애인선수의 지도자들은 평형성의 향상을 고려한 운동프로그램을 제공하여 선수들의 운동수행능력 향상에 도움을 주어야 한다.

청각장애인선수의 지도자는 아래와 같은 사항을 유의해야 한다.

청각장애인선수 지도 시 고려사항

- 청각장애인선수 뿐만 아니라 보호자와의 상담을 통해 선수의 요구 사항을 가장 잘 이해할 수 있는 대화방법을 개발한다.
- 청각장애인선수가 말하는 사람의 얼굴(구화), 손(수화), 또는 시범을 잘 볼 수 있는 곳에 위치하도록 한다.
- 지도자는 청각장애인선수들에게 말할 때 그들의 주의 집중을 필히 확인해야 한다. 청각장애인선수의 주의를 집중시키기 위해 촉감자극(어깨 두드리기) 또는 전등을 깜박이는 것 등을 사용할 수 있다.
- 가능하다면 지도 활동 전에 인쇄된 정보를 제공한다. 특히, 트레이닝 시간, 트레이닝 장소, 규칙 등의 기초적인 정보는 필히 인쇄물을 사용하여 전달한다. 다른 선수 또는 지도자를 관찰하고 따라할 수 있는 충분한 시간과 환경을 마련해 준다.
- 청각장애인선수들이 기초적인 신호를 인식하고 있는가를 필히 확인한다(청각 자극을 대체할 수 있는 호루라기나 총소리 등).
- 지도내용이나 질문 전달에 기본적으로 쓰일 수 있는 몇 가지의 기초 신호를 개발한다. 가능하면 수화를 배우도록 한다.
- 만약 지도내용이 깊고 광범위하다면 수화 통역사, 다른 선수, 부모의 도움을 받을 수 있다.
- 지도자는 지도 적용에 더 많은 도움을 얻기 위하여 팀 구성원, 부모, 자원봉사자, 경험이 많은 선수 등과 상담하는 것이 매우 유용할 수 있다.

※출처: 캐나다코칭협회(2011); 호주스포츠위원회(2005)

2. 장애인선수를 위한 트레이닝 프로그램

일반적으로 장애선인수를 위한 트레이닝 방법은 비장애인선수와 같거나 유사함을 기본으로 한다. 따라서 장애인선수를 위한 트레이닝 프로그램은 비장애인선수의 프로그램에서 개별적인 건강상태, 장애유형 및 장애정도에 따라 변형하여 사용하는 것이 가장 효과적이다.

1) 트레이닝의 기본 원리

트레이닝의 기본 원리는 과부하, 점진성, 특수성, 개별성, 가역성, 안전성의 원리로 구분되어진다.

표 3-4 트레이닝의 기본원리

원리	내용
과부하의 원리	체력의 향상을 위해서는 평소에 신체에 주어지는 부하의 수준을 트레이닝을 통해 높여야 한다는 것을 의미한다.
점진성의 원리	체력향상을 위해 체력 수준에 맞는 트레이닝 방법들의 수준을 양과 질을 고려하여 점진적이고 단계적으로 높여가는 것을 의미한다.
특수성의 원리	트레이닝을 통해 나타나는 근육의 수축효과(등척성, 등장성, 신장성)는 사용된 근육에서만 나타난다는 원리이다.
개별성의 원리	장애인선수들은 장애의 유형, 수준, 발생 시기 및 연령, 체격, 성별, 연령 등에 따라 개별적인 특성이 다르기 때문에 트레이닝은 참여자의 개별적 특성과 수준에 맞춰 진행해야 보다 높은 수준의 효과를 볼 수 있다.
가역성의 원리	트레이닝을 통해 체력향상의 효과를 보기 위해서는 운동량과 수준을 늘리지 않거나 중단했을 경우에 체력은 트레이닝 초기수준 혹은 참여전의 수준으로 돌아간다
안정성의 원리	트레이닝의 수준이 장애인선수의 개별수준보다 높게 설정되는 경우 그로 인한 부상의 위험성이 커진다.

2) 운동 프로그램의 구성요소

미국 스포츠의학회에서는 운동프로그램의 구성 요소를 빈도(Frequency), 강도(Intensity), 시간(Time), 유형(Type), 운동량(Volume), 점증부하(Progression)의 6가지로 구분하고 있다. 이것을 FITT-VP라고 한다.

표 3-5　운동프로그램의 구성요소

구성요소	내용
빈도	운동 빈도란 '1주일에 3회 운동'과 같이 운동에 참여하는 횟수를 의미한다. 운동을 주기적으로 몇 회 참여하는 것을 의미한다.
강도	운동 강도란 장애인선수가 운동의 양을 어느 정도의 수준으로 수행할 것인가를 결정하는 기준으로서 운동을 통한 생리학적인 스트레스 혹은 부하의 양을 의미한다.
시간(기간)	운동 시간은 운동 1회당 소요되는 시간에서부터 1주일에 몇 시간, 한 달에 며칠, 1년에 몇 달 등 그 설정기준이 다양하다. 일반적으로 운동 강도가 높은 경우 운동시간은 짧게 설정하는 것이 좋으며 운동 강도가 낮은 경우에는 상대적으로 긴 운동시간을 설정하는 것이 일반적이다.
형태	운동을 통해 체력수준의 향상을 위해서는 장애인선수가 필요한 체력요소를 먼저 찾아야 하며 그에 맞는 운동 종류를 선택해야 한다. 즉 운동형태는 운동의 목적에 맞는 효과를 보기 위한 운동의 종류를 의미한다.
운동량	운동량은 운동프로그램의 구성 요소 중 빈도, 강도 그리고 시간을 곱한 것을 의미한다.
점증부하	점증부하는 운동의 빈도, 시간, 강도 등을 점진적으로 늘려가는 것을 의미하며 이는 트레이닝의 기본 원리 중 점진성과 유사하다.

3) 장애인선수 트레이닝의 사전 고려사항

지도자들이 장애인선수를 위한 트레이닝의 계획, 진행, 평가 시에는 크게 체력상태, 장애발생 시기 및 연령(선천성, 후천성 장애), 심폐지구력, 근력, 유연성, 균형을 고려하여 진행해야 한다.

비장애인선수와 마찬가지로 스포츠 활동에 제약을 줄 수 있는 의학적인 문제들을 확인해야 한다. 지도자는 장애인선수의 건강이 염려되면 트레이닝 프로그램을 시작하기 전에 의사의 참가허가서 반드시 받아야 한다.

(1) 체력상태

지도자는 장애인선수의 체력이 청각장애인선수를 제외하고는 일반적으로 비장애인선수보다 낮을 수 있음을 유념해야 한다. 따라서 트레이닝 전 사전 체력평가가 반드시 필요하며 트레이닝 프로그램에서는 이를 고려하여 운동강도를 조절하고 적절한 휴식시간을 제공해야 한다.

장애인의 체력수준에 미치는 요인

- 장애정도
- 신체활동의 참여부족
- 기능적 효율성(비효율적인 에너지를 소모)
- 장애의 세부 유형
- 비정상적 신체발달
- 체력검사 항목의 이해도(지적장애나 시각장애인선수)
- 운동 수행능력의 지속성(지적장애인선수)

※출처: 호주스포츠위원회(2005); Blaze Sports America(2004)》

(2) 장애발생 연령

선천적 장애(이분척추, 뇌성마비, 지적장애, 선천성 시각장애 등)를 가진 장애인선수의 체력과 기초운동기능 수준은 비장애인선수와 비교하면 상대적으로 낮은 상태를 보인다. 이는 신체적인 요인도 있지만 스포츠 참여기회의 부재 역시 영향을 미친다.

후천적 장애를 가진 사람의 체력과 기초운동기능 수준은 개개인의 환경과 장애를 가지기 전 습득한 운동기술의 종류와 수준, 장애 후의 운동 참여, 치료기간, 장애수준의 정도에 따라 다양하게 나타난다.

(3) 심폐지구력

장애인선수의 심폐지구력 트레이닝은 건강상의 문제, 특히 심혈관계 질환, 관절염 등의 문제가 있을 시에는 운동 강도와 빈도를 낮추고 운동 시간을 늘리는 방법을 선택하는 것이 안전하고 효과적이다.

휠체어선수들의 경우 심폐지구력 트레이닝에 주로 사용하는 휠체어 트레드밀이나 암에르고미터는 상체 근력만을 이용하여 시행하므로 목표 심박수를 낮추어 근육의 피로를 조절하여 가능한 오랜 시간 수행할 수 있도록 하는 것이 근력위주의 심폐지구력 트레이닝을 피할 수 있다.

(4) 근력

장애인선수의 근력운동은 비장애인선수와 동일한 수준과 강도로 이루어질 수 있다. 하지만 장애인선수들은 비장애인선수들에 비해 근력의 수준은 낮으며 또한 장애유형에 관계없이 운동경험의 차이, 근육발달의 차이 등으로 인해 다양한 수준을 보인다.

휠체어선수들의 경우 휠체어로 이동하는데 주로 사용하는 어깨근육의 강화와 손상예방을 위해 어깨 근력위주의 트레이닝 프로그램이 요구된다. 또한 상체근력의 발달은 휠체어 이용 시 신체의 균형유지에 도움을 준다.

(5) 유연성

장애인선수의 유연성 프로그램은 비장애인선수의 유연성 프로그램과 차이는 없다. 하지만 장애인선수는 스포츠 참여 이전의 신체활동이 비장애인선수에 비해 상대적으로 부족하고, 지적장애인은 관절과 근육기능 약하기 때문에 유연성 저하가 두드러지게 나타난다.

휠체어선수들은 일상생활에서 주로 좌식활동을 하고, 이 과정에서 휠체어를 이용하는 경우가 많아 어깨관절 손상이 두드러진다. 이러한 손상을 예방하기 위해 휠체어선수들에게는 어깨관절을 위한 유연성 프로그램이 요구된다.

유연성 트레이닝은 특히 뇌성마비인선수에게 매우 중요하다. 높은 근긴장도로 인해 관절가동범위에 제약이 있는 뇌성마비인선수들은 유연성 트레이닝을 통해 관절가용 범위를 넓힐 수 있으며 부상 위험도 예방할 수 있다. 뇌성마비인선수의 유연성 트레이닝 시에는 물리치료사의 도움을 받는 것도 좋은 방법이다.

(6) 평형성

장애인스포츠지도자는 트레이닝의 초기단계에서 균형감각 향상을 위한 프로그램을 제공해야 한다. 장애인선수의 균형향상 전략으로는 균형유지를 위한 정확한 동작을 반복적으로 수행하며 균형유지에 방해되는 습관과 행동이 있다면 이를 교정해야 한다.

절단장애인선수의 경우 보장구 사용이 허용되는 스포츠에서는 균형감각훈련 도구로서 보장구를 이용할 수 있다. 휠체어선수, 뇌성마비인선수, 기타장애인선수의 지도자는 균형감과 안정성을 도와주는 기구(팔이나 다리를 고정하기 위한 도구)를 이용하는 것도 좋은 방법이다.

4) 장애유형별 체력검사

청각장애인선수와 경도의 지적장애인선수는 비장애인들의 체력검사 도구를 사용해도 무방하나 시각장애, 뇌성마비, 절단장애, 중증 지적장애 선수의 체력검사에서는 검사항목의 변형이나 점수체계의 변형이 요구된다. 그러나 중도 장애인선수의 체력검사 과정은 개인의 기능상태에 맞춘 개별적인 체력검사 도구가 개발되어야 한다. 장애인선수에게 적용 가능한 체력검사의 종류는 다음과 같다.

표 3-6 장애인선수에게 적용 가능한 체력검사 종류

구분	검사종류
심폐지구력	페이서, 스텝 검사, 오래달리기-걷기, 폐활량, 휠체어 오래달리기, 6분 걷기, 페이서, 스텝 검사
근력·근지구력	윗몸 말아올리기, 악력, (무릎대고)팔굽혀펴기, 휠체어 경사로 오르기, 암컬, 허리 들어올리기, 벤치 프레스, 덤벨 프레스, 리버스 컬, 컬업, 변형된 컬업, 턱걸이
유연성	종합유연성, 앉아 윗몸 앞으로 굽히기, 응용유연성, 어깨 유연성 검사, 윗몸 들어올리기, 어플리 테스트, 토마스 테스트, 타겟 스트레칭 테스트
순발력	50m 달리기, 제자리 멀리뛰기, 제자리 공 멀리 던지기
체지방	체지방률, 체질량지수, 허리-엉덩이 둘레 비, 체질량지수, 피두겹 검사

※ 출처: PAPS(2009); PAPS-D(2012); Brockport Physicla Fitness Test(1993))

(1) 휠체어선수의 체력검사

휠체어선수의 체력검사는 크게 심폐지구력과 근력 검사로 구성되어있다. 경도마비 선수와 불완전 사지마비선수의 경우 심폐지구력 검사는 휠체어 트레드밀과 암에르고미터를 이용한 검사로 크게 구분되어진다. 하지만 위의 두 검사에는 다음과 같은 제약이 있다.

불완전 사지마비선수의 심폐지구력 검사의 제약

- 팔의 근력을 기초로 시행된 검사이기 때문에 심폐지구력 검사보다는 국부적인 근육에 의해 검사결과가 좌우 되는 경향이 있다.
- 비장애인선수에 비해 근력이 약한 경우가 많기 때문에 심폐지구력의 최대치라기보다는 최고치로 보는 경향이 있다.
- 검사결과는 비장애인들의 평가 기준으로 할 수 없는 경우가 많다.

※출처: Training and Coaching the Paralympic Athlete(2016)

완전하지마비와 완전사지마비선수의 경우 교감신경계의 손상으로 인해 최대심박수는 분 당 120-130회 정도이다. 따라서 최대산소섭취량의 측정에 있어서는 최대치가 아닌 최고치로 구분하여야 하며 이는 비장애인선수 또는 다른 장애인선수와 비교하는 것이 아닌 개인에 따른 상대평가로 장기간의 꾸준한 측정을 통해 심폐지구력의 향상을 개별적으로 측정·평가해야 한다. 이는 이분척추와 소아마비인 선수에게도 동일하게 적용될 수 있다.

휠체어선수의 근력 검사는 주로 상체근력을 이용하여 진행한다. 하지만 사지마비선수는 악력의 문제로 인해 근력 검사가 원활히 이루어지지 않는 경우가 발생할 수 있다. 이러한 문제 해결을 위해서 사지마비인 선수에게는 스트랩을 이용하여 손과 측정 장비를 고정시켜주는 방법이 있다.

(2) 절단장애인선수의 체력검사

절단장애인선수의 체력에 가장 큰 영향을 미치는 요소는 잔존기능의 수준이다. 따라서 절단장애인의 체력검사 시에는 비장애인선수와 동일한 체력검사 도구를 사용하지만 절단장애인선수의 잔존능력을 최대한 활용할 수 있는 환경을 만들어 주는 것이 중요하다. 이러한 환경은 의족과 의수 등과 같은 보장구의 활용을 통해서도 가능하다.

하지만 심폐지구력 검사의 경우 절단장애인선수 보장구의 무게와 착용 시 일어날 수 있는 부하 등으로 인한 어려움(물집, 상처)이 발생 할 수 있으므로 이러한 상황을 항시 고려해야 한다.

(3) 지적장애인선수의 체력검사

일반적으로는 비장애인선수를 위해 개발된 체력검사도구의 사용을 권장한다. 하지만 중증지적장애인으로 갈수록 선수가 각 체력검사항목에 대해 올바르게 이해하고 있는지를 먼저 파악하여야한다. 이를 위해서는 반드시 사전에 검사항목에 대한 개념을 이해할 수 있는 연습이 충분히 이루어져야한다.

지적장애인선수의 경우 주의집중 결핍으로 인한 운동의 지속성이 떨어지는 경우가 많기 때문에 체력검사 시 충분한 동기부여가 필요하다.

(4) 뇌성마비선수의 체력감사

뇌성마비인선수의 체력검사 수행 이전에는 선수의 장애정도와 뇌성마비의 해부학적 특성이 반드시 고려되어야 한다. 특히 장애의 특성으로 인한 불수의적 움직임, 근육양의 부족, 과도한 근긴장 등은 체력측정 중 에너지소비를 비효율적으로 만들고 검사 결과에 부정적 영향을 미칠 가능성이 높다. 기능적 효율성은 장애의 정도에 따라 제한되고 개인에 따라 다르게 나타난다.

중증 뇌성마비인선수의 체력검사를 위해서는 개인의 신체능력에 따른 개별검사의 개발이 요구된다. 또한 체력수준의 변화를 관찰하여 체력수준을 타인과 비교하기 보다는 개별적으로 사전·사후 체력 향상도를 점검하는 것이 더 의미 있는 검사가 될 것이다.

(5) 시각장애인선수의 체력검사

비장애인이 사용하는 체력검사 도구를 사용하는 것이 일반적이나 청각적 피드백 또는 가이드라인, 점자와 같은 보조 장비들이 필요하다.

시각장애인선수는 소리에 민감하게 반응하기 때문에 체력검사 시 지속적인 청각적 피드백을 주어 운동의 강도와 지속성이 유지될 수 있도록 하는 것이 중요하다. 가이드라인과 같은 촉각을 이용하는 보조도구들의 사용도 유용하나 이는 불필요한 동작을 반복적으로 유도할 수 있기 때문에 체력검사 시 빠른 피로도의 원인이 될 수 있음을 주의해야 한다.

(6) 청각장애인선수의 체력검사

청각장애인선수는 비장애인선수와의 체력비교에서 거의 차이가 나타나지 않지만, 균형감각에 문제가 있는 청각장애인들의 경우 체력검사에 어려움이 있을 수 있다. 따라서 균형감각에 문제가 있는 청각장애인들은 체력검사의 수행 이전에 반드시 균형감각을 향상시킬 수 있는 훈련이 이루어져야 한다.

5) 체력증진 프로그램 계획 시 고려사항

일반적으로 장애인선수는 신체적 활동 기회의 제한, 과잉보호, 장애로 인한 낮은 수준의 운동 효율성과 빠른 피로감으로 인해 비장애인선수보다 낮은 체력수준을 보이는 것으로 알려져 있다. 따라서 장애인선수의 체력 향상을 위해선 장애의 특성과 함께 개인적인 체력수준을 함께 고려하여 체력증진 프로그램을 시행해야 한다. 장애인선수를 위한 체력증진 프로그램을 계획하는 데 있어서 다음과 같은 사항이 우선적으로 고려되어져야 한다.

장애인선수 체력증진 프로그램 계획 시 고려사항

- 팀에 합류하는 새로운 선수의 기초체력을 측정하여 그에 따른 체력강화계획안을 마련한다.
- 프로그램개발 초기에는 일반적인 체력향상에 집중하고 점진적으로 특정 스포츠에 요구되는 특정체력을 발달시키도록 한다.
- 계획단계에서부터 선수와 함께 협조한다.

※출처: 호주스포츠위원회(2005); Training and Coaching the Paralympic Athlete(2016)

(1) 운동 효율성과 체력과의 관계

장애인스포츠지도자는 장애인선수가 비장애인선수 보다 운동수행의 효율성이 떨어지는 경향이 있다는 것을 인지하여야 한다. 특히 지체장애인선수에게 이러한 측면은 두드러지게 나타난다. 이러한 낮은 운동효율성은 같은 활동에서도 비장애인선수보다 체력소모가 많은 원인이 되는데 특히 절단장애, 뇌성마비, 지적장애, 시각장애인선수의 운동 효율성이 대체로 떨어지는 편이다. 그러나 낮은 수준의 운동효율성을 극복하고 체력을 증진시키기 위해서는 일반적으로 장애인선수도 비장애인선수와 같은 강도와 빈도의 트레이닝이 필요하다.

(2) 피로

비교적 낮은 운동효율성을 가진 장애인선수는 비장애인선수보다 빨리 피로감을 느낀다. 지구력을 요하는 트레이닝 시에는 장애인선수에 대한 목표치를 조정할 필요가 있다.

트레이닝의 장점을 극대화하기 위하여 지도자는 트레이닝 프로그램을 휴식시간과 훈련시간의 적절한 조정이 필요하며 그에 대한 방법은 다음과 같다.

휴식시간과 훈련시간의 조정

- 휴식시간을 늘이고 훈련의 강도를 높인다.
- 휴식시간을 늘이고 훈련의 강도를 그대로 유지한다.
- 휴식시간을 그대로 유지하고 훈련의 강도를 낮춘다.

※출처: 호주스포츠위원회(2005)》

위의 방법들은 훈련 중 운동효율성이 낮은 장애인들의 피로도를 낮춰 줄 수 있다. 그러나 이 각각의 방법들은 트레이닝 결과에 영향을 미치므로 지도자는 각각의 선수들에게 맞는 개별적인 트레이닝 프로그램을 계획해야한다.

6) 장애유형별 체력증진 프로그램

(1) 휠체어선수

척수장애인선수 중 불완전 하지마비와 불완전 사지마비선수들은 비장애인선수들을 위한 유산소, 근력, 유연성에 관한 트레이닝 프로그램을 적용하는 것이 보다 효과적이다. 하지만 대부분의 하지마비선수들은 스포츠 참여 전 낮은 수준의 체력을 가지고 있기 때문에 빈도와 강도는 개별적인 체력수준에 맞춰 조절할 필요가 있다.

완전 하지마비와 완전 사지마비선수의 경우 경도 선수들과 같이 기본적으로 비장애인선수를 위한 트레이닝 프로그램을 적용하는 것을 권장하지만, 교감신경계의 손상으로 인해 낮아진 최대심박수(약 120~130회)로 인해 트레이닝의 강도보다는 지속시간에 초점을 맞출 필요가 있다. 따라서 심폐지구력 트레이닝을 통한 심박수 검사는 트레이닝에 대한 평가 자료로 이용하는

데 무리가 있다. 유산소 트레이닝은 스포츠를 처음 시작한 완전마비선수들에게는 제한적으로 적용되어야 하나 강도의 조절이 필요하다.

스포츠 참여경험이 적은 사지마비선수들은 유산소 운동에 의한 젖산 생성이 상대적으로 빠르므로 트레이닝 도중 주기적으로 휴식시간을 가지는 것이 필요하다. 또한 사지마비선수의 효과적인 심폐기능 트레이닝을 위해서 긴 휴식시간을 포함한 단시간의 고강도 트레이닝이 효과적이다. 실제로 휠체어 트랙선수들 중 장기간 규칙적이고 고강도의 트레이닝을 지속해 온 사지마비선수들은 그렇지 않은 선수들에 비해 운동패턴이 매우 효과적이며 축척된 젖산을 더욱 효과적으로 처리한다.

사지마비선수의 땀 통제기제 면적은 매우 작기 때문에 더운 환경에서 운동 시 체온이 급격히 상승한다. 이러한 문제의 해결을 위해서 지도자는 적절한 휴식을 보장해 주고 휴식 시에는 음지에서 적절한 수분섭취를 권장해야 한다. 또한 물수건 등을 통해 피부에 수분을 공급하여 체온 상승을 억제시켜줄 수도 있다.

소아마비 선수들의 트레이닝 방법 역시 사지마비선수의 트레이닝과 유사하다. 하지만 소아마비증후군(폴리오신드롬)으로 인해 나타나는 증상에 대한 충분한 지식이 필요하다. 가장 일반적으로 나타나는 소아마비증후군의 증상은 피로도 증가, 근력저하, 근육과 관절의 통증, 추위에 민감, 호흡문제 등이 나타난다. 이러한 이유로 소아마비인 선수들의 지도자는 반드시 선수의 건강상태를 확인하고 트레이닝에 참여시켜야 한다.

(2) 입식선수

휠체어선수와는 달리 입식선수들은 비장애인선수와 같은 트레이닝 프로그램을 적용하는 것을 권장한다. 하지만 장애특성에 따른 고려사항은 이들 장애인선수들의 트레이닝에 대한 효율성과 안전을 위해 반드시 숙지하여야 한다.

절단장애인선수의 트레이닝에서는 절단원인이 의학적문제로 인한 것이었는지에 대한 확인이 필요하다. 절단장애인선수의 트레이닝에서는 다음과 같은 특성을 고려해야 한다.

 절단장애인선수의 트레이닝 시 고려사항

- 생체역학적 비효율성과 피로
- **자세와 근육의 불균형**
  - 자세 불균형을 교정하기 위한 운동프로그램을 개발하고 필요하다면 잘못된 자세와 관련해 물리치료사와 보장구 전문가의 조언을 구한다.
  - 교정기술을 가르침으로써 잘못된 습관을 제거한다.

※출처: 캐나다코칭협회(2011); 호주스포츠위원회(2005)

뇌성마비인선수의 경우 신체활동 참여 기회의 제한, 뇌성마비 유형, 근육강직의 정도에 따라 체력의 수준이 개별적으로 다르게 나타난다. 낮은 생체역학 효율성으로 인해 피로를 쉽게 느낄 수 있기 때문에 적절한 휴식이 트레이닝 중 반드시 필요하다. 이러한 체력 수준과 생체역학 효율성은 개인별로 차이가 나타나기 때문에 지도자는 뇌성마비선수들의 개별화된 트레이닝 프로그램의 준비를 권장한다.

　지적장애인선수 지도 시 지도자는 선수들이 요구하는 것이 무엇인지에 대해 이해하기 위한 효율적인 의사소통 방법을 강구해야한다. 또한 트레이닝 항목에 대한 선수들의 이해도를 확인해야 하며 이를 위해 충분한 연습시간을 줄 필요가 있다.

　시·청각장애인선수는 일반적으로 비장애인선수와 운동기능 및 생리학적 특징의 차이가 거의 없다. 하지만 시각장애인선수는 비장애인선수에 비해 생체역학 효율성이 떨어져 피로를 느끼기 쉽기 때문에 피로를 빨리 회복할 수 있는 트레이닝 방법이 필요하다. 청각장애인선수가 전정기관에 손상을 입은 경우 균형감각과 관련된 문제점이 나타나므로 균형유지를 위한 트레이닝 프로그램이 요구된다.

표 3-7　장애인선수에게 적용 가능한 체력훈련 프로그램의 예시

구분	검사종류
심폐지구력	암에르고미터, 체중지지 런닝머신, 고정식 사이클, 스텝퍼, 수영, 로잉에르고미터, 휠체어달리기, 걷기, 조깅, 줄넘기, 핸드사이클,
근력·근지구력	레그 프레스, 레그 익스텐션, 레그 컬, 스쿼트, 런지, 시티드 로우, 렛 풀 다운, 백 익스텐션, 크런치, 체스트 프레스, 체스트 플라이, 숄더 프레스, 바이셉스 컬, 윗몸올리기, 플랭크, 사이드 플랭크, 누워서 몸틀기, 밴드 레그 레이즈, 누워서 다리 좌우로 움직이기, 밴드 킥 백, 밴드 오버헤드, 테이블 깁스, 밴드 어깨 올림, 밴드 숄더 프레스
유연성	머리 기울여 옆 목 늘리기, 팔 굽혀 어깨 늘리기, 팔 교차해서 어깨 등 늘리기, 등 뒤로 손깍지 끼고 가슴 펴기, 팔꿈치 머리 뒤로 당기기, 손목 굽힘근 늘리기, 무릎 꿇고 팔꿈치 밀기, 팔 굽혀 고정 가슴 늘이기, 두 팔 옆구리 늘이기, 나비자세, 스모 스쿼트, 삼각대 자세, 리너스 런지 앤드 니 밴드, 누워서 한 다리 펴서 들기, 앉아서 4자 접기, 무릎 굽혀 발끝 당기기, 발끝 수건 걸어 당기기, 장딴지 늘이기, 넙치근 늘이기, 팔 굽혀 머리 뒤로 움직이며 당기기

※ 출처: 대한장애인체육회(2016)

3. 운동 상해 관리 및 예방

　지도자의 안전에 대한 기본적인 지식과 책임감은 안전한 트레이닝 환경을 제공할 수 있다. 이를 위해 지도자는 장애인선수의 특성에 따라 훈련기간, 훈련그룹, 시합일정 등을 조정하여야한다. 또한 지도자는 스포츠와 관련한 위험요소를 제거하고 안전예방을 고려하여 그에 따른 훈련 계획을 마련해야 하며, 자신이 지도하는 선수뿐만 아니라 훈련 장소를 같이 사용하고 있는 다른 선수들의 안전도 고려해야 한다.

1) 운동 상해 예방을 위한 고려사항

일반적으로 장애인선수에게도 비장애인선수와 같은 운동 상해 관리 및 예방법이 적용된다. 운동 상해 예방을 위한 고려사항으로는 다음과 같다.

운동 상해 예방을 위해 장애인스포츠지도자가 고려해야 할 사항

- 상해의 예방, 처치, 관리
- 준비운동, 유연성 운동, 정리운동
- 응급처치
- **인공호흡:** 기도확보, 산소공급, 흉부압박으로 인한 혈액순환(ABC-Airway, Breathing, Compression)
- **RICE 방법:** Rest(안정: 신체활동의 즉각적인 중지), Ice(얼음찜질: 얼음은 혈액이 상처 부위로 흐르는 것을 줄임), Compression(압박: 붕대로 상처 부위를 압박), Elevation(환부높임: 신체부위를 높게 해서 혈액이 상처 부위로 몰리지 않게 한다.)
- 과용상해
- 보호장구
- 안전과 적절한 운동
- 탈수(영양, 음료)
- 뇌전증·발작
- 체온상승
- 열사병·일사병
- 근경직
- 지도자의 법적 책임

※출처: 호주스포츠위원회(2005); Blaze Sports America(2004)

지도자는 의학적 문서(의사소견서, 진단서 등)를 통해 장애인선수 개개인의 건강상태를 인지해야 한다. 이는 장애인선수가 스포츠 활동에 참여함에 있어 의학적으로 제한·금지되는 신체활동이 있는지 확인해야 한다는 것을 의미한다. 만약 선수의 건강문제에 의문이 있다면 그 선수가 팀에 합류하기 전에 의사로부터 스포츠 활동허가를 받도록 해야 한다.

특히 지체장애인선수는 최근부터 과거에 이르기 까지 수술 경력에 대한 기록을 가지고 있어야 하며 수술이 운동수행능력에 미칠 수 있는 부정적인 영향에 대해 반드시 인식해야한다.

장애인스포츠지도자는 뇌성마비와 지적장애인선수가 발작과 경련 증상이 있을 수 있음을 인지하여야한다. 따라서 장애인스포츠지도자는 경련에 따라 선수들을 어떻게 처치해야 하는지를 알아야한다. 또한, 발작 증세를 보이는 선수를 어떻게 관리할 것인지에 대한 일반적인 이해가 있어야한다.

경련 대처 방법

- 신체적 움직임을 제한하지 말아야 한다.
- 선수의 입에 아무 것도 넣지 않는다.
- 자연스럽게 경련이 지나가도록 지켜본다.
- 주변환경을 안전하게 조치한다(선수의 머리에 옷을 두툼하게 하여 받쳐 주고, 끼인 옷을 풀어주며, 전기제품과 날카로운 물건들을 제거할 것). 물 주변에서는 장애인선수를 들어서 물 밖으로 나오는 것이 좋다. 이것이 불가능한 경우에는 물 밖으로 머리가 나올 수 있도록 보호한다.
- **경련이 지나간 후에는**
  - 선수를 옆으로 눕혀 입으로부터 타액이 흘러나오도록 하고 기도를 확보한다.
  - 선수를 따뜻하고 편하게 한다.
  - 선수와 함께 있어준다.
  - 선수의 기도를 유지하고 호흡상태와 혈액순환 등을 관찰한다.
- **다음의 경우에는 즉시 의료진의 도움을 받는다.**
  - 경련이 10분 이상 지속될 경우
  - 경련이 짧은 간격의 주기로 나타날 경우
  - 경련이 나타나는 동안 당사자가 상해를 입은 경우
  - 뇌전증환자가 아닌 사람이 경련을 일으키는 경우
- 만약 선수가 경련이 발생한 후 1분 이상 정상적인 호흡을 하지 않을 때에는 인공호흡을 실시한다.

※ 출처: 캐나다코칭협회(2011); 호주스포츠위원회(2005); Blaze Sports America(2004)

2) 장애유형별 운동상해 예방법

(1) 휠체어선수

척수장애인선수들은 완전사지마비, 불완전사지마비, 완전하지마비, 불완전하지마비로 분류되며 다음 사항을 유의해야한다.

▶ 체온조절

척수장애인선수는 체온조절이 원활하게 되지 않아 마비된 부위 이하의 신체발한 능력에 영향을 미친다. 결과적으로 체온상승이 문제가 되고 특히 마비 부위가 넓을수록 문제의 심각성도 증가 한다(마비 부위가 많을수록 땀을 흘려 체온을 낮추는데 도움을 주는 피부의 면적이 좁아진다). 일반적으로 마비 부위가 좁은 선수는 비장애인선수 같은 수준의 체온상승에 대한 주의를 요한다. 척수장애인선수의 체온을 유지하기 위한 방법으로는 규칙적인 수분공급, 그늘에서의 휴식, 가벼운 복장 착용, 분무기로 피부에 수분공급 등의 방법이 있다.

▶ 혈액순환

대부분의 척수장애인선수는 하지의 울혈로 인하여 혈액순환이 원활하지 않다. 따라서 선수는 지속적으로 앉은 자세를 바꿔 혈액의 흐름을 원활하게 해야 한다. 또한 낮은 수준의 혈액순환은 어지럼증이나 현기증을 일으킬 수 있다. 어지럼증이나 현기증이 일어났을 시 선수는 심호흡을 깊게 하도록 하고 자세를 주기적으로 변화시키는 것이 좋다.

▶ 행동범위의 축소

사용하지 않는 관절의 행동범위는 축소되기 마련이다. 무릎과 고관절 같은 관절은 경화되어 영구적으로 굽어지기도 한다. 관절 조직의 경직화는 물리치료 등을 이용한 치료로 감소될 수 있다.

▶ 유연성의 감소

척추측만증 같은 증상을 교정하기 위해 신체에 넣은 철심은 척수장애인선수의 유연성 감소를 일으킬 수 있다. 이러한 경우에 지도자는 선수 운동 시 일어나는 관절과 근육의 가동범위를 적절하게 조절해야한다.

▶ 이상발달

대흉근(가슴)과 삼각근(어깨)의 앞쪽이 과하게 비대해지는 경향을 보이기도 한다. 이것은 어깨뼈의 이상으로 인해 나타난다. 어깨의 유연성을 증가시킬 수 있는 운동과 어깨뼈를 지지해 줄 수 있는 근육을 발달시키기 위한 운동을 선수의 훈련 프로그램에 추가해야한다.

▶ 욕창

혈액의 흐름이 멈추었을 때 압박부위가 발생하고 이는 그 주위의 조직을 손상시킨다. 이때 해당 부위는 감염되거나 부패되어 욕창으로 진행될 수 있으며 심각한 경우 생명이 위험할 수도 있다. 특히 척수장애인선수는 장시간 동일한 자세를 유지하는 경향이 있기 때문에 그에 따른 압박부위가 발생하기 쉽다. 압박부위는 대체로 몸의 무게를 지탱하는 부분이나 마찰이 일어나는 부분에서 발생한다. 한 자세를 지나치게 오래 유지하거나 뾰족한 물체 위에 앉아있는 것은 압박부위를 형성하게 할 수 있게 하므로 이것이 발생하지 않도록 적절한 주의를 기울여야한다. 욕창 자가진단 및 예방법은 다음과 같다.

욕창 자가진단법

- 피부가 붉게 되었는지 살핀다.
- 해당부위를 3~4초간 손가락으로 누르면 그 부위가 하얗게 변해야한다.
- 1분간 기다린다.
- 눌려진 부위가 붉은색으로 다시 돌아오면 혈액이 이 부분에 정상적으로 순환하는 것으로 문제 발생 가능성이 없다.
- 눌려진 부위가 흰색으로 남아있다면 이 부위의 혈액순환이 안 되고 문제가 발생 가능성이 높으므로 의료진의 도움을 청해야한다.

※ 출처: 호주스포츠위원회(2005)

욕창 예방법

- 선수에게 압박부위를 규칙적으로 확인하도록 한다.
- 필요하다면 선수가 압박부위를 찾는 것을 도와준다.
- 자주 자세를 바꿔주는 것이 중요하다(앉아 있을 시 30분, 누워 있을 시 2시간에 한번)
- 충분한 영양을 섭취한다.
- 바른 자세를 유지한다.
- 피부의 청결을 유지하고 습하거나 건조해지지 않도록 한다.
- 보장구 이용 시에는 항상 보장구와 접촉되어 있는 피부의 상태를 수시로 확인한다.
- 부위의 변화를 관심 있게 관찰한다.
- 만약 압박부위가 발생하면 필히 의료진의 도움을 받는다.

※ 출처: 대한장애인체육회(2016); 호주스포츠위원회(2005)〉

▶ **배변장애**

지도자는 일부 척수손상 선수가 장과 방광조절 기능에 문제가 있는지 여부에 대해 파악하고, 소변 용기를 사용하는 선수는 활동을 시작하기 전에 용기를 비우도록 해야 한다. 간헐적으로 도뇨관을 착용하는 선수는 신체활동 전 방광을 비우도록 하고, 규칙적인 도뇨관 착용을 계획하고 유지될 수 있도록 해야 한다. 그리고 어린선수는 부모로부터 배변상태를 확인하도록 한다.

▶ 요로감염

요로감염은 척수장애인선수의 스포츠 참여를 제한하는 원인 중 하나이다. 요로감염이 심각하면 해당선수는 항생제 치료를 받도록 해야 한다. 갑작스런 운동기능 저하는 요로감염의 신호일 수 있으므로 이에 대한 확인이 필요하다.

요로감염 예방법

- 선수의 요로감염에 대한 정보를 선수나 보호자에게 제공받는다.
- 규칙적으로 소변을 비우고, 올바른 도뇨법으로 세균감염에 유의해야 한다.
- 만약 요로감염이 의심되면 의료진의 도움을 필히 받아야한다. 특히 지도자가 선수와 함께 장거리 이동 중이거나 캠프에 참가하고 있을 때는 더욱 중요하다.

※ 출처: 대한장애인체육회(2016)

▶ 감각손실

신체의 특정 부위가 마비되면, 그 이하 부위의 감각이 손실되어 피부에 상처가 발생하는 것을 인지하지 못할 수 있다.

감각손실로 인한 상해 예방법

- 수영장에서도 바닥타일에 긁히는 것을 방지하기 위하여 양말을 착용한다.
- 충격에 대비하여 다리 보호대와 튼튼한 운동화를 착용한다.
- 야외 활동 시 추위에 대비하여 따뜻한 양말과 긴 속옷을 착용한다.
- 충격이 있은 후에는 항상 상해가 있는 지를 확인한다.
- 뜨거운 물체나 햇볕과 불 등, 화상을 입을 수 있는 환경에 유의한다.

※ 출처: 호주스포츠위원회(2005)

▶ 낮은 균형감각

근육마비와 감각손실이 동시에 발생하면 휠체어선수는 균형감각에 영향을 받는다. 따라서 균형을 유지하고 이를 향상시키기 위한 기능트레이닝(한 손으로 공을 잡을 때 다른 손은 고정을 위해 핸드림을 잡는다)은 부족한 균형감각을 보완하여 휠체어에서 낙상하거나 넘어지는 횟수를 줄임으로서 이에 따른 상해예방에 효과적이다.

▶ **일반적인 상해**

척수장애인선수의 상해부위는 휠체어의 사용과 관련이 많다. 상해의 종류와 예방법은 다음과 같다.

척수장애인선수 상해종류에 따른 예방법

손이나 엉덩이의 물집
- 손의 피부가 서서히 단단해 지도록 트레이닝하고 적절한 보호장비를 착용한다(장갑, 테이핑 등).
- 앉는 부분과 그 옆 부위에 적절하고 충분한 충격 완화 장치를 설치한다.

찰과상
- 손가락과 핸드림의 접촉, 팔과 타이어와의 마찰, 경기 중 휠체어에 손가락 끼임 등에서 나타날 수 있다.
- 앉는 부분과 그 옆 부위에 적절하고 충분한 충격 완화 장치를 설치한다.
- 휠체어 바퀴살 보호장치와 가운데가 볼록한 바퀴는 상해예방에 도움을 준다.
- 손가락의 적절한 테이핑 및 장갑과 같은 적절한 보호장비의 사용은 상해를 최소화하기 위하여 매우 중요하다.

관절과 근육의 염증
- 휠체어선수에게는 항상 과도한 사용의 문제가 있다.
- 심각한 근육 파열을 발생시킬 수 있다.
- 상해가 심각한 문제로 발전하는 것을 방지하기 위해 전문의에게 처치를 의뢰한다.
- 트레이닝 전후의 적절한 준비운동과 정리운동 그리고 근력과 유연성 등의 증가는 만성적인 상해를 예방할 수 있다.
- 상해가 발생했을 때는 RICE 방법을 적용해야 한다.

※ 출처: 호주스포츠위원회(2005)

다음은 완전사지마비 또는 요추 4번(L4) 이상 부위의 마비선수에게 스포츠상황에서 특별히 고려되어야 하는 사항이다.

▶ **혈액순환**

흉추 6번(T6) 또는 그 이상의 부위에 손상이 있는 선수는 비장애인과 같은 수준의 심장박동수보다 낮은 경우가 있다. 심장과 순환계가 교감신경계의 직접적인 명령에 따르지 않아 운동 시 심장박동수를 높이지 않을 수 있다. 이는 직접적인 운동자극에 대한 효과를 감소시키는 원인 중 하나이다. 사지마비선수의 경우 분당 최대심박수 120-130회가 일반적이다.

▶ 호흡 효율성의 감소

완전사지마비선수에게는 횡경막이 호흡을 돕는 유일한 기능인 경우가 많다(호흡기능은 가슴근육의 손상상태에 따라 대부분 손실된다). 따라서 횡경막 기능의 손실은 원활한 호흡에 영향을 준다.

완전사지마비 선수 호흡 효율성에 대한 고려사항

- 보완할 수 있는 근육(목 부위의 근육)을 발달시키고 운동을 통해서 효율성을 높인다.
- 만약 호흡곤란이 발생하면 호흡기 감염을 의심하고 선수를 다음과 같이 지도한다.
    - 경기를 즉시 중단한다.
    - 심한 트레이닝을 피한다.
    - 의사의 도움을 받는다.

※출처: 호주스포츠위원회(2005)

▶ 어지럼증

어지럼증이나 빈혈은 혈액순환과 호흡근육의 약화로 인해 나타나며, 완전사지마비선수에게는 더욱 두드러지게 나타난다. 따라서 자주 깊게 심호흡하고, 자세를 자주 바꾸는 것이 어지럼증을 완화시키는데 도움이 된다.

▶ 자율신경반사이상

흉추 6번(T6) 이상의 척수부위가 손상된 선수는 자율신경반사이상으로 인한 응급상황에 처할 수 있다. 이는 고혈압, 발한, 추위, 두통을 유발하며 심각할 경우에는 심장마비로 이어져 사망할 수 있다.

자율신경반사이상에 대한 고려사항

- 경기나 훈련에 임하기 전에 방광을 비우게 한다.
- 경기나 훈련 중 선수의 상태를 확인한다(정확한 자세로 앉아있는지, 뾰족한 물체가 찌르지는 않는지 등).

- 신체 내부에 도뇨관이나 집수장치(catchment device)를 사용하는 경우는 관이 꼬여있거나 비틀려있지 않은가를 확인한다(소변이 방광에 쌓이지 않고 자연스럽게 흐르도록 한다).
- 만약 선수가 창백하게 되거나 위의 증상을 호소하는 경우에는 즉시 활동을 중단한다. 활동을 중지한 후 5-10분 이내에 선수의 안색이 평소와 같이 돌아오지 않거나 안정을 찾지 못하면 즉시 의료진의 도움을 청한다.

※출처: 호주스포츠위원회(2005); Training and Coaching the Paralympic Athlete(2016)

휠체어선수 중 이분척추와 소아마비선수의 상해예방을 위한 고려사항은 다음과 같다.

이분척추선수의 상해예방을 위한 고려사항

- 이분척추의 경우도 기본적으로 낮은 수준의 하지마비선수와 동일한 고려사항이 적용된다. 그러나 다음에 추가되는 사항도 고려해야한다.
  - 뇌수종(척추와 두뇌 주위에 액체가 고이는 증상)은 이분척추선수의 학습장애를 유발한다. 학습장애를 동반한 이분척추선수가 안전 지시사항을 필히 숙지하는지 확인한다(지적장애인선수의 지도 적용 사항을 참고). 일부 뇌수종 선수는 두뇌에 축척 되는 과도한 양의 뇌수종을 작은 판막과 우회관을 삽입하여 복부나 심장으로 유도한다.
  - 이분척추선수를 들거나 이동시킬 때 우회관의 위치를 변경시키지 않기 위하여 그 위치를 미리 확인하는 것은 매우 중요하다(우회관으로 가능한 먼 곳에 팔과 손을 위치하게 한다). 우회관의 착용은 신체접촉 스포츠, 축구의 헤딩, 다이빙, 던지기 등의 운동범위에 영향을 미친다.
  - 경기나 훈련에 임하기 전에 방광을 비우게 한다.

※출처: 캐나다코칭협회(2011); 호주스포츠위원회(2005)

소아마비선수의 상해예방을 위한 고려사항

- 소아마비선수의 경우도 기본적으로 장애정도가 낮은 하지마비선수와 동일한 고려사항이 적용된다(근육경직, 운동범위의 감소, 유연성 감소, 근육의 과도발달, 압력부위 등). 그러나 이 선수들은 척수손상선수들과는 다르며 다음의 추가 고려사항을 유념해야한다.
- 소아마비선수들의 상해예방을 위한 추가적인 고려사항
  - 어떤 소아마비선수는 어깨와 상체의 근력이 취약할 수 있다.
  - 마비부위도 감각을 느낀다.
  - 장과 방광의 조절기능도 남아있다.
  - 팔다리의 위치를 알려주는 감각 피드백을 제공받는다.
  - 이 선수들은 과로가 오기 쉬우며, 근육이 새롭게 발달하는데 한계가 있다. 그리고 새로 발달된 근육과 관절에 고통을 느낀다. 추위에 민감하고 호흡기 질환이 발생하는 등 소아마비 후 증세(post-polio syndrome)를 보일 수 있다. 이 증세를 보이는 선수에게는 그들의 건강상태에 따른 트레이닝 프로그램의 조절이 필요하다.

※출처: 캐나다코칭협회(2011); 호주스포츠위원회(2005)

(2) 절단장애인 선수

▶ **보장구**

하지절단장애인선수의 의족 착용 시 가해지는 마찰력은 경기와 훈련 시에 더욱 가중되며, 보장구의 파손으로 인해 넘어지는 경우 부상의 위험에 노출된다. 따라서 하지절단장애인선수는 경기나 훈련을 위하여 특별히 제작된 보장구가 필요하다.

또한 초보선수는 장구의 변용이 필요한지를 보조장구 전문가와 협의하고, 새로운 장비의 제작이 요구된다면 그 기간동안 운동부하법을 조절하여 선수가 상해위험에 노출되는 것을 피해야 한다. 그리고 새로운 장비 착용 시 허리 하부의 통증을 호소하게 되면 반드시 보장구 전문가와 상의해야 한다. 이러한 경우는 일반적으로 보장구 길이의 길이가 잘못 설정된 것에서 비롯하기 때문에 즉각적인 교정·교체가 필요하다.

▶ **체온조절**

비장애인선수와 비교하여 절단장애인선수는 체온조절에 어려움을 겪는다. 신체의 일부가 손실된다는 것은 신체표면의 용적이 줄어든다는 것을 의미한다. 즉, 땀의 배출 등으로 체온을 조절할 신체의 면적이 줄어 운동 시에 체온이 급격히 상승하게 된다. 체온의 급격한 상승으로 인한 땀의 분비는 착용장비 주의를 젖게 하여 미끄러움을 유발한다.

▶ **절단부위 관리**

만약 보장구가 정확하게 맞지 않으면 그에 따른 마찰이 발생한다. 이러한 경우 절단부위에 물집이 생겨 정상적인 훈련에 방해가 될 수 있어 절단부위 관리에 특별한 주위가 필요하다. 훈련 사이 휴식시간 마다 절단부위를 감싸고 있는 천의 상태 관찰하고, 피부의 손상이나 염증이 발생하면 빠른 회복을 위한 적절한 조치를 즉시 취해야 한다. 만약 이러한 문제가 지속될 경우 보장구가 잘 맞지 않을 가능성이 있으므로 빠른 시간 안에 보장구 전문가의 도움을 받아 문제를 해결해야 한다.

(3) 뇌성마비인선수

뇌성마비인선수는 근력과 운동가동범위의 한계로 인해 스포츠 현장에서 외상성사고와 탈진 혹은 탈수의 위험성에 항상 노출되어있다. 또한 뇌성마비인선수는 발작증세를 보일 가능성이 많다. 따라서 경련과 발작 증상에 대한 예방과 대처는 뇌성마비인선수에게 있어서 가장 주의를 요하는 고려사항이다.

▶ **탈수증**

중증 뇌성마비인선수는 운동수행의 어려움으로 인하여 직접 음료를 섭취하기가 용이하지 않다. 이는 탈수증의 원인 중 하나이다. 탈수증을 예방하기 위해서 지도자는 훈련 또는 경기 중 선수가 충분한 수분을 규칙적으로 섭취하고 있는지 확인하고 필요한 경우 도움주어야 한다.

▶ **탈진**

낮은 운동 효율성을 갖고 있는 뇌성마비인선수는 고강도트레이닝으로 인한 탈진증상이 나타날 가능성이 있다. 탈진의 현상으로는 불규칙적인 경련, 무기력, 운동능력 상실, 심한 근육통 등이 있다. 따라서 지도자는 뇌성마비인선수에게 충분하고 규칙적인 수분섭취와 휴식을 취하도록 훈련계획을 세워야 한다.

▶ **다른 분야의 전문가 활용**

뇌성마비인선수는 특히 바른 자세 취하기, 앉기, 보조 도구의 사용 등에 어려움을 겪을 가능성이 높다. 따라서 지도자는 보장구, 또는 생활, 교육적인 측면에서 필요한 분야의 전문가(물리치료사, 작업치료사 등)에게 도움을 청해야 한다.

(4) 지적장애인선수

지도자는 지적장애인선수가 안전에 대한 지도사항을 완전하게 숙지하고 있는가를 확인해야 한다. 지적장애인선수에게 숙지시켜야 할 안전지도사항은 다음과 같다.

지적장애인선수 안전 지도사항
- 선수들에게 지도내용을 확인하기 위한 질문을 할 수 있는 기회를 제공한다.
- 트레이닝 중에는 항상 선수들을 주의 깊게 관찰한다.
- 안전에 관한 사항에 지속적인 관심을 갖는다.
- 보호자도 안전교육에 함께 참여하여 선수들의 상해예방과 관련된 정보를 습득한다.
- 운동화나 유니폼 등의 개인장비가 잘 맞고 적절한가의 여부를 확인한다.
- 열사병, 탈수증, 일사병, 동상 등에 대해 인지한다.

※출처: 캐나다코칭협회(2011); 호주스포츠위원회(2005); Blaze Sports America, (2004)

▶ **다운증후군과 환축추불안**

다운증후군은 환축추불안이라는 유전적 문제를 갖고 있다. 이 증상은 목을 지나치게 앞뒤로 움직이거나 그 부위를 직접적으로 압박하면 상해를 입을 위험성이 있다. 따라서 체조, 축구의 헤딩, 승마, 접영, 높이뛰기, 수영의 다이빙 출발 등이 포함된 활동에 참여를 의사로부터의 확인이 있기 전까지 제한해야한다. 하지만 쉽게 변형이 가능한 스포츠에서 제외시킬 필요는 없다(예시: 수영에서 다이빙 출발 대신 물속에서 출발).

(5) 시각장애인선수

시각장애인선수의 안전예방조치를 위한 기본사항은 다음과 같다.

시각장애인선수의 안전을 위한 기본사항
- 시각장애인선수에게 위험한 환경을 확인하고 개선한다(계단, 미끄러운 바닥, 반쯤 열린 문, 삐져 나온 선반 등).
- 장비를 바닥에 그대로 방치하지 않는다.
- 각 훈련 단계에서 사용되는 장비의 장소를 확인한다.
- 각 장애인선수들에게 위험을 알릴 수 있는 간단명료한 언어적 신호(verbal signal)를 만들어 선수들과 공유하는 것이 중요하다.

※출처: 캐나다코칭협회(2011); 호주스포츠위원회(2005); Blaze Sports America, (2004)

특별한 주의를 요해야 하는 의학적인 문제로는 크게 망막분리와 안구 내 압력과 같이 신체활동으로 인한 강한 충격이나 압력으로 인해 발생하는 문제점들이 있다.

▶ 망막분리

망막분리를 주의하기 위한 지도사항

- 일반적으로 이런 증상의 선수는 신체 접촉이나 외부충격의 가능성이 있는 스포츠는 피한다(체조, 다이빙).
- 선수가 적절히 참여 할 수 있는 활동을 의사와 협의한다.
- 스쿼시에 참여할 때는 보호안경이나 헬멧 쓰기 같은 예방조치를 취한다.

※출처: 호주스포츠위원회(2005)

▶ 안구 내 압력

순간적으로 근력을 과도하게 사용하는 활동은(예시: 역도) 안구 내의 압력을 증가시킬 수 있다. 특히, 녹내장을 갖고 있는 시각장애인선수는 안구의 압력을 높이는 활동을 피해야 한다. 녹내장은 안구 내의 액체의 흐름이 원활하지 못할 때 발생하므로 안구 내의 압력이 증가하며 시력을 완전히 상실할 수 있다.

(6) 청각장애인선수

지도자는 청각장애인선수가 안전에 관한 지도내용을 숙지하고 있는지를 대화를 통해 확인하는 것이 중요하다.

또한 청각장애인선수가 기존에 상해를 어떻게 관리하고 있는지에 대한 정보도 중요하다. 지도자는 시각적 자료(동영상, 사진 등)와 수화를 활용하여 청각장애인선수에게 안전에 대한 보다 자세한 교육을 수행해야한다.

4. 도핑

장애인스포츠에서도 비장애인스포츠와 함께 반도핑운동으로 깨끗하고 공정한 스포츠 문화를 확산시키는 것을 중요한 임무로 인지하고 있다. 도핑테스트의 의미는 금지약물의 부작용으로부터 선수들의 건강을 보호하는 것이고 금지약물과 부정행위로부터 공정하고 윤리적인 경기의 운영을 지켜 내는 것이다.

1) 장애인스포츠에서의 도핑

장애인스포츠에서도 공정한 경기와 선수들의 건강을 위해 도핑 테스트를 진행 중이다. 따라서 국제패럴림픽위원회(International Paralympic Committee: IPC)의 도핑테스트는 모든 패럴림픽대회에 참가하는 선수뿐만 아니라 코치, 의료진과 같이 장애인선수와 경기와 관련된 모든 준비를 함께하는 모든 사람들에게 적용된다.

패럴림픽대회에서의 도핑테스트는 1988년 서울패럴림픽대회와 1992년 티니-알베르빌 동계패럴림픽대회에서 처음 적용되었으며, 이때부터 열린 모든 동·하계 패럴림픽대회에서는 도핑테스트가 이루어졌다. 이후 2011년도 국제패럴림픽위원회는 그들의 도핑규정을 세계반도핑기구(World Anti-Doping Agency)가 제정한 세계반도핑규정(World Anti-Doping Code: WADC)의 룰을 적용하여 제정하였다.

국제패럴림픽위원회 반도핑규정에 명시된 위반사항은 다음과 같다.

국제패럴림픽위원회 반도핑규정 위반사항

- 선수의 신체표본에 남아있는 금지약물
- 금지약물 혹은 부정행위의 사용이나 사용하려고 시도한 흔적
- 도핑검사 지정 후 샘플제출을 거부
- 경기 전·후의 도핑 규정에 대한 위반
- 도핑검사 무단 조작
- 금지약물 소지
- 금지약물 밀매

※ 선수들에게 금지약물의 투약 혹은 투약시도 이외에도 금지약물 제공, 권고, 지원, 교사, 은폐와 더불어 반도핑규정 위반과 관련된 어떤 형태의 공모도 반도핑규정위반에 해당됨.

※출처: 국제패럴림픽위원회(2016)

장애인스포츠에서의 도핑규정은 비장애인스포츠의 도핑규정 만큼 매우 중요하다. 패럴림픽선수의 양적인 증가와 운동기술의 질적인 발전을 이루어지는 만큼 금지약물을 통한 운동수행능력 향상의 시도는 증가하고 있다. 이러한 이유로 국제패럴림픽위원회는 장애인선수, 국가패럴림픽위원회, 장애인선수를 지도하고 후원하는 모든 사람들에게 반도핑에 대한 교육프로그램을 지원한다. 장애인스포츠에서 반도핑에 대한 정보와 인지는 반도핑규정과 도핑검사 과정을 이해하는 데 있어서 매우 중요하다.

상시금지약물 목록은 다음과 같다.

표 3-8 상시금지약물 목록

금지약물성분	약물목록(내용)
비승인약물	금지목록의 어떠한 분류에도 포함되지 않으며, 각국 정부 산하의 보건기구에서 사람의 치료를 위하여 사용하도록 현재 승인하지 않은 모든 약리적 물질(예: 임상 전 또는 임상 개발 중 또는 생산이 중단된 약물, 합성 마약 및 동물용으로만 승인된 약물)은 항상 금지된다.
동화작용제	Androstenediol, Androstenedione,Testosterone,Hydroxytestosterone, Bolandiol Bolasterone, Calusterone, Clostebol, Danazol Dehydrochlormethyltestosterone, Desoxymethyltestosterone, Drostanolone, Ethylestrenol, Fluoxymesterone, Formebolone, Furazabol, Gestrinone, Mestanolone, Mesterolone, Metandienone, Metenolone, Methandriol, Methasterone, Methyldienolone,
동화작용제	Methyl-1-testosterone, Methylnortestosterone, Methyltestosterone, Metribolone, Mibolerone, Nandrolone, Norclostebol, Norethandrolone, Oxabolone, Oxandrolone, Oxymesterone, Oxymetholone, Prostanozol, Quinbolone, Stanozolol, Stenbolone, Tetrahydrogestrinone, Trenbolone
펩티드호르몬, 성장인자, 관련 약물 및 유사제	1. 에리스로포이에틴 수용체 작용제: ① 적혈구 생성 자극제(ESAs) 다음을 포함 　예: 다베포이에틴(dEPO); 에리스로포이에틴(erythropoietin, EPO); EPO-Fc; EPO-유사 펩티드(EMP), GATA 억제제류, Methoxy polyethylene glycol-epoetin beta(CERA); Transforming Growth Factor-β(TGF-β) 억제제 ② 비 조혈성 EPO 수용기 작용제 　예: ARA-290; asialo EPO; carbamylated EPO 2. 저산소증 유도인자 (HIF) 안정제 ① roxadustat(FG-4592) ② HIF 활성제 3. 융모성 고나도트로핀(CG)과 황체(黃體)형성호르몬(LH) 그리고 관련 방출인자 4. 부신피질 자극 호르몬(Corticotrophins)과 관련 방출인자 5. 성장호르몬(Growth Hormone: GH)과 관련 방출인자 ① 성장호르몬방출호르몬(GHRH)와 그 유사제 ② 성장호르몬분비촉진제(GHS) ③ 성장호르몬분비펩티드(GHRPs) 또한, 다음의 성장인자들은 금지된다. 　• 섬유아세포성장인자 (FGFs) 　• 간세포성장인자 (HGF); 　• 유사인슐린성장인자-1 (IGF-1)과 그 유사제 　• 메카노성장인자(MGFs); 　• 혈소판유도성장인자(PDGF) 　• 혈관내피계 성장인자(VEGF) 그리고 근육, 건(腱) 또는 인대 단백질 합성/분해, 혈관신생, 에너지 효율, 재생력 또는 섬유질 형태 전환에 영향을 미치는 기타 모든 성장인자

금지약물성분	약물목록(내용)
베타-2 작용제	**다음을 포함하며 이에 국한되지 않음:** Fenoterol, Formoterol, Higenamine, Indacaterol, Olodaterol, Procaterol, Reproterol, Salbutamol, Salmeterol, Terbutaline, Vilanterol **예외:** • **흡입에 의한 salbutamol:** 12시간 당 800마이크로그램을 초과하지 않는 24시간 동안 최대 1600마이크로그램 • **흡입에 의한 formoterol:** 24시간 동안 최대 54마이크로그램의 전달량 • **흡입에 의한 salmeterol:** 24시간 동안 최대 200마이크로그램소변 시료 1ml당 1,000ng을 초과하는 salbutamol 또는 1ml 당 40ng을 초과하는 formoterol 검출 시 치료목적 의도가 아닌 것으로 간주되며, 만약에 선수가 통제된 약물동태학적 조사를 통하여 비정상적인 결과가 위 명시된 치료목적흡입량을 최대로 사용한 바에 기인한 것임을 입증하지 못하는 경우 비정상분석결과(AAF)로 간주된다.
호르몬 및 대사변조제	1. 아로마테이즈 억제류(Aromatase inhibitors), 다음 약물을 포함하나 이에 국한되지 않음 4-Androstene-3,6,17 trione (6-oxo), Aminoglutethimide, Anastrozole, Androsta-1,4,6-triene-3,17-dione (androstatrienedione), Androsta-3,5-diene-7,17-dione (arimistane), Exemestane, Formestane, Letrozole, Testolactone. 2. 선택적 에스트로겐 수용체 변조물질류(Selective estrogen receptor modulators: SERMs), 다음 약물을 포함하나 이에 국한되지 않음 Raloxifene, Tamoxifen, Toremifene 3. 기타 항에스트로겐류(Other anti-estrogenic substances), 다음 약물을 포함하나 이에 국한되지 않음 Clomiphene, Cyclofenil, Fulvestrant 4. myostatin 기능 변조제류(Agents modifying myostatinfunction(s)), 다음 약물을 포함하나 이에 국한되지 않음: myostatin 억제제류 5. 대사변조제 ① AMP-활성화 단백질 키나아제 활성제(AMPK), 　예: AICAR; Peroxisome 증식 활성화 수용체 δ 작용제, 예. GW 1516; ② 인슐린과 인슐린 유사제 ③ Meldonium; ④ Trimetazidine

※ 출처: PAPS(2009); PAPS-D(2012); Brockport Physicla Fitness Test(1993)》

2) 도핑검사 과정

도핑검사는 크게 소변시료채취와 혈액시료채취의 두 가지 방법으로 구분되며 다음과 같은 순서로 진행된다.

도핑검사 과정

선수통지

도핑검사관(DCO: Doping Control Officer) 혹은 도핑검사동반인(Chaperone)이 대상선수에게 도핑검사 대상자로 선정이 되었으며 소변 혹은 혈액 시료 채취를 진행 할 것이라는 사실을 통지한다.

선수 통지 서명

선수는 통지받은 사실을 확인하고 시료채취에 동의하게 되면 도핑검사서의 통지부분에 서명한다.
※ 만일 대상선수가 미성년자이거나 장애와 통역의 문제 혹은 선수가 통지사항을 이해할 수 없거나 통지를 받을 수 없는 경우 선수와 제3자가 동시에 통지를 받거나 제 3자에게 먼저 통지할 수 있다.

소변시료채취의 경우

- **소변시료채취용기선택:** 선수는 봉인된 소변시료채취용기를 선택하고 DCO와 선수는 소변시료채취용기의 청결상태를 확인한다. 용기는 사용 전 반드시 봉인되 있어야 한다. 소변시료체취에 대한 관계자(선수대리인, DCO, 도핑검사동반인)의 취급은 선수의 요청 시에만 가능하다.
- **소변시료제공:** 선수의 소변시료채취는 도핑검사관 또는 도핑검사동반인의 동반 하에 이루어져야 한다.
- **소변시료키트의 선택 및 개봉:** 선수는 A와 B 두 개의 소변시료키트를 고를 수 있다. A병과 B병을 개봉하기 전에 선수는 각 병의 고유번호와 소변시료키트 박스의 고유번호가 일치하는지 반드시 확인해야 한다.
- **소변시료나누기:** 선수는 소변시료채취용기에 담겨있는 소변시료를 소변시료키트 A병과 B병에 나누어 담는다.
- **시료병 봉인:** 시료 나누기가 완료되면 A병과 B병을 봉인한다.
- **비중 측정:** 채취된 소변시료의 분석 시 채취 이전에 선수가 과도하게 수분을 섭취 했다면 소변시료의 비중이 도핑검사의 기준보다 낮을 수 있다. 따라서 용기에 남아있는 소변시료를 이용하여 비중을 측정해야 한다. 만약 소변시료의 비중이 적절하지 않다면 적정기준의 시료가 채취될 때까지 선수는 추가적인 소변시료 요청에 응해야 한다.

혈액시료채취의 경우

- **혈액시료채취비품의 선택:** 선수는 혈액시료채취키트를 선택할 때 소변시료채취 때와 마찬가지로 키트의 봉인상태를 확인해야 한다. 또한 청결상태를 확인하는 것이 중요하다. 2개의 진공혈액튜브와 1개의 주사바늘을 선택하고. 선택된 튜브와 주사바늘의 포장의 미개봉 여부를 확인한다. 혈액

> 시료채취키트 내용물들의 고유번호들이 일치하는지 확인해야하고 혈액시료채취비품은 반드시 선수가 보는 앞에서 조립되어야 한다.
> - **BCO의 혈액시료 채취:** 혈액시료는 주로 사용하는 팔에서 채취한다. 첫 번째 채취에서 분석에 필요한 분량의 혈액을 채취할 수 없는 경우 다른 부위에서 두 번째 채취를 할 수 있으나 한번 검사에서 3번 이상의 채취는 할 수 없다. 선수는 채취 후 15분간 대기해야 한다..
> - **혈액시료 밀봉:** 혈액시료채취튜브를 A시료병과 B시료병에 넣고 봉인 한 뒤, A시료병과 B시료병을 스트로폼 상자 안에 넣은 후 봉인한다.
>
> ### 도핑검사서 작성 및 서명
> 만약 검사 전 7일 이내에 약물이나 보충제를 복용한 이력이 있다면'약물. 보충제 신고'난에 기재하여 신고해야 한다. 한다. 마지막으로 '검사절차확인'난에 서명한다.
>
> ### 도핑검사서 사본교부
> 도핑검사관은 도핑검사서(선수용 사본)를 선수에게 전달한다.
>
> ※ 출처: 한국도핑방지위원회(2017)

3) 치료목적 사용면책(Therapeutic Use Exemption: TUE)

운동선수도 사람이기에 의약품을 복용해야 하는 질병이나 건강상의 문제를 가질 수 있다. 하지만 금지약물로 지정되어 있는 의약품들도 포함되어 있기 때문에 선수들은 도핑사용허가 면책사유를 통해 건강상 복용하는 의약품에 대한 허가를 받아야 한다. 치료목적 사용면책은 세계반도핑기구(World Anti-Doping Agency : WADA)의 국제 TUE 기준 (International Standard for TUEs: ISTUE)에 의해 승인된다.

패럴림픽대회를 비롯해 각종 국제장애인경기대회에 참가하는 장애인선수들은 일반선수와는 달리 실생활에서의 건강과 치료를 위해 의약품을 복용하는 경우가 많고 금지약물로 지정되어 있는 의약품을 사용하는 경우도 있기 때문에 이를 인지하고 도핑허가 면책사유서를 제출해야 한다. 세계반도핑기구에서 제시하는 면책사유의 기준은 다음과 같다.

국제패럴림픽위원회에서는 도핑허가면책사유 신청절차를 다음과 같이 제공하고 있다.

도핑사용허가 면책사유 기준

- 선수는 복용하는 의약품 중 금지된 약품의 미복용 시 명확한 건강상의 문제를 보여야 한다.
- 의약품은 단지 치료적 용도로 사용되어야만 하며 운동수행의 향상에 영향을 주어서는 안 된다.
- 해당선수가 복용하는 의약품에 함유되어 있는 금지약물을 대체할 수 있는 치료방법이 없어야 한다.
- 이전에 TUE 승인 없이 금지약물을 복용한 전례가 있다 하더라도 이는 현재의 도핑허가 면책사유가 될 수 없다.

※ 출처: 세계반도핑기구

국제패럴림픽위원회 도핑허가면책사유 신청절차

- 선수의 이름이 IPC 국제선수리스트에 있는지 확인한다.
- 만약 선수의 이름이 리스트에 등록되어 있다면 IPC를 통해 바로 신청할 수 있다.
  - 의료 기록과 함께 TUE 신청서를 IPC에 제출한다.
  - 만약 선수의 이름이 리스트에 없다면 해당선수 국가의 반도핑위원회에 TUE 신청서를 제출해야 한다.

※ 출처: 국제패럴림픽위원회(2017)

스포츠 등급 분류

1. 스포츠 등급 분류의 이해

 장애인스포츠 등급 분류는 기능이 비슷한 수준의 장애인선수들 간 경기를 공정하게 경쟁할 수 있도록 분류하는 것을 의미하며, 장애인스포츠에 참가하기 위한 장애범주는 장애인 권리보장 정책에 의해 10가지로 구분된다.

1) 스포츠 등급 분류의 개요

 장애인스포츠는 장애유형과 신체능력을 고려하여 경기를 실시한다. 일반스포츠에서 체급, 연령, 성별을 고려하여 경쟁을 하듯 장애수준에 영향을 받지 않고 공정하게 경쟁할 수 있도록 분류하는데, 이것을 스포츠 등급 분류라고 한다. IPC 등급분류 시스템은 선수가 스포츠에 참여할 자격이 있고 경기에 참여하기 위해 어떻게 분류되는지 결정한다.
 장애인스포츠의 등급은 장애로 인한 활동범위에 따라 분류된다. 스포츠종목에 따라 경기력에 영향을 주는 요인이 다르기 때문에 각 종목별로 등급 분류가 이루어지며, 달리기, 휠체어 추진 및 조정 그리고 사격과 같은 다양한 활동 수행 능력을 통해 등급이 결정된다.
 2~3명의 등급 분류사가 스포츠등급을 결정하며 일부 종목에서는 선수의 경기하는 모습을 관찰하며 평가하기도 한다. 등급상태의 표기는 처음으로 등급을 부여 받는 선수에게 "N(new, 신규)", 재심사가 요구되는 선수에게 "R(review, 재검사)", 등급 분류에 대한 평가가 요구되지

않는 선수는 "C(conform, 확정)"로 표시한다. 그리고 "FRD(Review with Fixed Review Date)"는 재심사 일정을 지정하여 추후에 등급분류를 재실시하는 것으로, 지정된 재심사 일정 이전에 등급분류 심사를 받을 수 없다는 것을 표시하는 것이다. IPC 등급 분류위원회에서는 다음 세 가지 사항을 고려하여 등급을 평가하도록 제시하고 있다.

등급분류 규칙 포함 요소

- 최소한의 장애 기준과 스포츠 등급을 포함한 스포츠 분류 체계
- 분류 담당자, 국제연맹, 국가패럴림픽위원회 또는 국가 연맹, 그리고 선수들의 역할과 책임
- 분류 기회, 일정, 스포츠등급 상태 배정(할당), 선수 평가 및 출전 정지 평가를 포함한 선수 평가 절차
- 스포츠등급 배정에 이의신청하는 절차

※출처: IPC(2017a)

장애인선수가 스포츠에 참가하기 위해서는 '패럴림픽 장애인 권리보장 정책(Policy on Eligible Impairments in the Paralympic Movement)'에 명시된 10가지 장애 범주 중 하나에 속해야한다.

장애인 권리보장 정책 10가지 장애 범주

- **근력 손상**: 척수장애 또는 소아마비 발병과 같이 근력 감소
- **수동 운동 범위**: 하나 이상의 관절에서 영구적인 운동기능 범위 감소
- **사지결손**: 외상, 질병 또는 선천적으로 인해 전체 또는 부분적 사지결손
- **다리길이의 차이**: 선천성 결손이나 외상으로 인한 한 쪽 다리의 골 단축
- **왜소증**: 연골형성이나 성장 호르몬 등의 장애로 인한 작은 신장
- **과긴장**: 뇌성마비, 뇌손상 또는 다발성 경화증과 같은 신경학적 상태로 인해 비정상적 근육 긴장 및 근육 수축
- **운동실조**: 신경학적 상태로 인한 근육 운동의 조정 부족
- **무정위운동증**: 신경학적 상태로 인해 불균형, 비자발적 운동 및 대칭 자세 유지의 어려움
- **시각장애**: 안구 구조의 손상, 광학적 신경 또는 시각 피질의 영향으로 인한 장애
- **지적장애**: 만18세 이전에 시작된 지적 기능 및 적응 행동의 장애

※ 출처: IPC(2017a)

패럴림픽대회에 참여하기 위해서는 장애인 권리보장 정책 10가지 장애 범주 내의 최소장애를 가지고 있어야 한다. 패럴림픽 분류규칙에서의 경기에 참여하기 위한 최소장애란 최소한으로 요구되는 장애 수준으로 왜소증의 경우 최대 신장, 사지결손의 경우 절단면 등의 수준을 말한다. 선수의 경기력에 영향을 미치는 장애 수준은 종목별로 다르기 때문에 최소장애는 각 스포츠종목에서 정한다.

장애인선수가 장애인스포츠에 참가할 자격이 된다면, 등급분류위원회는 참가하는 종목 등급분류 규정에 따라 선수의 등급을 평가한다. 장애인스포츠에서는 동일한 스포츠등급을 가지고 있더라도 같은 장애유형이 아닐 수 있는데, 이는 육상종목 휠체어 경기에서 척수장애인선수와 절단장애 선수가 함께 경쟁하는 것과 같다. 스포츠등급은 종목 또는 참여 장애유형의 특성에 따라 단일 등급으로 이루어질 수도 있으나, 대부분의 종목은 10가지의 장애 범주를 포함하여 52개의 스포츠등급으로 분류된다.

2) 스포츠 등급분류 역사

장애인스포츠에서 최초로 도입된 스포츠등급 분류방법은 의무분류체계(Medical Classification)로 1940년대에 영국에서 처음으로 도입되었다. 의무분류체계는 1948년 구트만 박사에 의해 고안되었으며, 장애인선수들이 스포츠 활동에 참여할 때에 손상수준을 고려하지 않고 경쟁하는 것은 공평하지 않다고 여겨 척수장애인의 손상 정도에 따라 선수를 분류하기 시작한 것이 등급분류의 시작이 되었다. 초기 등급분류는 의학적 진단에 기초하여 척수손상, 절단, 신경학적 혹은 정형외과적 상해 및 질환에 따라 선수의 스포츠등급을 부여하는 형태로 발전하게 된다.

전통적으로 패럴림픽대회에서의 등급분류는 장애유형별 스포츠기구에 의해 실시되었다. 등급분류의 주체가 된 장애인스포츠기구로는 국제스토크맨더빌휠체어스포츠연맹(ISMWSF), 국제장애인경기연맹(ISOD), 국제뇌성마비스포츠레크리에이션협회(CPISRA), 국제시각장애인스포츠연맹(IBSA), 국제지적장애인경기연맹(INAS)이 있다.

1980년대 후반, 국제패럴림픽위원회(IPC)는 종목 내에서 이루어지는 스포츠등급의 수를 줄이고 다양한 장애유형을 포괄하는 등급분류체계를 적용하기 시작하였는데, 이는 오늘날 장애인스포츠에서 널리 사용되고 있는 기능적 등급분류(Functional Classification)이다.

기능적 등급분류 시스템이 널리 퍼짐과 동시에 장애인스포츠는 급속한 성장을 하게 이루게 되었고, 이러한 등급분류 시스템을 발전시키기 위해 IPC는 2003년 IPC집행위원회의 승인 하에 IPC 등급분류 코드를 개발하고, 2007년에 적용하였다.

그러나 기능적 등급분류 체계에 내재되어 있는 문제점은 지속적으로 이슈가 되었고, IPC는 이러한 등급분류 체계에서 나타나는 여러 가지의 문제점을 보완하고 개선하기 위해 2013년 '등급분류 코드 개선을 위한 연구'를 장애유형별로 실시하기에 이른다. 이러한 연구결과를 토대로 IPC는 2015년 11월 수정된 등급분류 코드를 승인하였고, 과학적 데이터를 기반으로 새로이 개발·수정된 등급분류를 2018년 1월 1일부터 종목별로 적용하였다. 여기에서는 이러한 등급분류를 '증거기반 등급분류(Evidence-Based Classification)'라고 명명하였다.

장애유형별 등급 분류 관련 기구

- **척수장애 운동선수(8개 등급):** ISMGF → ISMWSF → IWAS
- **절단장애 운동선수(9개 등급):** ISOD → IWAS
- **기타장애 운동선수(6개 등급):** ISOD → IWAS
- **뇌성마비 운동선수(8개 등급):** CPISRA
- **시각장애 운동선수(3개 등급):** IBSA

2. 의무·기능적 분류

등급분류는 '의무분류'와 '기능적 분류' 그리고 과학적 근거를 기반으로 기능적 분류를 수정·개발 한 '증거기반 등급분류'가 있다. 의무분류는 해부학과 의학적 접근 방법을 이용하여 장애인선수의 등급을 분류한 것이고, 기능적 분류는 장애유형보다는 신체적 능력으로 등급을 분류하는 것으로 장애인스포츠의 경기력 향상을 가져 오는 계기가 되었다. 그리고 선수들의 운동기능과 경기력과의 관계를 과학적인 데이터를 기반으로 분석·해석하여 기능적 분류체계를 수정·보완한 등급분류가 증거기반 등급분류(Evidence-Based Classification)이다.

1) 의무분류

(1) 척수장애인선수

국제휠체어·절단장애인스포츠연맹(IWAS)으로 통합되기 전 국제스토크맨더빌경기연맹(ISMGF)의 분류법은 해부학적과 의학적 접근방법을 결합한 등급 분류방식을 채택하였는데, 이는 주요한 근육군을 검사함으로써 신경장애 정도를 평가하는 임상실습에서 유래된 것이다. 국제휠체어·절단장애인스포츠연맹의 규칙 아래 진행되는 경기에 참가하는 장애인선수는 손상 부위 (레벨)에 따라 다음과 같이 분류한다.

척수장애 스포츠 의무분류

1등급
- **1A등급:** 위팔세갈래근이 저항을 이기며 기능하지 못하는(근력검사등급 0~3까지 포함) 상부경수 병변
- **1B등급:** 양호 혹은 정상 위팔세갈래근(근력검사등급 4~5)과 완관절(수근관절) 배굴 및 장굴근력을 가졌으나 수지굴곡 및 신전력은 기능이 없는(근력검사등급 3 이하) 하부경수 병변
- **1C등급:** 양호 혹은 정상 위팔세갈래근과 근력검사등급이 4등급 이상의 강한 수지 굴곡 및 신전근이 있으나 골간과 벌레근이 기능적이지 못한(제1흉수 신경지배) 하부경수 병변

2등급
앉을 때 자연스럽게 몸통 균형을 유지할 수 없는 제1~5흉수 사이의 병변

3등급
기능을 잘하지 못하는 하부 복벽근(근육검사등급 1~2)은 무시하고 앉았을 때 균형 유지가 가능한 제5~10흉수까지의 손상

4등급
넙다리네갈래근 근력이 기능적이지 못한(근육검사등급 1~2) 제10흉수부터 제3요수까지의 손상

5등급
넙다리네갈래근 근력이 3등급 혹은 그 이상인 제3요수부터 제2천수까지의 손상
예: 하지점수 21~40점(외상) 하지점수 16~35점(소아마비)

6등급
하지점수 41~60점(외상) 하지점수 36~50점(소아마비)

(2) 절단장애인선수

절단장애인선수를 위한 국제장애인경기연맹(ISOD)의 스포츠 의무분류는 장애 원인을 고려하지 않았으며, 등급이 27개의 범주로 복잡하였다. 절단의 정도가 경기 수행 능력에 경미한 효과를 초래할 뿐 아니라 한 경기에 참여하는 선수가 적어, 등급을 통합하는 것에 대한 여지가 있다(예를 들며, 트랙경기에서 등급 A5와 A7, 등급 A6와 A8). 따라서 국제휠체어·절단장애인스포츠연맹(IWAS)에서는 절단장애 9개 등급을 통합·간소화하여 제시하였다.

(3) 기타장애인선수

기타장애인선수의 의무분류법은 진단명에 관계없이 운동기관에 장애가 있을 때 적용할 수 있다. 절단장애, 뇌성마비 및 척수장애(양하지마비, 사지마비, 소아마비)와 같은 장애범주에 속하나 경미한 장애로 인해 참가할 수 있는 경기가 없는 경우, 기타장애에 관한 의학적 분류기준에 따라 경기에 참여할 수 있다. 그러나 기타장애 범주에 속하는 선수는 경미한 장애가 있으나 그 장애는 영구적이어야 한다.

표 3-9 기타장애 판정

구분	판정
한 쪽 하지의 단축	양 하지 최소 7cm 차이: 궁둥뼈가시(Anterior Superior Iliac Spine)부터 같은 쪽의 경골의 내측 족근과(medial malleolus of tibia)까지 측정
등과 몸통	영구적인 심한 운동감소 및 X-ray상 Cobb 방법으로 60°이상의 커브가 확인되는 척추측만증
왜소증	키가 145cm 이하로 체구가 작은 것 이외 다른 장애가 있어 뇌하수체 왜소체구증이 아님이 증명
특수의료 조건	엉덩관절, 무릎관절 또는 팔꿈관절에 인공관절 대치술을 받은 선수는 양궁, 론볼 그리고 사격 이외의 종목에는 참가할 수 없음

※ 다발성경화증(Multiple Sclerosis)과 같이 진행성 운동장애가 있는 선수는 각 규정된 경기 장소에서 분류되어야 한다.
※ 다운증후군, 중증 지적장애, 운동기관에는 장애가 없으나 심장, 흉부, 복부, 피부, 귀에 질환이 있는 자는 기타장애가 될 수 없다.

기타장애(Les Autres) 스포츠 의무분류

L1
휠체어 사용자로 편측, 양측 상지에 근력 운동성 및 경련으로 인하여 기능이 감소된 자 혹은 앉을 때 몸통 균형 유지가 어려운 자

L2
휠체어 사용자로 상지기능은 정상이나 앉은 자세의 균형이 어려운 자 혹은 상지기능은 저하되었으나 앉은 자세 균형이 양호한 자

L3
휠체어 사용자로 상지기능 및 앉은 자세 균형이 정상인 자

> **L4**
> 편측하지의 심한 기능 저하 혹은 양측하지의 기능 저하가 있는 보행 가능자 (편측마비자 포함)
>
> **L5**
> 편측하지의 중등도 기능 저하가 있는 보행 가능자
>
> **L6**
> 양하지의 기능은 정상이나 체간 혹은 상지의 장애를 가진 자

(4) 뇌성마비선수

뇌성마비 선수를 위한 의무분류는 장애가 보조근육에 있지 않고 뇌에 있어 척수장애나 절단장애인선수보다 복잡하다. 각 선수들의 자세, 이동, 던지기, 쥐기 및 수상운동능력과 관련된 요인들을 현장에서 관찰하고 선수, 코치와 면담 후 등급이 결정된다. 등급분류사는 운동수행에 영향을 미칠 수 있는 뇌성마비선수의 특징을 알고 적절히 고려해야 한다.

> ### 뇌성마비 스포츠 의무분류
>
> **1등급**
> 모든 수족과 몸통의 기능적 운동범위가 빈약하고 심한 경직성마비와 무정위운동증이 나타남. 이동할 때 전동휠체어에 의존하거나 타인의 도움이 필요하며 팔이나 손의 심한 경직으로 인해 수동휠체어를 조작할 수 없는 경우
>
> **2등급**
> - 사지마비-편마비: 중등도의 경직 혹은 무정위운동, 편마비로 모든 사지와 몸통의 기능적 힘이 약하며 평탄한 표면에서 휠체어를 움직일 수 있으나 비탈길 혹은 울퉁불퉁한 도로에서 작동하는데 어려움을 겪는 경우
> - 하지마비: 휠체어를 작동할 수 있으나 두 하지의 기능에 따라 자동적으로 2등급 자격을 부여함. 선수가 기구 또는 사람의 도움으로 짧은 거리를 걸어볼 수 있으며 편측 또는 양하지의 기능이 확실히 있어 휠체어를 사용할 수 있으나 상지 기능이 더 효율적이지 못한 경우
>
> **3등급**
> 중등도 사지마비 또는 삼지마비로 주로 사용하는 한 상지에 충분한 기능적 힘을 가진 중등도 편마비이며 혼자 휠체어를 조작할 수 있는 경우

4등급
중등도 양마비로 상지의 몸통에 양호한 기능적 힘이 있고 몸통을 조절하는 문제에 제약이 아주 적음. 하지는 동작이 느리고 중등도 제약이 있어 보행 시 보조기구를 사용하지만 척수장애 하지마비선수에 비해 기능이 훨씬 떨어짐

5등급
일상생활을 하는데 휠체어를 사용하지 않고 걷는 중등도 양마비 또는 편마비로 먼 거리를 이동할 때는 보조기구가 필요할 수 있음. 단, 서거나 던지는 경우 보조기구가 반드시 필요한 것은 아니며 중심 이동 시 선수가 균형을 잃기 쉬움

6등급
보조 없이 걷는 중등도 사지마비 무정위성 혹은 운동실조가 이 등급의 두드러진 특징으로 스포츠 동작 시 사지의 모든 기능이 저하됨. 팔의 굴곡과 신전, 회내와 회외전의 교차운동에 영향을 미치는 유동적 경련이 있으며, 비대칭성 자세유형을 일으키는 강직성 반응활동이 있어 골반의 경사와 척추측만증을 일으킴. 최소한 혹은 중등도 무정위운동증에 적합함

7등급
보행가능 편마비 선수로 뚜렷한 비대칭성 보행을 일으키는 하지의 경직성이 있으며 손상되지 않은 편측의 기능적 능력은 양호함

8등급
최소한의 편마비, 단마비 정도가 경한 양마비증 및 무정위운동증에 해당 되고, 다리를 절지 않고 자유로이 달릴 수 있으며, 걷거나 달릴 때의 보행은 대칭적임. 사지의 조화부전으로 완전기능이 최소한의 저해를 받은 경우, 보통 손에 나타나며 한 쪽 다리에 가벼운 조화상실과 약한 아킬레스건의 단축이 있을 수 있음

(5) 시각장애인선수

시각장애인선수는 공인검안자나 안과의사에 의해 매년 스포츠 등급을 판정받는다. 시각장애인선수의 경우 그림자와 명암을 식별하는 능력에 따라 경기에서 상당한 우열이 나타날 수 있으므로 의무분류 판정은 정밀해야 한다.

국제시각장애인스포츠연맹(IBSA)이 승인한 대회에 참여하기 전, 선수는 국제등급 분류사에 의해 분류를 받아야 하며, 다른 국제경기연맹(IFs)이 관장하는 스포츠의 경우 해당 국제경기연맹(IFs)의 분류 규칙을 적용한다. 시각장애 의무분류는 다음과 같다.

시각장애 스포츠 의무분류

B1
- 양쪽 눈에 광각이 전혀 없는 경우부터 광각은 있으나 어느 방향, 거리에서도 물체 또는 형태를 인지할 수 없는 경우
- LogMAR(logarithm of the minimum angle of resolution) 2.6보다 시력이 나쁜 경우

B2
- 손의 형태를 인지할 수 있는 경우부터 시력이 2/60 또는 좋은 쪽의 눈을 교정한 상태에서 5°이상의 시야인 경우
- 시력은 LogMAR 1.5~2.6(범위 포함) 및 10°미만의 직경으로 제한된 시야

B3
- 2/60 이상의 시력부터 6/60 또는 20°이하의 시야 및 좋은 쪽의 눈을 교정한 상태에서 5°이상의 시야인 경우
- LogMAR 1.4에서 1.0까지의 시력 또는 40°미만의 직경으로 제한된 시야

※ 시각장애 등급 분류 시 시력교정을 한 상태에서 좋은 눈을 기준으로 함(안경이나 콘택트렌즈를 사용하는 선수는 실제 경기에서 사용과 관계없이 반드시 착용한 상태로 등급 분류를 받아야 함)

※ 출처: IPC(2015)

(6) 지적장애인선수

지적장애인선수의 의무분류는 스포츠단체에 따라 다양하게 적용하는데 국제스페셜올림픽위원회(SOI)와 국제지적장애인경기연맹(INAS)의 분류시스템에는 유사점과 차이점이 존재하고 있다. 지적장애인 선수가 국제경기에 참가하기 위해서는 지적장애 판정을 받아야 하는데 국제지적장애인경기연맹은 지적장애 이외의 분류 시스템을 사용하지 않고 있다. 이러한 분류체계의 취약점으로 인하여 2000년 시드니패럴림픽대회에서 부정선수 사건이 발생하였으나, 이후 지적장애 선수등록 제도를 보완하여 2012년 런던패럴림픽대회 이후부터 지적장애인선수가 육상, 수영, 탁구 경기에 참가하고 있다.

일반적으로 국제지적장애인경기연맹(INAS)이 주최하는 경기에 참가하는 선수는 경도(mild)에서 중도(moderate) 지적장애인 선수이며, 최중도(severe) 지적장애인은 국제지적장애경기연맹이 정한 자격기준에 부합되지 않는다. 그러나 국제지적장애경기연맹은 패럴림픽대회와 같은 엘리트 선수를 위한 경기 뿐 만 아니라, 능력 수준에 따른 스포츠 경기도 오픈 경기대회를 통해 참여를 격려하고 있다.

국제지적장애인경기연맹(INAS) 대회에 참여하기 위한 국제선수등록 절차는 다음과 같다. 선수는 참가하고자 하는 대회의 최종 참가 마감일 전에 INAS 마스터 리스트(master list)에 나타나야 한다. INAS는 임시 입국을 위한 새로운 신청서를 최종 등록 마감일 최소 4주 전에 사무국으로 보내야 하며, 최종 등록 마감일 최소 12주 전에 사무국에 전체 자격 신청서를 제출하도록 권고하고 있다.

스페셜올림픽대회에서는 등급분류 체계를 사용하지 않고 성별, 나이, 능력에 따른 분류법으로만 8세 이상의 지적·발달장애 선수만 참여가 가능하다. 각 경기에 참가하는 인원은 최소한 3인(또는 팀)에서 8인(또는 팀)까지 제한하고, 경기에 참가하기 전 선수는 자신의 최고 기록(시간 또는 거리)을 제출해야 한다. 15%률의 범위 내에 있는 선수들은 각 부문의 경기에 참가가 가능한데 이는 선수 간 최고와 최저 점수가 15% 이상 차이가 날 수 없다는 것을 의미한다.

INAS 국제선수등록 절차

스페셜올림픽코리아 국제선수등록 요청 → 선수자격 기준을 충족하는 증명서 제출 → 스페셜올림픽코리아의 NEO가 INAS로 신청 → INAS 홈페이지 총 목록(MASTER LIST)에서 확인

- 2015년 대한지적장애인스포츠협회와 한국스페셜올림픽위원회가 통합됨에 따라 지적장애인선수가 국제지적장애인경기연맹의 선수등록을 원하면 스페셜올림픽코리아에 국제선수등록을 요청해야 한다. 이러한 절차가 존재하는 이유는 국제지적장애인경기연맹에 선수등록을 하기 위해서는 지역 지적장애인스포츠연맹의 선수등록이 사전에 선행되어져야 하기 때문이다.
- 지적장애인 선수가 INAS와 IPC가 주관하는 대회에 참가하기 위해서는 WHO와 미국지적 및 발달장애협회(AAIDD)에서 정의한 지적장애 기준(지적기능, 사회적응력, 18세 이전 발병)에 충족하여야 한다. 지능검사는 국제적으로 통용되고 있는 지능검사(웩슬러방식, 스탠퍼드 비넷방식, 레이븐검사)를 통해 측정되어야 하며, 심리학자는 심리평가가 진행된 일시와 장소, 사용된 검사 및 방법, 각 범위/소검사별 점수 및 설명, 검사결과와 실제 총 지능관련 점수가 나타나있는 검사용지와 공식 서면이 포함된 보고서를 제출해야 한다. 사회적응력검사는 장애인을 포함한 비장애인의 규준지향평가방법을 사용해야하며, 심리학자는 평가 일시와 장소, 사용된 검사명, 커뮤니케이션·자기관리·자기주도·사회적/대인관계능력·생활 변화와 환경요구에 대응하는 능력 범위에 대한 요약, 모든 평가에 대한 점수표, 공식 서면이 포함된 보고서를 제출해야 한다. 또한, 발병 시기는 반드시 18세 이전에 진단한 지능검사에 의해 증명되거나 최근 심리평가자에 의해 진단된 증빙서류를 제출해야 한다.
- 스페셜올림픽코리아의 국가자격사무관(National Eligibility Officer, NEO)은 국제 지적장애인경기연맹(INAS)으로 국제선수등록을 하고자 하는 선수의 증명서와 관련자료 를 첨부하여 신청해야 한다.
- 국제지적장애인경기연맹 자격위원회에서는 증거 서류를 검토하여 기준을 충족하는 선수는 국제지

적장애인경기연맹(INAS) 홈페이지의 총목록(Master list)에 표시된다. 선수의 자격은 잠정적 자격과 완전 자격으로 구분되며 잠정 자격은 일부 대회에만 참가를 허용하나 완전자격은 국제 지적장애인경기연맹(INAS) 지역대회와 세계 챔피언십 등 모든 대회에 참가할 수 있다.

※ 출처: INAS(2017)

(7) 청각장애인선수

국제청각장애인경기에 참가하고자 하는 선수는 국제농아인스포츠위원회(ICSD)가 정한 규칙에 따라 최소한 55dB 정도의 청각 손상이 확인되어야 한다. 또한 선수는 청각장애가 있다는 사실을 증명하는 자료를 반드시 제출해야 한다. 청각장애인 스포츠 분류에는 청각장애라는 조건을 제외하고 어떠한 분류법도 적용하지 않고 있다.

2) 기능적 분류

1980년대 말과 1990년대 초에 이르러 특정 장애보다는 신체능력으로 분류하여 스포츠 경기를 실시하는데 초점을 두어 통합적인 의미의 기능적 분류 체계를 개발하려는 시도가 이루어졌다. 이후 재활수단으로서의 스포츠에서 엘리트 스포츠로 이행하는 논리적 발전이라고 할 수 있다.

의무분류 체계는 선수를 장애유형으로 구분한 후, 의학적 기능에 따라 평가하는 스포츠 분류였으나, 이후 개발된 기능적 등급분류 체계로 분류를 하였다. 이러한 기능적 등급분류는 장애수준이 특정 경기에 참여하는 장애인선수에게 미치는 영향을 최소화하기 위함이다.

기능적 분류 체계를 최초로 도입한 종목은 휠체어농구로 1984년 영국에서 열린 패럴림픽에서 통합적인 기능적 분류체계를 사용하자는 의견이 처음으로 제안되었다. 기능적 등급분류 체계는 더 세부적으로 분류되어 1992년 바르셀로나패럴림픽에서 처음으로 사용되었고, 1992년 바르셀로나패럴림픽조직위원회의 장애인분과에서는 국제장애인스포츠기구들(ISMWSF, ISOD, CPISRA, IBSA)과 함께 기능적 등급분류 시스템을 제작하였으며, 분류 지침은 다음과 같다.

패럴림픽 대회를 위한 일반적이고 기능적인 분류 지침

- 기능적 분류를 도입한다.
- 경기력 및 장애 수준이 유사한 선수는 같은 그룹으로 분류한다.
- 오랫동안 참여 인원수가 적은 경기는 취소한다.

그러나 국제스토크맨드빌휠체어경기연맹(ISMWSF), 국제장애인경기연맹(ISOD), 국제뇌성마비스포츠레크리에이션협회(CPISRA)의 후원 하에 참가했던 선수들은 새로이 도입된 기능적 분류체계에 의거해서 경기를 진행했으나, IBSA의 후원 하에 참가했던 선수들은 1992년 바르셀로나패럴림픽대회의 기능적 등급분류 체계에서 제외되었다.

기능적 분류체계의 많은 논쟁으로 인해 2013년 등급 분류체계 개선을 위한 협의과정을 거쳤으며, 2015년 11월 국제패럴림픽위원회는 개정된 등급 분류 코드를 승인했다. 이 코드는 과학적 데이터를 기반으로 한 증거거반 등급분류를 모든 종목에서 발전시키는 것을 목표로 한다.

3) 증거기반 등급분류(Evidence-Based Classification)

증거기반 등급분류 시스템은 기존의 기능적 등급분류 시스템을 발전시킨 새로운 등급분류 시스템이다. 새로운 등급분류 시스템인 증거기반 등급분류 시스템은 기능적 등급분류 시스템과 같이 장애가 경기의 결정적인 요인에 있어서 최소한의 영향을 미쳐야 하다는 동일한 원칙을 내세운다. IPC는 등급분류 시스템을 지속적으로 개선하기 위하여 2013년부터 새로운 등급분류 코드를 개선·개발하기 위한 컨설팅을 꾸준히 이어왔으며, 2015년 11월에는 수정된 등급분류 코드를 승인하였다. 이는 IPC가 패럴림픽대회에서 치러지는 모든 종목의 등급분류 코드에 선수들의 장애와 경기력 사이에 밀접한 연관성을 가지는 과학적인 증거(데이터)를 적용하여 새로운 등급분류 코드를 개발한 것이라고 볼 수 있다.

3. 종목별 스포츠 등급 분류

스포츠 등급 분류는 IPC 분류 코드의 틀 내에서 각 국제경기연맹에 의해 개별적으로 관리된다. 매년 IPC와 등급분류위원회는 국제경기연맹(IF)의 주최로 스포츠 경기 전반에 걸쳐 스포츠 등급과 관련된 문제를 논의한다.

1) 육상(Athletics)

육상경기에서 트랙경기를 'T', 필드경기를 'F'로 표기를 하며, 장애유형별로 등급번호가 부여되는데 시각장애는 1, 지적장애는 2, 뇌성마비는 3, 절단 및 기타장애는 4, 척수장애는 5, 절단장애(의족사용)는 6으로 표기한다. 또한 장애유형을 의미하는 숫자 뒤의 수치는 손상 수준을 나타내며 각 손상 유형 내 번호가 낮을수록 손상이 더 심각함을 의미한다.

(1) 트랙경기 등급

트랙경기의 입식경기(20개 등급)에는 시각장애인 선수의 T11~13 등급과 지적장애인 선수의 T20 등급, 뇌성마비인 선수의 T35~38 등급, 왜소증 선수의 T40~41 등급, 하지절단 및 하지와 관련된 기타장애를 가진 선수의 T42~44 등급, 상지절단 및 상지와 관련된 기타장애를 가진 선수의 T45~47 등급이 있다. 또한 2018년도부터 증거기반 등급분류가 적용되면서 세계장애인육상경기연맹(World Para Athletics)은 입식경기와 관련한 4개의 등급을 신설하였다. 새로운 등급은 T61~64 등급으로 그 동안 의족 사용선수와 비사용선수가 혼재되어 있던 T45~47의 육상경기에서 의족 사용선수가 분리되어 나옴에 따라 새로이 분류된 등급이다.

- **T61:** 양하지 무릎 위의 의족을 사용하여 달리기나 도약을 하는 선수
- **T62:** 양하지 무릎 아래의 의족을 사용하여 달리기나 도약을 하는 선수
- **T63:** 한쪽 무릎 위의 의족을 사용하여 달리기나 도약을 하는 선수
- **T64:** 한쪽 무릎 아래의 의족을 사용하여 달리기나 도약을 하는 선수

좌식경기(7개 등급)에는 뇌성마비인 선수의 T32~34 등급과 척수장애인 선수의 T51~54 등급이 있다.

(2) 필드경기 등급

필드경기의 입식경기(19개 등급)에는 시각장애인 선수의 F11~13 등급, 지적장애인 선수의 F20 등급, 뇌성마비인 선수의 T35~38 등급, 왜소증 선수의 T40~41 등급, 하지절단 및 하지와 관련된 기타장애를 가진 선수의 T42~44 등급, 상지절단 및 상지와 관련된 기타장애를 가진 선수의 T45~46 등급이 있다. 또한 필드경기에서는 트랙경기와 같이 의족을 사용하는 절단장애 선수를 위한 F61~64 등급이 새롭게 추가되었다.

좌식경기(11개 등급)에는 뇌성마비인 선수의 F31~34 등급과 척수장애인 선수의 F51~57 등급이 있다.

표 3-10 육상 등급분류의 체계

	시각		지적		뇌성마비		절단 및 기타		척수	
	T	F	T	F	T	F	T	F	T	F
좌식						F31			T51	F51
					T32	F32			T52	F52
					T33	F33				F53
좌식					T34	F34				F54
									T53	F55
									T54	F56
										F57
입식	T11	F11	T20	F20	T35	F35	T40/41	F40/41		
	T12	F12			T36	F36	T42	F42		
	T13	F13			T37	F37	T43	F43		
					T38	F38	T44	F44		
							T45	F45		
							T46	F46		
							T47	F61		
							T61	F62		
							T62	F63		
							T63	F64		
							T64			

※ 상기 등급분류는 IPC의 세계장애인육상경기연맹(World Para Athletics) 기준임
※ 청각장애인 스포츠는 국제농아인스포츠연맹(ICSD)에서 별도로 주관함

※ 출처: IPC(2018), 대한장애인육상연맹(2017)

알아두기 | 세계장애인육상경기연맹(World Para Athletics)의 분류 체계와 절차 ※ 출처: IPC(2009)

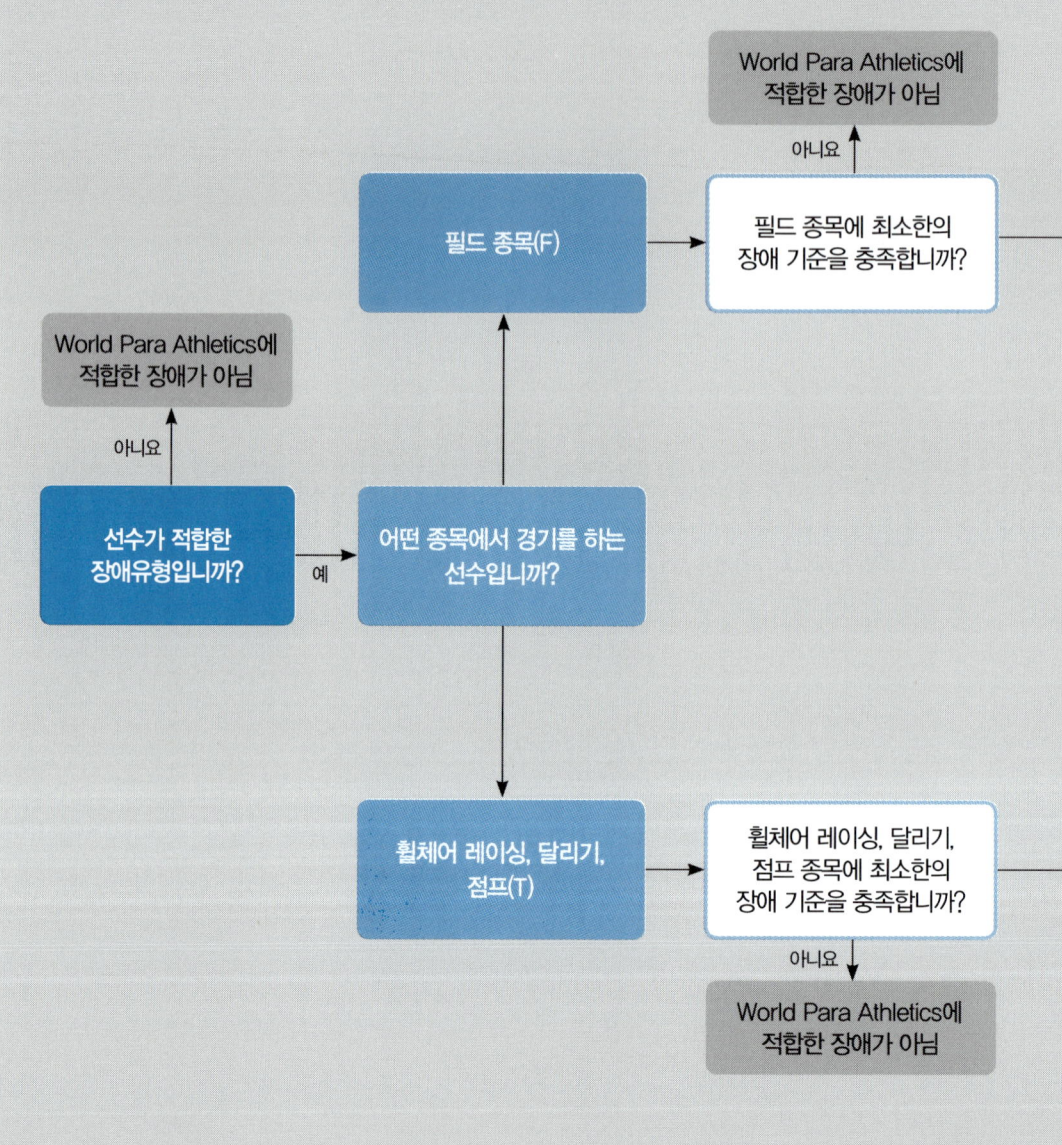

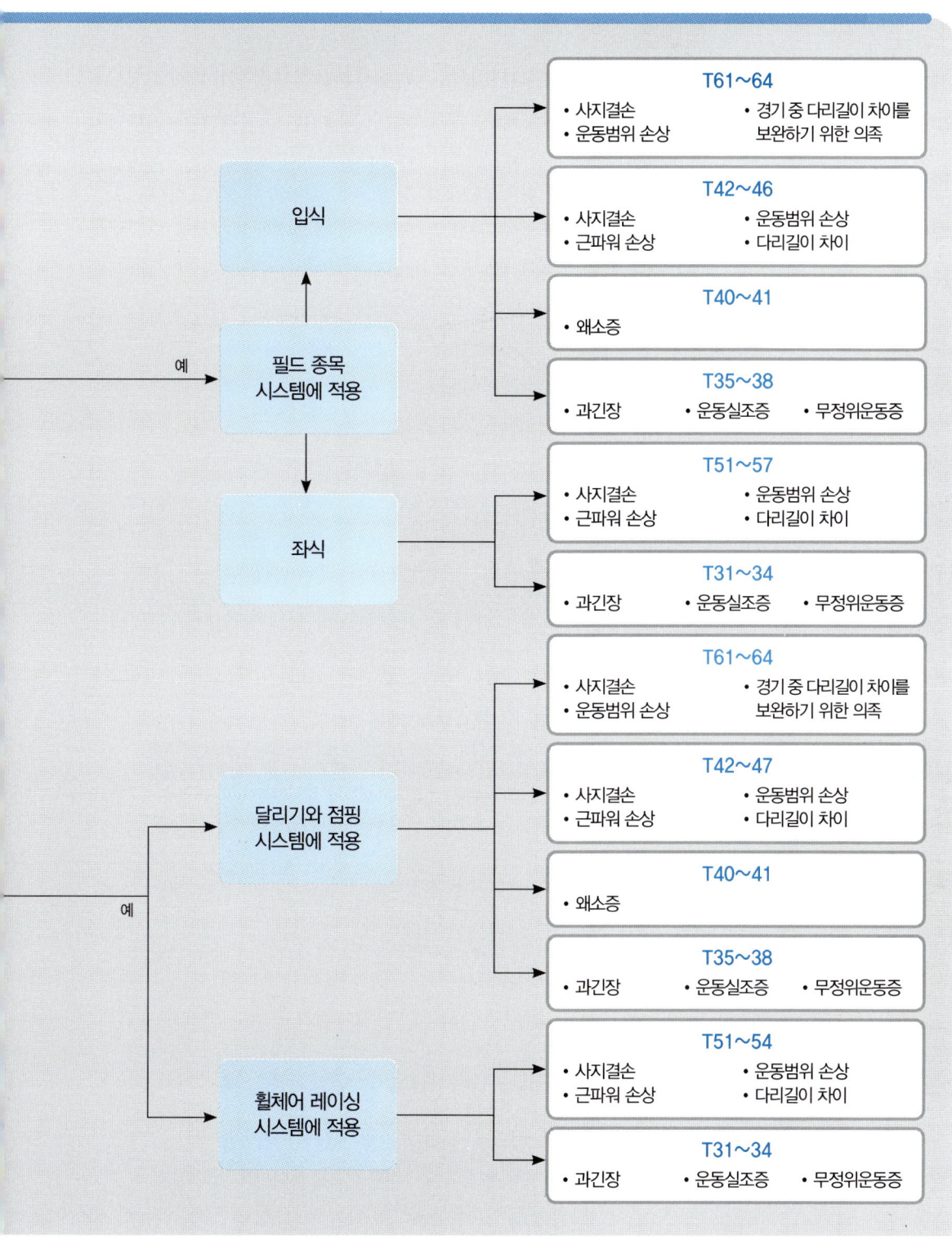

Ⅲ. 장애인스포츠 지도의 실제

2) 수영(Para swimming)

수영 종목의 등급 분류는 'S'또는 'SB'와 숫자로 표기한다. S는 스트로크의 약자이며 숫자는 스포츠 등급을 나타내는데 S는 자유형, 접영, 배영, SB는 평영을 의미하고 번호가 낮을수록 손상이 더 심각함을 의미한다.

신체의 장애가 있는 경우(지체장애, 절단 및 기타, 뇌성마비, 척수장애, 소아마비 등) 지상테스트와 수중테스트를 거쳐 S1~S10(SB1~SB9)의 등급이 부여되며, 시각장애의 B1은 S11, B2는 S12, B3는 S13으로 등급이 부여된다. 지적장애는 S14의 등급을 부여받는다.

등급분류사는 선수의 스포츠등급을 판정하기 위해 포인트 시스템을 사용하여 지상 테스트를 하고 선수에게 수중테스트를 하도록 요청한다. 총 점수는 선수의 스포츠 등급을 결정하는데 S와 SB에서 요구하는 수준이 다르므로 선수의 S와 SB등급이 다를 수도 있다.

개인혼영(SM)의 엔트리 지수 계산공식

$$S1\sim 4등급 = \frac{2 \times S + SB}{3} \qquad 그 외 등급 = \frac{3 \times S + SB}{4}$$

※ 출처: IPC(2015)

표 3-11 수영 종목 스포츠 등급별 신체기능의 예

등급	신체기능
S1/SB1	이 등급의 선수는 다리, 팔, 손에 근력의 저하나 통제력을 현저하게 상실했으며 일부 선수들은 몸통 조절이 제한적이다. 예를 들어, 사지마비로 인해 야기될 수 있으며, 일상생활에서 대게 휠체어를 사용한다.
S2/SB1	수영을 함에 있어 팔의 동작에 의지한다. 손잡이, 몸통 및 다리 기능은 사지마비 또는 협응성 문제로 인해 제한된다.
S3/SB2	팔과 다리의 절단이 있는 선수가 포함된다. 팔로 스트로크 동작을 할 수 있으나 양하지 또는 몸통에서 심한 조정의 문제가 있을 수 있다.
S4/SB3	팔을 사용할 수 있으며 손의 기능은 양호하나, 몸통이나 다리를 사용할 수 없는 선수이다. 사지 중 3부위가 절단된 선수도 포함한다.
S5/SB4	편마비로 통제력을 상실하거나 하지마비, 왜소증과 더불어 추가적인 장애가 있는 선수를 포함한다.
S6/SB5	왜소증 또는 두 팔을 절단한 선수, 몸의 한쪽 편에 협응성 문제가 있는 선수를 포함한다.
S7/SB6	한쪽 다리 절단과 반대쪽 팔 절단 또는 한쪽 팔과 한쪽 다리가 마비된 선수이며, 팔과 몸통을 완전히 제어하고 일부 다리 기능을 갖춘 선수를 포함한다.
S8/SB7	한쪽 팔 절단, 엉덩이, 무릎 및 발목 관절의 상당한 제한이 있는 선수를 포함한다.

등급	신체기능
S9/SB8	한쪽 다리 관절의 제한 또는 무릎 아래 두 다리 절단 선수를 포함한다.
S10/SB9	최소한의 신체적 장애로 한손의 상실 또는 한쪽 고관절의 운동제한이 있는 선수를 포함한다.
S/SB 11-13	이 등급의 선수는 시각장애 선수로 3가지 스포츠 등급에서 경쟁을 하며, S/SB11 등급의 선수는 앞이 보이지 않도록 검은 수경을 착용해야 한다. S/SB11 선수는 안전을 위해 태퍼(tapper)를 반드시 사용해야 하나 S/SB12 및 S/SB13 등급의 선수는 사용 여부를 선택할 수 있다.
S/SB14	모든 지적장애인 선수와 자폐성장애인 선수를 포함한다.

※ 상기 등급분류는 IPC의 세계장애인수영경기연맹(World Para Swimming) 기준임
※ 청각장애인 스포츠는 국제농아인스포츠연맹(ICSD)에서 별도로 주관함

※ 출처: IPC(2015), 대한장애인수영연맹(2017)

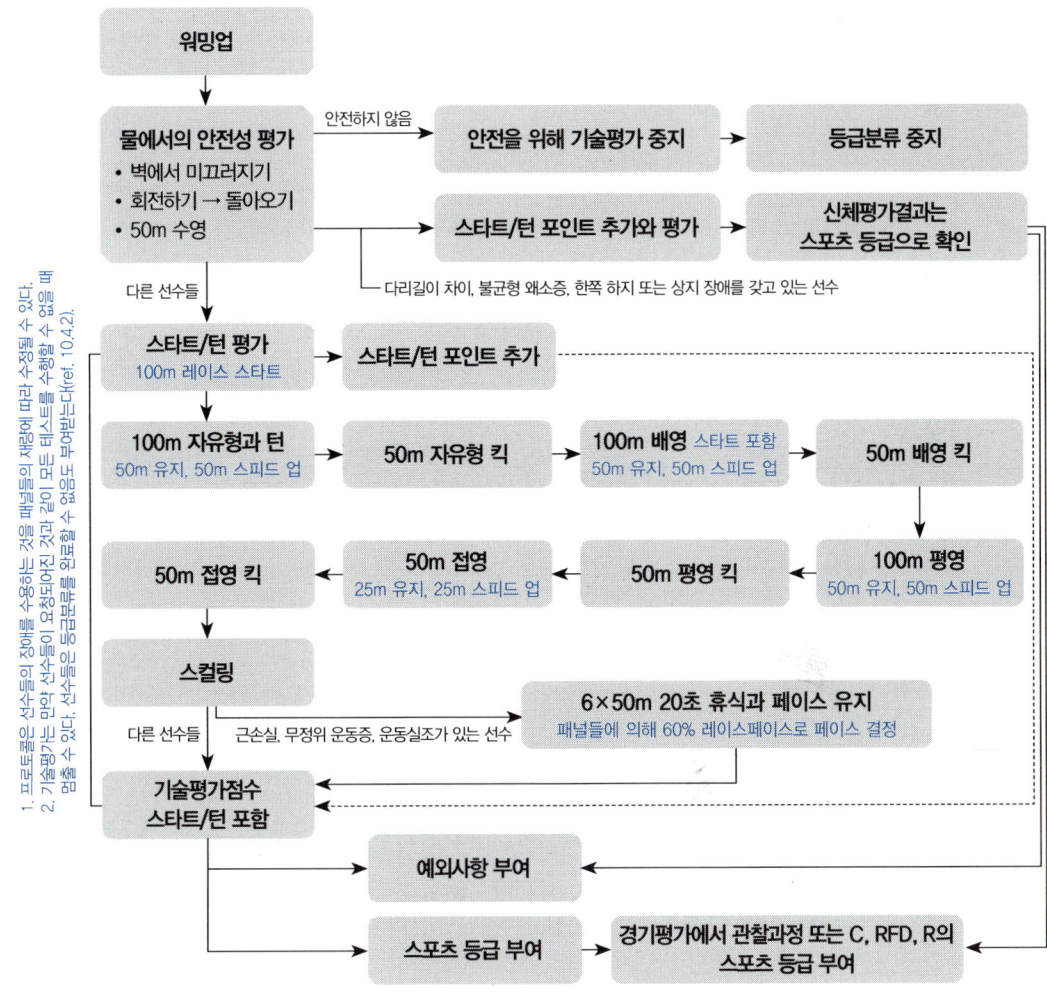

세계장애인수영경기연맹(World Para Swimming)의 분류 체계와 절차

3) 탁구(Table Tennis)

 탁구 종목은 1부터 10등급까지 신체적손상이 있는 선수로 분류되며, 1~5등급의 선수는 좌식경기, 6~10등급의 선수는 입식경기에 참여한다. 또한 탁구 종목은 지적장애인 선수는 11등급으로 분류되어 입식경기에 참여하며, 청각장애인 선수는 별도의 등급을 제공하지 않고 있다.

표 3-12 탁구 종목 스포츠 등급별 신체기능의 예(좌식)

등급		상태
좌식	TT1	주관절과 완관절의 신전은 견관절의 휘두르기 동작에 의해 이루어지며, 상완의 운동 조정 능력(협동운동능력)이 정상쪽과 비교하면 현저하게 차이가 난다. 주관절을 굽혀서 의자의 등받이를 잡거나 손으로 휠체어나 앞쪽 허벅지를 잡음으로써 안정성을 유지해야 몸통을 움직일 수 있다. 뇌성마비 비대칭형 또는 대칭형 사지마비형 심한 몸통 균형 동작 장애 상지의 심한 경직(경직 척도 3-4 정도)
	TT2	주관절의 신전은 잘 유지되는 상태이며, 손의 동작은 협동 운동을 잘 조절이 되나 근력이 낮고 몸통의 위치 감각은 1등급과 비슷하다. 뇌성마비 삼지마비형 심한 몸통 균형 동작 장애 상지의 경직(경직 척도 2-3 정도)
	TT3	경수 8번 부위가 가장 높은 손상 부위이며, 손에서 약간의 근력 약화 소견만 보이나 이러한 소견이 탁구 하는데 영향을 미치지는 않는다. 몸통의 위치를 약간 변동시키려면 손을 잡지 않고 휠체어나 대퇴를 밀거나 누름으로써 수행할 수 있고 몸통의 아래 부분은 등받이에 접촉하고 있어야 하며 몸통의 회전 운동 기능 상실로 팔을 뒤로 하는 동작이 감소하게 된다. 고의적으로 휠체어를 움직이면 불이익을 받는다. 뇌성마비 심한 양지마비 상지 운동에 최소한 제한 중등도의 몸통 균형 동작 장애 심한 하지의 경직 (경직 척도 4 정도)
	TT4	기립 상태에서 정상적인 팔과 몸통의 운동을 보이며 운동범위를 증가시키기 위한 몸통 동작은 팔을 이용하여 휠체어 또는 허벅다리를 붙들거나 밀기 또는 버티기 등을 통해서만 가능하다. 휠체어의 의도적인 이동이 가능하며, 측면으로의 이동은 자유로운 팔의 도움이 없이 불가능하다. 뇌성마비 중등도의 양지마비 중등도의 몸통 균형 동작 장애 중등도의 하지 경직 (경직 척도 3 정도)
	TT5	팔을 사용하지 않고 시상면 상에서 몸통을 앞으로 구부리거나 일어날 수 있으며 대퇴나 발로 바닥을 미는 동작을 볼 수 있다. 몸통을 자유롭게 구부리고 일어날 수 있기 때문에 휠체어를 다루는 기술이 좋으며 약간의 측면 이동도 볼 수 있다. 뇌성마비 경도의 하지마비 최소한의 균형 동작 장애 경도의 하지 경직 기립자세로 경기할 수 없다.

※ 출처: IPC(2015), 대한장애인탁구협회(2017)

표 3-13 탁구 종목 스포츠 등급별 신체기능의 예(입식)

등급		상태
입식	TT6	팔과 다리의 심한 장애인선수로, 경기하는 쪽 팔과 다리 또는 양측 팔과 다리 절단 선수, 유사한 형태의 팔다리 기형을 가진 선수를 포함한다. 그리고 대퇴절단, 상지 장애에 상응하는 사지 및 몸통 근육 질환 또는 신경근육계 장애, 불완전 척수손상장애 선수도 포함된다. 뇌성마비는 편마비형, 양하지마비형, 무정위형 선수가 포함된다.

등급		상태
입식	TT7	매우 심한 다리의 장애인선수로 한쪽은 대퇴 절단, 다른 한쪽은 하퇴 절단인 경우와 양하지의 심한 소아마비가 있거나 이와 같은 장애에 상응하는 불완전 척수손상 장애 선수가 포함된다.
		심한정도에서 중등도 팔 부위의 장애인선수로 경기하는 팔의 상완절단 또는 양측 상환절단, 관절굽음증이 있거나 이에 상응하는 팔다리기형이 있는 선수를 포함한다.
		경기하는 팔에 장애가 있는 중등도 편마비형 또는 양하지형 뇌성마비 선수이다.
	TT8	일측 다리를 전혀 사용할 수 없는 경우로 한쪽 다리의 소아마비나 한쪽 대퇴절단, 상고관절과 슬관절이 동시에 구축이 생긴 경우 혹은 시각적으로 차이가 나는 고관절 탈구의 선수를 포함한다.
		양측 중등도 하지장애로 소아마비, 양측 하퇴절단, 불완전 척수손상, 천수 1번 부위의 척수이분증의 선수를 포함한다.
		팔 부위의 중등도 장애인선수로 절단단의 길이가 정상 전완 길이의 1/3이상이며, 기능적 완관절 운동이 없는 한쪽 전완 절단인 경우이다. 그리고 주관절의 굴곡과 신전, 내회전과 외회전이 안되는 관절구축과 견관절의 구축이 된 선수를 포함한다.
		경기를 하는 팔의 기능이 좋은 중등도 편마비형 또는 하지마비형 뇌성마비로 다리에 중등도의 문제가 있으나 경기를 하는 팔은 거의 정상인 경우를 의미한다.
	TT9	경도의 하지장애로 관절의 운동성이 좋은 한쪽 및 양측 소아마비, 한쪽 하퇴절단, 고관절 구축, 슬관절 구축, 심한 고관절염, 심한 슬관절염, 불완전 척수 이분증의 선수를 포함한다.
		경기하는 팔 부위의 경도 장애로 손의 절단 또는 기능적 잡기를 할 수 없는 손가락 절단, 기능적 잡기를 할 수 없는 손과 손가락의 구축, 중등도의 견관절 또는 주관절의 운동 감소가 있는 선수를 포함한다.
		경기하지 않는 쪽 팔의 심한 장애로 절단단의 길이가 정상 상완보다 1/3이하인 매우 짧은 상완절단이거나 상완신경총 손상이 있는 선수를 포함한다.
		경도의 편마비 또는 일지마비 뇌성마비로 다리에 경도 장애가 있으며 경기하는 팔의 기능이 거의 정상인 경우를 의미한다.
	TT10	매우 약한 하지 장애로 한쪽 족관절 구축, 전족부 절단, 고관절 탈구, 경도에서 중등도의 관절증, 소아마비(한쪽 하지에서 근력 점수의 합이 10점 이상 감점)
		경기하는 팔이 매우 약한 장애인선수로 기능적 잡기가 가능한 손가락 절단 및 기형이거나 기능적 잡기가 가능한 완관절의 구축, 손과 팔의 근력 약화가 있다.
		경기를 하지 않는 팔에 중등도에서 고도 장애인선수로 절단단의 길이가 전완의 길이의 1/2 이하인 전완 절단, 약간의 기능이 가능한 상완신경총 손상, 전완의 길이가 정상쪽 전완의 1/2이상인 기형이나 유사장애가 있다.
		경도의 편마비 또는 일지마비의 뇌성마비로 다리에 경도장애가 있으며 경기하는 팔의 기능이 거의 정상인 경우를 의미한다.
	TT11	지적장애로 인한 특성으로 탁구 기술, 전술 등에 어려움이 있다.

※ 상기 등급분류는 국제탁구경기연맹(ITTF)의 장애인탁구위원회(Para Table Tennis Committee) 기준임
※ 청각장애인 스포츠는 국제농아인스포츠연맹(ICSD)에서 별도로 주관함

※ 출처: IPC(2015), 대한장애인탁구협회(2017)

4) 보치아(Boccia)

보치아 종목은 BC1~4까지 4개의 스포츠등급이 있으며 모든 선수는 근육 기능 조정 및 통제력 부족, 다리 기능 및 몸통의 불안정성으로 인해 휠체어에서 경기를 진행한다.

표 3-14 보치아 종목 스포츠 등급별 신체기능의 예

등급	상태
BC1	사지마비로 마비정도가 매우 심하거나 사지와 몸통의 운동가동범위의 심한 제한이 있으며 근력저하가 동반된 심한 경직형 혹은 중증 불수의운동형이다. 이 등급의 선수는 공을 쥐고 던질 수 있으며 보조 장치를 사용하지 않거나 일부 다리의 기능이 있는 선수는 발로 공을 추진할 수 있다.
BC2	사지마비로 마비정도가 중등도에서 중증인 상태이며 심한 경직형이거나 덜 심한 쪽은 다소 좋은 기능을 가진 불수의운동형이다. BC1 및 BC3의 선수보다 몸통 제어 및 팔 기능이 뛰어나고 팔과 손의 기능은 공을 오버핸드와 언더핸드, 다양한 잡기로 던질 수 있다.
BC3	대퇴골 또는 비대칭 기원으로 인해 팔과 다리에 기능이 상당히 제한되어 있고 몸통 조절이 힘들거나 전혀 없으며, 코트로 공을 추진할 수 있도록 홈통과 기타 보조 장치를 사용하여 공을 굴린다.
BC4	BC4등급에는 뇌성마비 외 다른 장애유형의 선수들로 구성된다. 근이영양증, 척수손상 또는 사지절단 장애가 있으며 선수는 스윙을 해서 공을 던지며 때로는 장갑을 낀 채 공을 잡아 양손이나 팔을 사용한다.

※ 출처: IPC(2015)

표 3-15 보치아 경기종목 및 등급분류

분류	등급	참가선수
개인전	BC1	1등급 상지/2등급 하지 사용 선수 경기
	BC2	2등급 상지 사용 선수
	BC3	보조장치 사용 선수
	BC4	운동성 장애
단체전	팀	BC1, 2등급 경기 참가 선수
2인조	페어	BC3 등급 경기 참가 선수
		BC4 등급 경기 참가 선수

※ 출처: 대한장애인보치아연맹(2017)

5) 사격(Shooting)

사격 종목은 척수장애, 절단 및 기타장애 선수가 참가하며, 스포츠등급은 SH1(권총/소총), SH2(소총) 3개의 등급으로 구분된다.

표 3-16 사격 종목 스포츠 등급별 신체기능의 예

등급	상태
SH1 (권총)	권총 경기에서 경쟁하기 위해 권총의 무게를 지탱할 수 있는 선수이다. 권총은 한 손으로만 잡을 수 있기 때문에 한쪽 팔 및 다리에 장애가 있으며, 앉은 자세 또는 경기에 규정된 서서 쏴 자세로 경쟁이 가능하다.
SH1 (소총)	이 등급의 선수들은 소총의 무게를 지탱할 수 있어야 하며 소총은 양손으로 잡기 때문에 다리 절단 혹은 하지마비가 있다. 앉은 자세 또는 경기에 규정된 서서 쏴 자세로 경쟁이 가능하다.
SH2 (소총)	소총 경기에만 해당되며, 상지에 손상이 있는 선수 또는 하지 기능 장애가 포함되며 소총의 무게를 지탱할 수 없어 사격 총기 받침대 사용을 허용하고 있다.

※ 출처: IPC(2015), 대한장애인사격연맹(2017)

사격종목은 신체 기능 수준에 따라 3개의 세부등급(A, B, C)으로 분류되며 C등급이 가장 중증장애이다. 예를 들어 A등급의 선수는 등받이를 사용할 수 없으나, B등급의 선수는 낮은 등받이, C등급의 선수는 높은 등받이를 사용할 수 있다.

표 3-17 사격 종목의 세부등급별 신체기능의 예

등급		상태
SH1	A	스스로 일어설 수 있으며, 체간 기능은 정상이다. 의자에 등받이가 없으며, 선수가 원할 경우 서서 경기를 할 수 있다
	B	하지의 근력이 기능적이지 못하거나 심각한 문제가 있으나 골반은 기능적인 운동이 가능 한 상태이다. 낮은 등받이가 장착된 의자를 사용한다.
	C	하지의 근력이 기능적이지 못하거나 심각한 문제가 있으며 체간도 기능적이지 못하다. 높은 등받이가 장착된 의자를 사용한다.
SH2	A	한쪽 상지가 기능적이지 못하거나 양쪽 상지에 심한 문제가 있으나 체간 기능은 정상이다. 의자에 등받이가 없으며, 선수가 원할 경우 서서 경기를 할 수 있다.
	B	한쪽 하지의 근력이 기능적이지 못하거나 심각한 문제가 있으나 골반의 운동은 좋은 상태 이다. 낮은 등받이가 장착된 의자를 사용한다.
	C	한쪽 하지의 근력이 기능적이지 못하거나 심각한 문제가 있으며, 체간 또한 기능적이지 못 한 상태로 높은 등받이가 장착된 의자를 사용한다.

※ 출처: 대한장애인사격연맹(2017)

6) 휠체어농구(Wheelchair Basketball)

휠체어농구의 등급분류는 휠체어추진, 드리블, 슛, 패스 등 농구의 기본동작을 수행하는데 필요한 신체적 능력에 기초하여 기능적으로 분류한다. 등급분류사는 선수가 본 경기에 참여하기 전에 훈련 상황에서의 움직임을 관찰을 하고, 선수나 코치와 토론한 후에 등급을 부여하며, 실제 경기에서의 지속적인 관찰을 통해 선수의 등급을 확정한다.

휠체어농구 선수는 1.0에서 4.5까지 등급으로 분류되고 숫자가 낮을수록 손상이 더 심각함을 의미하며, 정식경기에서 한 팀(5명의 선수)의 등급 합이 14포인트를 넘을 수 없다(14포인트 이하는 허용). 선수가 둘 이상 등급의 특징을 보이거나 어느 한 등급의 특징과 맞지 않을 경우 0.5 포인트를 부여할 수 있으나 명확한 등급을 판정할 수 없 시에만 평가하는 방법이다.

선수의 등급을 결정하는 주된 사항은 몸통, 상지, 하지, 손의 기능이며, 운동의 범위, 운동의 강도, 협응능력 등을 고려하는 동시에 실제 농구 경기를 진행할 때 신체 기능을 판단해야한다.

표 3-18 휠체어농구 종목 스포츠 등급별 신체기능의 예

등급	상태
1.0	모든 면에서 몸통 움직임이 아주 적거나 조절이 되지 않고, 몸통의 전후좌우의 균형능력이 떨어지며 균형을 잃었을 때 몸의 중심으로 돌아오기 위해서는 양팔에 의지해야한다.
2.0	어느 정도 몸통의 전후 움직임이 가능하나 좌우로 움직이는 동작이 어렵고 몸통 상부의 회전은 되지만 몸통 하부는 회전 반경이 좁다.
3.0	몸통을 전후로 움직이는 것은 자연스러워 바닥을 짚었다 지지하지 않고 일어날 수 있으며, 몸통 회전은 자연스러우나 좌우로 움직이는 동작은 조절되지 않는다.
4.0	몸통의 움직임은 정상적이나 보통 한 쪽 하지에 장애가 있기 때문에 좌우로 움직이는 동작을 하는데 어려움이 많다.
4.5	모든 면에서 몸통 움직임이 정상적이며, 어려움 없이 좌우로 동작이 가능하다.

※ 출처: IPC(2015)

7) 5인제 축구(Football 5-a-side)

5인제 축구는 시각장애 축구로 알려져 있으며, 1996년부터 IBSA에 의해 운영되어져 오고 있다. 5인제 축구는 2004년 아테네패럴림픽대회에서부터 정식종목으로 채택되었으며, B1 등급에 해당하는 선수만 참가할 수 있다. 이러한 5인제 축구는 공정한 경기를 위해, 골키퍼를 제외한 모든 아웃필드 선수는 안대를 착용한다. 경기에 사용되는 공은 선수들이 위치를 확인할 수 있도록 하기 위해 구슬 등을 넣어 소리가 나도록 한다.

표 3-19 5인제 축구 종목의 스포츠 등급별 시각 기능의 예

등급	상태	비고
B1	빛을 인식하지 못하거나 매우 낮은 시력을 갖고 있는 선수	종목 참여가능
B2	손의 형태를 인식할 수 있는 상태에서부터 시력이 2/60인 선수와 시야가 5도 이하인 선수	종목 참여불가
B3	시력이 2/60인 경우부터 6/60까지인 선수와 시야가 5도 이상 20도 이하인 선수	종목 참여불가

※ 출처: IPC(2015)

4. 이의신청제도

등급분류의 근본적인 목적은 선수들의 등급분류를 통해 다양한 선수들이 스포츠참여를 보장하기 위한 것이다. 등급분류는 선수들이 경기에 임함에 있어 보다 경쟁적이며, 공정한 경기를 보장하기 위한 제도이다. 하지만 등급분류 중 오류가 생기거나 적절한 과정을 거치지 못하여 선수에게 잘못된 스포츠등급이 부여된다면, 해당선수는 패럴림픽대회에 참가할 기회를 갖지 못하거나 혹은 다소 유리한 조건에서 경기를 치르게 되어 경기의 공정성을 해할 수도 있다. 이러한 문제를 방지하기 위하여 소속된 국가의 연맹이나 NPC는 국제경기연맹 혹은 IPC에 등급분류에 관한 이의신청 및 항소를 할 수 있다.

1) 이의신청 절차

등급분류에 관한 이의를 신청하기 위해서는 우선 소속국가의 연맹이나 NPC가 이의신청에 대한 증거와 이의신청서를 제출하여야 한다. 이의신청서에는 이의신청을 할 선수의 이름과 종목 등을 명기하고, 이의신청에 대한 자세한 내용을 기술하게 된다. 또한 이의신청에 의한 재검사 과정 중 등급분류 패널들이 적절한 과정으로 재검사를 실시하지 않았다면, 그 과정에 대해서도 이의제기를 할 수 있다.

이의신청서는 관련 조항에 따라 국제경기연맹이 지정한 경기시간 안에 서류를 등급분류위원장에게 제출해야 하며, 등급분류위원장은 이의신청 재검사를 반드시 이행해야 한다.

그러나 등급분류위원장은 관련 조항에 따라 이의신청 요건이 맞지 않는다고 판단할 시에는 이를 거부할 수 있다. 반면 이의신청의 요건이 충족할 때에는 이의신청 절차가 즉시 실행 가능하도록 NPC나 해당국 연맹에 서면안내를 제공해야 하며, 이의신청의 절차에 있는 선수는 스포츠 등급이 재검사(R)의 상태로 바뀌거나 유지되게 된다. 이후, 등급분류위원장은 가능한 빠른 시일

내에 등급분류를 위한 평가세션과 패널을 선정해야 하며, 패널은 평가세션의 일정과 시간에 관한 모든 사항을 이의신청 측에 알려주어야 한다.

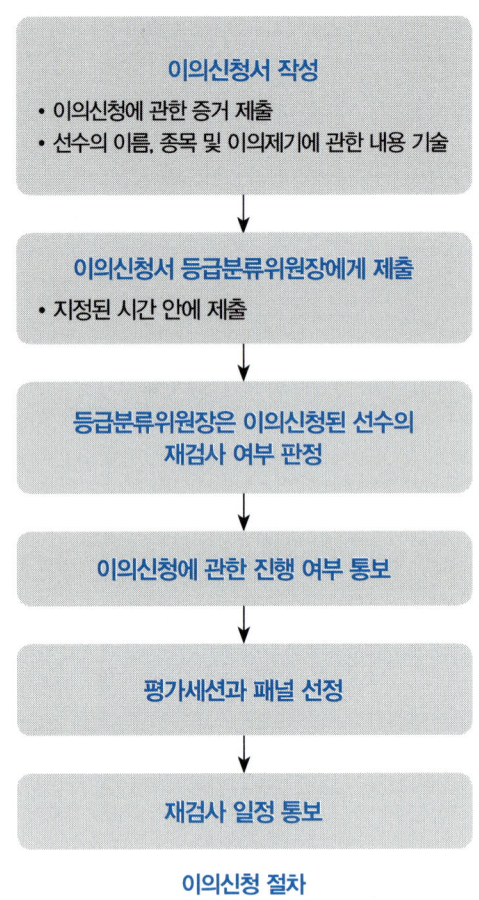

이의신청 절차

2) 항소

항소는 선수의 등급분류 평가와 과정에서 이의신청 절차가 공식적으로 진행된 후에 발생하는 문제를 해결하는 과정이다. 또한 항소는 NPC나 연맹이 해당 국가의 선수가 스포츠등급을 잘못 부여받았다고 판단하였을 때 제기할 수 있으며, 소속국 연맹이나 NPC 중 한 곳에서 제기하여야 한다. 이러한 항소가 제기되었을 경우, 국제경기연맹은 항소내용을 객관적인 관점으로 해석할 수 있는 패널을 3명 이상 선정하여 해당 국가의 NPC 혹은 연맹을 대상으로 소명해야 한다.

국제경기연맹이 항소내용을 소명하기 위해 패널을 선정할 때에는 항소내용과 관련된 패널은 포함할 수 없다. 또한 항소에 관한 모든 내용은 행사 주최 측의 BAC(등급분류소청위원회)에 제출된다. 국제경기연맹은 항소절차를 위해 항소기구를 설치하거나 연맹 산하에 항소기구와 같은 BAC를 지정할 수 있다.

항소기구는 모든 항소절차가 끝난 뒤, 국제경기연맹이 정한 기한 내에 항소와 관련된 결정사항을 서면으로 발표해야 한다. 이러한 결정사항은 IPC와 피고인(국제경기연맹), 항소인(NPC 혹은 소속국 연맹)에게 제공되어야 하며, 경기 중 발생한 항소건의 경우 대회조직위원회에도 통보되어야 한다.

5. 장애인스포츠 등급 분류의 문제점

장애인스포츠에서 등급분류는 오랫동안 논쟁의 대상이 되고 있다. 등급분류가 필요한 이유는 공정한 방법으로 시합을 하고 장애가 아닌 능력에 의해 스포츠 경쟁이 이루어져야 하기 때문이다. 그러나 대부분의 장애인스포츠는 일반스포츠와 같이 선수들이 최대한의 능력을 발휘해야하는 것을 요구하기 때문에 중증장애인 선수들이 경기에서 배제되는 경향이 있다.

여러 학자들은 등급분류의 수를 축소하여야 하며, 기능적 분류체계는 지속적으로 재검토되어야 한다고 주장하고 있다. 또한, 스포츠 등급분류는 객관적이고 신뢰할 수 있는 연구가 필요한 분야로 그에 따른 고려사항은 다음과 같다.

- 스포츠 등급분류는 의학적 또는 기능적이어야 하는가?
- 스포츠 등급분류는 장애유형별 특성을 반영하여야 하는가? 아니면 모든 장애유형을 포괄할 수 있을 정도로 광범위하고 단일적인 체계를 갖추어야 하는가?
- 다양한 스포츠 종목을 포괄하는 등급분류 시스템이나 각각 스포츠에 대한 등급분류 시스템이 있는가?

장애인스포츠에서 등급분류는 장애인스포츠의 공정성에 대한 관심에서 비롯되었으나, 장애인스포츠가 궁극적으로 추구하는 점은 장애인 선수가 비장애인 선수와 함께 경기를 하는 것이다. 이 관점은 비장애인 선수를 위한 경기에 장애인스포츠를 포함시키는 것이며, 동시에 장애인 선수와 비장애인 선수가 함께 통합경기에 참여하는 것이 필요하다.

많은 장애인 선수들은 올림픽, 유니버시아드대회, 세계선수권대회 등 주요 국제경기에 장애인 선수를 위한 경기를 포함시켜야 한다고 주장하고 있다. 그러나 이러한 주장이 계속되고 있음에도 불구하고, 등급분류 문제에 대해서는 아직도 명확하게 결론이 나지 않은 상황이다.

스포츠 등급분류와 관련된 주요 용어

- **항소(Appeal)**: 등급분류와 관련된 절차적 논쟁을 해결하기 위한 과정
- **선수평가(Athlete Evaluation)**: IF의 등급분류규정에 따라 선수가 평가되는 과정
- **등급분류(Classification)**: 경기 참가에 장애의 정도가 반영되고 선수들 모두가 평등한 조건으로 경기에 임할 수 있도록 하기 위한 경기 참가 체계
- **등급분류 총목록(Classification Master List)**: 국제 등급분류에 참가한 선수들의 신원을 확인해 주며, IF를 통해 열람할 수 있는 목록
- **등급분류패널(Classification Panel)**: 등급분류규정에 따라 스포츠 등급 및 스포츠등급 상태를 결정하도록 IF가 지정한 등급분류 위원
- **등급분류규정(Classification Rules)**: 선수 평가 및 선수의 참가 경기 그룹화와 관련된 정책, 절차 관련 사항
- **등급분류전략(Classification Strategy)**: 정확하고, 일관성이 있으며, 신뢰로운 스포츠 중심의 등급분류규정의 개발, 시행을 위한 지원 및 조율을 목표로 하는 보편적 등급분류 규정을 개발하는 것
- **행동 코드(Code of Conduct)**: 등급분류사직을 최상으로 수행하기 위해 필요한 의무를 규정하고, 행동 양식과 의사 결정의 방향을 제시하는 일련의 규칙
- **진단(Diagnosis)**: 징후, 증상 또는 진단에 필요한 다양한 기술을 통해 의학적 상황 및 질병을 판별하는 과정
- **거버넌스(Governance)**: 의사 결정 과정에 책임을 갖는 관리권 및 지도권
- **부적합(Ineligibility)**: 적합 기준에 부합하지 못함
- **IPC 윤리 코드(IPC Code of Ethics)**: 패럴림픽 무브먼트 내에서 일관성 있게 적용될 윤리 기준으로써 IPC가 주관하는 이벤트, 경기, 활동 등에 모두 적용
- **이의신청(Protest)**: 선수의 스포츠 등급이나 스포츠 등급 상태에 대한 공식적 이의 제기가 제출되고 해결되는 절차
- **스포츠 등급 상태(Sport Class Status)**: 선수가 지정 받는 등급을 나타내는 평가 요건 및 이의신청 기회
- **BAC**: 등급분류소청위원회
- **경기 중 관찰 평가(Observation in Competition Assessment)**: 등급분류 패널들이 경기 중 움직임 등을 관찰하여 선수를 평가
- **OA(Tracking Code Observation Assessment)**: 경기 중 관찰 평가가 완료될 때까지 선수의 스포츠등급 유지

※ 대한장애인올림픽위원회(2008), IPC(2018)

장애인스포츠지도사, 특수체육교사를 위한 **장애인스포츠론**

장애인스포츠 연혁

국제 장애인스포츠 연혁

1888
- 청각장애인을 위한 최초의 스포츠클럽 결성(베를린)

1924
- 국제농아인스포츠위원회(ICSD) 창립
- 최초의 데플림픽대회(국제농아인경기대회)가 프랑스 파리에서 개최

1928
- 제2회 데플림픽대회가 네덜란드 암스테르담에서 개최

1931
- 제3회 데플림픽대회가 독일 뉘른베르크에서 개최

1932
- 영국 외팔골프선수협회 창립

1935
- 제4회 데플림픽대회가 영국 런던에서 개최

1939
- George Stafford가 장애인스포츠 출간
- 제5회 데플림픽대회가 스웨덴 스톡홀름에서 개최

1944
- 구트만(Ludwig Guttmann) 박사가 스토크맨더빌병원 내에 척수손상센터 설립(영국, 에일즈버리)

1948
- 최초의 스토크맨더빌휠체어경기대회가 영국 에일즈버리에서 개최
- 런던올림픽대회에 참가한 헝가리 대표팀의 Karoly Takacs는 절단된 오른손 대신 왼손을 사용하여 속사권총에서 금메달을 획득

1949
- 제6회 데플림픽대회가 덴마크 코펜하겐에서 개최
- 최초의 동계데플림픽대회(동계국제농아인경기대회)가 오스트리아 시필드에서 개최

1952
- Liz Hartel(후천성 소아마비, 덴마크)이 올림픽대회에 출전하여 승마 부문 은메달 획득
- 최초의 국제스토크맨더빌휠체어경기대회가 영국 에일즈버리에서 개최
- ISMWSF(1960)의 전신인 국제스토크맨더빌경기연맹(ISMGF) 창립

1953
- 제7회 데플림픽대회가 벨기에 브뤼셀에서 개최
- 제2회 동계데플림픽대회가 노르웨이 오슬로에서 개최

1955
- 국제올림픽위원회(IOC)가 국제농아인스포츠위원회(ICSD) 공식승인

1956
- 스토크맨더빌경기대회가 국제올림픽위원회(IOC)로부터 Sir. Thomas Fearnley Cup을 수상

1957
- 제8회 데플림픽대회가 이탈리아 밀라노에서 개최
- 제3회 동계데플림픽대회가 독일 오버아머가우에서 개최

1959
- 제4회 동계데플림픽대회가 스위스 몬테나에서 개최

1960
- 국제스토크맨더빌휠체어경기연맹(ISMWSF) 창립
- 최초의 패럴림픽대회(제9회 국제스토크맨더빌경기대회)가 이탈리아 로마에서 개최

1961
- 제9회 데플림픽대회가 핀란드 헬싱키에서 개최

1963
- 제5회 동계데플림픽대회가 스웨덴 아레에서 개최

1964
- 국제장애인경기연맹(ISOD) 창립
- 제2회 패럴림픽대회가 일본 도쿄에서 개최
  - 'Paralympics'이라는 용어 최초로 사용

1965
- 제10회 데플림픽대회가 미국 워싱턴 D.C에서 개최

1967
- 제6회 동계데플림픽대회가 독일 베르히테스가덴에서 개최

1968
- 국제뇌성마비협회(ICPS) 창립
  – 프랑스에서 열린 제1회 국제뇌성마비인경기대회 지원
- Eunice Kennedy Shriver가 국제스페셜올림픽위원회 결성, 시카고에서 첫 대회 개최(제1회 스페셜올림픽 세계하계대회)
- 제3회 패럴림픽대회가 이스라엘 텔아비브에서 개최
- 국제농아인스포츠위원회(ICSD)가 농아인스포츠 발전에 대한 공로로 Olympic Cup 수상

1969
- 제11회 데플림픽대회가 유고슬라비아 베오그라드에서 개최

1970
- 제2회 스페셜올림픽 세계하계대회가 미국 시카고에서 개최

1971
- 제7회 동계데플림픽대회가 스위스 아델보덴에서 개최

1972
- 제4회 패럴림픽대회가 독일 하이델베르그에서 개최
  – 처음으로 사지마비인 경기가 포함
- 제3회 스페셜올림픽 세계하계대회가 미국 로스앤젤레스에서 개최

1973
- 제12회 데플림픽대회가 스웨덴 말뫼에서 개최

1974
- 극동 및 남태평양 장애인경기연맹(추후 FESPIC Federation으로 개편) 출범
- 제1회 국제휠체어마라톤경기가 미국 오하이오에서 개최

1975
- 최초의 휠체어농구 세계선수권대회/Gold Cup Tournament가 벨기에 브뤼헤에서 개최
- Bob Hall(후천성 소아마비)이 휠체어 선수로는 최초로 보스턴마라톤대회에 참가, 2시간 58분 만에 완주
- 제8회 동계데플림픽대회가 미국 레이크플래시드에서 개최
- 제4회 스페셜올림픽 세계하계대회가 미국 미시간에서 개최
- 제1회 아·태장애인경기대회(현 장애인아시아경기대회)가 일본 오이타에서 개최

1976
- 제5회 패럴림픽대회가 캐나다 토론토에서 개최
  - 최초로 시각장애인과 절단장애인 선수들 참가
- 최초의 동계패럴림픽대회가 스웨덴 외른셸스비크(Örnsköldsvik)에서 개최
- UNESCO 회의에서 장애인이 체육 수업과 스포츠에 참여할 수 있는 권리를 확립

1977
- 보스턴마라톤대회 여자 부문에 최초의 여성 휠체어선수 참가(3시간 48분 51초)
- 제13회 데플림픽대회가 루마니아 부쿠레슈티에서 개최
- 제1회 스페셜올림픽 세계동계대회가 미국 콜로라도에서 개최
- 제2회 아·태장애인경기대회(현 장애인아시아경기대회)가 호주 파라마타에서 개최

1978
- 국제뇌성마비스포츠레크리에이션협회(CPISRA) 창립

1979
- 제9회 동계데플림픽대회가 프랑스 메리벨에서 개최
- 제5회 스페셜올림픽 세계하계대회가 미국 뉴욕에서 개최

1980
- 제6회 패럴림픽대회가 네덜란드 아른험에서 개최
  - 최초로 보행 가능한 뇌성마비선수들이 출전
- 제2회 동계패럴림픽대회가 노르웨이 예일로(Geilo)에서 개최
- 미국 콜로라도 윈터파크(Winter Park)에서 열린 동계 스키선수권대회에서 좌식스키가 최초로 소개됨
- 보스턴마라톤대회에서 휠체어선수인 Curt Brinkman이 코스를 2시간 이내에 완주

1981
- UN이 세계장애인의 해 선포
- 국제시각장애인경기연맹(IBSA)이 파리에서 설립
- 제14회 데플림픽대회가 독일 쾰른에서 개최
- 제2회 스페셜올림픽 세계동계대회가 미국 버몬트에서 개최
- 국제올림픽위원회(IOC)에서 스페셜올림픽을 제외한 장애인경기대회에서의 '올림픽'이란 용어 사용 제한
- 오렌지 볼 마라톤과 함께 최초의 세계휠체어마라톤선수권대회 개최

1982
- 스위스의 레이진에서 세계장애인스포츠기구 국제조정위원회(ICC) 결성
  - 패럴림픽대회 통합을 목적으로 ISMWSF, ISOD, IBSA, CPISRA 참여
- 제3회 아·태장애인경기대회(현 장애인아시아경기대회)가 홍콩 샤틴에서 개최

- 최초의 특정 휠체어 종목만 열리는 국제대회 개최(스페인 세계양궁선수권대회, 영국 세계탁구선수권대회 등)

1983
- 제10회 동계데플림픽대회가 이탈리아 마돈나 디 캄피글리오에서 개최
- 제6회 스페셜올림픽 세계하계대회가 미국 로스앤젤레스에서 개최
- 프랑스에서 최초의 세계여자휠체어농구 토너먼트 개최

1984
- 제7회 패럴림픽대회가 미국과 영국에서 분리 개최
  - 미국 뉴욕 : 뇌성마비인, 절단 및 기타 장애인, 시각장애인 참가
  - 영국 에일즈버리 : 척수장애인 및 휠체어장애인 참가
- 제3회 동계패럴림픽대회가 오스트리아 인스브루크에서 개최
- 패럴림픽대회가 국제올림픽위원회(IOC)의 승인을 받음
- Neroli Fairhall(뉴질랜드)은 휠체어선수로서 최초로 올림픽 여자 양궁경기에 출전
- 올림픽대회에서 휠체어 경주가 최초로 시범경기 채택
- 동계올림픽대회에서 최초로 장애인스키 시범경기 실시
- 올림픽 과학위원회에서 장애인스포츠가 처음으로 주제로 채택됨

1985
- 제15회 데플림픽대회가 미국 로스앤젤레스에서 개최
- 제3회 스페셜올림픽 세계동계대회가 미국 유타, 파크 시티에서 개최

1986
- 국제지적장애인경기연맹(INAS-FMH)이 스페인에서 설립
- 세계장애인스포츠기구 국제조정위원회(ICC)에 국제농아인스포츠위원회(CISS)와 국제지적장애인경기연맹(INAS-FMH)이 참여
- 제4회 아·태장애인경기대회(현 장애인아시아경기대회)가 인도네시아 수라카르타에서 개최

1987
- 장애인스포츠의 새로운 체제(IPC) 확립을 위한 아른험세미나를 개최
- 제11회 동계데플림픽대회가 노르웨이 오슬로에서 개최
- 제7회 스페셜올림픽 세계하계대회가 미국 인디애나에서 개최

1988
- 캘거리 동계올림픽대회에서 남녀 시범경기 채택(3-트랙 알파인스키, 시각장애인 노르딕스키)
- 서울올림픽대회에서 휠체어 경주가 시범경기로 채택(남자 1500m, 여자 800m)
- 제8회 패럴림픽대회가 서울에서 개최
  - 올림픽대회와 동반 개최, 올림픽대회와 유사하게 치러짐

- 제4회 동계패럴림픽대회가 오스트리아 인스브루크에서 개최
- 국제올림픽위원회(IOC)가 공식적으로 스페셜올림픽을 승인하였고, 지적장애선수들을 대표하는 단체인 국제스페셜올림픽위원회(SOI)와의 협력체계를 구축

1989
- 국제패럴림픽위원회(IPC)가 독일 뒤셀도르프에서 설립
- Robert D. Steadward가 IPC 초대 위원장으로 선출
- 제16회 데플림픽대회가 뉴질랜드 크라이스트처치에서 개최
- 제4회 스페셜올림픽 세계동계대회가 미국 네바다 리노, 캘리포니아 레이크 타호에서 개최
- 제5회 아·태장애인경기대회(현 장애인아시아경기대회)가 일본 고베에서 개최

1991
- 제12회 동계데플림픽대회가 캐나다 밴프에서 개최
- 제8회 스페셜올림픽 세계하계대회가 미국 미네소타에서 개최

1992
- 국제패럴림픽위원회(IPC)가 모든 국제 장애인스포츠를 담당
  - 모든 장애선수를 대표하는 유일한 기구
  - 바르셀로나패럴림픽대회 이후, 패럴림픽대회 주관 기구가 ICC에서 IPC로 전환
- 하계올림픽대회에서 장애인 시범경기가 계속됨
- 제9회 패럴림픽대회가 스페인 바르셀로나에서 개최
  - 올림픽대회조직위원회와 패럴림픽대회조직위원회의 단일 구성
  - 기능적 분류체계의 도입
- 마드리드에서 지적장애인을 위한 패럴림픽대회 개최(70개국 참여)
- 제5회 동계패럴림픽대회가 프랑스 티니-알베르빌에서 개최
  - 동계올림픽대회 폐막 이후, 동일 경기장에서 동계패럴림픽대회가 개최

1993
- IPC 스포츠과학위원회 설립
- 제17회 데플림픽대회가 불가리아 소피아에서 개최
- 제5회 스페셜올림픽 세계동계대회가 오스트리아 잘츠부르크와 슐라드밍에서 개최

1994
- 국제지적장애인경기연맹의 영문 명칭이 INAS-FMH에서 INAS-FID로 변경
- 제6회 동계패럴림픽대회가 노르웨이 릴레함메르에서 개최
- 제6회 아·태장애인경기대회(현 장애인아시아경기대회)가 중국 베이징에서 개최

1995
- 국제농아인스포츠위원회(CISS)의 국제패럴림픽위원회(IPC) 탈퇴
- 제13회 동계데플림픽대회가 핀란드 일라스(Ylläs)에서 개최
- 제9회 스페셜올림픽 세계하계대회가 미국 코네티컷에서 개최

1996
- 제10회 패럴림픽대회가 미국 애틀랜타에서 개최

1997
- 제18회 데플림픽대회가 덴마크 코펜하겐에서 개최
- 제6회 스페셜올림픽 세계동계대회가 캐나다 토론토와 콜링우드에서 개최

1998
- 제7회 동계패럴림픽대회가 일본 나가노에서 개최
- 최초의 세계시각장애인선수권대회가 스페인 마드리드에서 개최

1999
- 국제패럴림픽위원회(IPC) 본부가 독일 본에 개소(IOC Smaranch 위원장 참석)
- 제14회 동계데플림픽대회가 스위스 다보스에서 개최
- 제10회 스페셜올림픽 세계하계대회가 미국 노스캐롤라이나 라레이에서 개최
- 제7회 아·태장애인경기대회(현 장애인아시아경기대회)가 태국 방콕에서 개최

2000
- IOC의 Smaranch 위원장과 IPC의 Robert D. Steadward 위원장이 공동협약서에 서명
- 제11회 패럴림픽대회가 호주 시드니에서 개최
  – 패럴림픽대회의 지적장애인 농구경기에서 부정선수(비장애인)가 출전한 사실이 드러나 지적장애인 경기의 정식 종목 채택이 유보됨.
- 미국의 Marla Runyan 선수가 시드니올림픽대회와 패럴림픽대회에 모두 출전

2001
- 국제농아인스포츠위원회의 영문 명칭이 CISS에서 ICSD로 변경
- 제19회 데플림픽대회가 이탈리아 로마에서 개최('데플림픽'이라는 용어를 처음 사용)
- 제7회 스페셜올림픽 세계동계대회가 미국 알래스카에서 개최
- 장애인선수 출신인 Phill Craven가 IPC의 2대 위원장으로 선출
- 시드니패럴림픽대회 부정선수사건으로 인해 국제지적장애인스포츠연맹(INAS_FID)의 IPC회원자격이 일시 정지됨.

2002
- 제8회 동계패럴림픽대회가 미국 솔트레이크시티에서 개최
  - INAS-FID 참가금지 조치로 인해 지적장애선수들 패럴림픽 불참
- 영연방경기대회에 장애인경기가 정식종목으로 채택(5개 종목에 20개국 160명이 참가)
- 제8회 아·태장애인경기대회(현 장애인아시아경기대회)가 부산에서 개최

2003
- ISMWSF와 ISOD의 통합조직인 국제휠체어·절단장애인경기연맹(IWAS) 창립
- IPC위원장인 Phil Craven이 프라하에서 열린 IOC 115차 총회에서 새로운 IOC의 위원으로 임명됨
- IPC는 World Anti-Doping Code를 승인하였고 World Anti-Doping Code와 WADA의 기준에 맞춰 IPC Anti-Doping Code를 개정함
- 제15회 동계데플림픽대회가 스웨덴 순스발에서 개최
- 제11회 스페셜올림픽 세계하계대회가 아일랜드 더블린에서 개최
- IPC에서 국제패럴림픽의 날을 제정
- 국제육상경기연맹(IAAF)이 2003년 세계육상선수권대회에 IPC전시종목 포함

2004
- 제12회 패럴림픽대회가 그리스 아테네에서 개최

2005
- 제20회 데플림픽대회가 호주 멜버른에서 개최
- 제8회 스페셜올림픽 세계동계대회가 일본 나가노에서 개최

2006
- 제9회 동계패럴림픽대회가 이탈리아 토리노에서 개최
  - IPC와 IOC의 협약으로 참가비 면제
- 제9회 아·태장애인경기대회(현 장애인아시아경기대회)가 말레이시아 쿠알라룸푸르에서 개최
- 아시아패럴림픽위원회(Asia Paralympic Committee; APC) 출범
  - 아태장애인경기연맹(FESPIC Federation)과 APC(Asia Paralympic Council)와의 통합
  - 장애인아시아경기대회는 기존의 아·태장애인경기대회의 대회 횟수를 승계

2007
- 제16회 동계데플림픽대회가 미국 솔트레이크에서 개최
- 제12회 스페셜올림픽 세계하계대회가 중국 상하이에서 개최

2008
- 제13회 패럴림픽대회가 중국 베이징에서 개최
  - IOC와 IPC의 협약에 의해 올림픽/패럴림픽 통합조직위원회에 의해 개최
  - 지적장애인 경기가 시범종목으로 참여

2009
- 제21회 데플림픽대회가 대만 타이베이에서 개최
- 제9회 스페셜올림픽 세계동계대회가 미국 아이다호 보이시에서 개최

2010
- 국제지적장애인경기연맹의 영문 명칭이 INAS-FID에서 INAS로 변경
- 제10회 동계패럴림픽대회가 캐나다 밴쿠버에서 개최
- 제10회 장애인아시아경기대회가 중국 광저우에서 개최
  - 아시아패럴림픽위원회(APC)가 주최하는 첫 지역대회

2011
- 제17회 동계데플림픽대회 개최 취소
- 제13회 스페셜올림픽 세계하계대회가 그리스 아테네에서 개최

2012
- 제14회 패럴림픽대회가 영국 런던에서 개최
  - 지적장애인 경기가 육상, 수영, 탁구 3개의 종목에 한하여 정식 종목으로 채택

2013
- 제22회 데플림픽대회가 불가리아 소피아에서 개최
- 제10회 스페셜올림픽 세계동계대회가 평창에서 개최

2014
- 제11회 동계패럴림픽대회가 러시아 소치에서 개최
- 제11회 장애인아시아경기대회가 인천에서 개최

2015
- 제18회 동계데플림픽대회가 러시아 한티만시스크에서 개최
- 제14회 스페셜올림픽 세계하계대회 미국 로스앤젤레스에서 개최

2016
- 제15회 패럴림픽대회가 브라질 리우에서 개최

2017
- 제23회 데플림픽대회가 터키 삼순에서 개최
- 제11회 스페셜올림픽 세계동계대회가 오스트리아에서 개최
- Andrew Parsons가 IPC의 3대 위원장으로 선출

2018
- 제12회 동계패럴림픽대회가 평창에서 개최
- 제12회 장애인아시아경기대회가 인도네시아 자카르타와 팔렘방에서 개최

국내 장애인스포츠 연혁

1965
- 국제스토크맨더빌휠체어경기대회에 최초로 상이군경 선수(탁구, 역도) 3명 참가

1967
- 최초의 전국상이군경체육대회 개최

1968
- 텔아비브에서 열린 패럴림픽대회에 우리나라 선수단이 최초로 참가

1972
- 제4회 하이델베르크패럴림픽대회에서 패럴림픽 첫 메달 획득(금메달 4개, 은메달 2개, 동메달 1개)

1975
- 국내 최초의 소아마비 청소년체육관(현 정립회관) 준공 및 수영대회 개최
- 제1회 단국대학교 총장기쟁탈 전국특수학교체육대회 개최(전국지적장애학생 참가)

1977
- 전국지체부자유청소년체육대회 개최
- 전국장애인사격선수권대회가 정립회관에서 개최
- 호주 파라마타에서 개최된 아·태장애인경기대회(현 장애인아시아경기대회)에 우리나라 선수단이 최초로 참가
- 지적장애인을 위한 스페셜올림픽이 국내에 최초로 소개

1978
- 한국스페셜올림픽위원회 설립
- 최초로 스페셜올림픽 세계대회에 우리나라 선수가 출전

1980
- 전국장애인양궁선수권대회가 정립회관에서 개최

1981
- UN 세계장애인의 해를 기념하기 위한 제1회 전국장애인체육대회 개최(한국장애인재활협회 주최)
- 최초의 종합장애인복지법률인 심신장애자복지법(현 장애인복지법) 제정

1982
- 최초의 전국농아인축구대회 개최
- 제2회 전국장애인체육대회 개최(한국장애인재활협회, 문화방송 공동 주최)
- 국제뇌성마비경기대회(육상) 참가

1984
- 서울패럴림픽대회조직위원회 설립
- 뉴욕에서 열린 패럴림픽대회에 상이군경을 제외한 장애인선수 최초로 참가
- 제1회 아·태농아축구선수권대회 참가
- 국제농아인스포츠위원회(ICSD) 회원국 가입

1985
- 패럴림픽대회 준비의 일환으로 제5회 전국장애인체육대회 개최(서울패럴림픽대회조직위원회 주최)
- 미국 로스앤젤레스에서 개최된 데플림픽대회에 우리나라 선수단 최초로 참가
- 한국스페셜올림픽위원회를 재편하여 전국규모로 확대

1986
- 제4회 인도네시아 수라카르타 아·태장애인경기대회(현 장애인아시아경기대회)에 최초로 전 유형의 장애인선수 참가

1988
- 제8회 패럴림픽대회가 서울에서 개최
- 서울패럴림픽대회로 인해 전국장애인체육대회 미개최

1989
- 심신장애자복지법이 장애인복지법으로 전부개정
- 한국장애인복지체육회 설립
- 제9회 전국장애인체육대회 개최(한국장애인복지체육회 주최)
- 제5회 고베 아·태장애인경기대회부터 한국장애인복지체육회가 주관하여 참가
- 패럴림픽대회 및 데플림픽대회 입상선수를 대상으로 한 '우수선수연금'제도 실시

1990
- 최초로 장애인세계선수권대회(네덜란드 아센)에 우리나라 선수단 참가
- 한국특수체육학회 설립

1992
- 프랑스 티니에서 개최된 동계패럴림픽대회에 우리나라 선수단 최초로 참가
- 아시아·태평양농아인체육대회가 한국에서 개최

1996
- 아시아특수체육학회 대한민국에서 개최
- 서울에서 개최된 아·태장애인경기연맹 집행위원회에서 제8회 아·태장애인경기대회의 부산개최가 만장일치로 의결

1997
- 코펜하겐 데플림픽대회에서 첫 메달 획득(동메달 2개)

1999
- 한국장애인복지체육회가 한국장애인복지진흥회로 개편

2000
- 제20회 전국장애인체육대회 개최(첫 순회개최 대회, 인천)
- 한국장애인복지체육회가 장애인복지법 개정에 따라 한국장애인복지진흥회로 명칭 및 기능 전환

2002
- 제8회 아·태장애인경기대회 부산에서 개최
- 최초로 세계선수권대회(사격) 국내(경기도 화성) 유치 개최
- 솔트레이크시티 동계패럴림픽대회에서 우리나라 최초의 동계대회 메달 획득(은메달 1개)

2003
- 세계특수체육학회 학술대회 서울에서 개최

2004
- 제1회 전국동계장애인체육대회 개최

2005
- 국회에서 국민체육진흥법 개정안 통과
- 대한장애인체육회 및 대한장애인올림픽위원회 설립
- 일본 나가노에서 열린 스페셜올림픽 세계동계대회에 우리나라 선수단 최초 참가

2006
- 대한장애인체육회 내에 대한패럴림픽위원회(KPC) 설립
- 시·도 장애인체육회 설립(2008년 기준, 16개 지부)
- 제26회 전국장애인체육대회 실시(대한장애인체육회 첫 주최)

2007
- 장애인차별금지 및 권리구제 등에 관한 법률 제정, 제25조에 '체육활동의 차별금지' 명시

2008
- 제2회 전국장애학생체육대회 개최(대한장애인체육회 주관 전국장애학생체육대회)

2009
- 대한장애인체육회 이천훈련원 개관

2013
- 제9회 스페셜올림픽 세계동계대회가 평창에서 개최

2014
- 세종특별자치시장애인체육회 설립(17개 시·도지부로 확대)
- 제34회 전국장애인체육대회 개최(첫 순회도시인 인천에서 개최)

2015
- 러시아 한티만시스크에서 개최된 동계데플림픽대회에 우리나라 선수단 최초로 참가
- 제35회 전국장애인체육대회 개최(처음으로 전국체육대회와 동년동소에서 개최)
- 2015 세계시각장애인챔피언십대회가 서울에서 개최
- 장애인체육지도사 검정제도(국가공인 자격제도) 시행
- 국내지적장애인스포츠 통합조직인 스페셜올림픽코리아 출범
  – 한국스페셜올림픽위원회와 대한지적장애스포츠협회의 통합
- 제1회 휠체어농구리그 개최(아시아 최초)

2016
- 아시아특수체육학회가 대구에서 개최

2017
- 세계특수체육학회 학술대회가 대구에서 개최

2018
- 동계올림픽대회 및 패럴림픽대회가 평창에서 개최

참고문헌

1부

대한농아인체육연맹(2017). http://www.kdsf.or.kr.

대한장애인체육회(2017a). **경기종목 소개**. Retrieved from http://kosad.or.kr.

대한장애인체육회(2017b). **이천훈련원 현황**. Retrieved from http://kosad.or.kr.

대한장애인체육회(2017c). **가맹단체 현황**. Retrieved from http://kosad.or.kr.

세계보건기구(1980). **ICIDH**: International classification of impairment, disability, handicap.

세계보건기구(2001). **International classification of functioning, disability and health**. Geneva: Author. www3.who.int/icf/icftemplate.cfm.

스페셜올림픽코리아(2017). http://social.sokorea.or.kr.

장애인복지법 시행규칙, 보건복지부령 제278호. 2014. 12. 14. http://www.law.go.kr.

한국시각장애인스포츠연맹(2017). http://kbsa.kosad.kr.

대한민국상이군경체육회(2017). http://kdvsc.or.kr.

e영상역사관(2017a). **김영삼 대통령 부인 손명순 여사 제30회 상이군경체육대회 개회식 참석**. Retrieved from http://www.ehistory.go.kr.

e영상역사관(2017b). **진의종 국무총리 서울 장애인올림픽대회 조직위원회 현판식 참석**. Retrieved from http://www.ehistory.go.kr.

e영상역사관(2017c). **제8회 서울장애인올림픽대회 개막식 공개 행사**. Retrieved from http://ehistory.go.kr/page/view/photo.jsp?photo_PhotoID=11890&photo_PhotoSrcGBN=PT.

Asian Paralympic Committee(2017). *About Asian Paralympic Committee*. Retrieved from https://www.asianparalympic.org.

ComitéInternational des Sports des Sourds(2017). *About the ICSD*. Retrieved from http://www.deaflympics.com/.

DePauw, K.P. 2001c. The Paralympic movement: Past, present & future. *ICHPERSD Journal 3*, 43-47.

Guttmann(1971), July 16. Sport for the disabled. *Times Educational Supplement*, 31-32.

Guttmann(1976). *Textbook of Sport for the Disabled*. HM+M Publishers.

International Blind Sports Association(2017). http://www.inas.org.

International Paralympic Committee(2017a). *History of the Movement*. Retrieved from https://www.paralympic.org.

International Paralympic Committee(2017c). *IPC Management team*. Retrieved from https://www.paralympic.org.

International Sports for para athletes with an intellectual disability(2017). *Our Vision*. Retrieved from http://www.inas.org.

International Wheelchair and Amputee Federation(2017). About IWAS. Retrieved from http://www.iwasf.com.

Karwas, M.R., and DePauw, K.P. 1990. Parallels between the women's and disabled sport movements. Abstracts of research papers, 1990 AAHPERD convention. Reston, VA: American Alliance for Health, Physical Education, Recreation and Dance.

Mastro, J.V., Sherrill, C., Gench, B., and French, R. 1987. Psychological characteristics of elite visually impaired athletes: The iceberg profile. Journal of Sport Behavior 10, 39-46.

Special Olympics International(2017). Our Mission. Retrieved from http://www.specialolympics.org/.

2부

대한장애인체육회(2017). **대회정보**. Retrieved from http://www.kosad.or.kr

대한장애인체육회(2013). **2013 소피아 농아인올림픽 실태조사**. 서울:대한장애인체육회

대한장애인체육회(2015). **대한장애인체육회 10년사**. 서울:대한장애인체육회

스페셜올림픽코리아(2016). **스페셜올림픽 통합스포츠 농구지도법 매뉴얼**. 서울:스페셜올림픽코리아

한국민족문화대백과(2017). http://terms.naver.com/entry.nhn?docId=794982&cid=46667&categoryId=46667

한국장애인개발원(2017). **제8회부산아태장애인경기대회한국대표선수단훈련및참가계획**. http://www.koddi.or.kr

한국학진흥연구원(2017). **서울장애인올림픽대회**. http://waks.aks.ac.kr

한민규(2012). **장애인스포츠론**. 서울:한림문화사.

Asian Paralmpic Committee(2017). *APC*. Bonn: https://www.asianparalympic.org

International Committee of Sports for the Deaf(2017). *ICSD*. Bonn: http://www.deaflympics.com

International Paralympic Committee(2017a). *The IPC*. Bonn: https://www.paralympic.org

International Paralympic Committee(2017b). *Paralympic Games*. Bonn: https://www.paralympic.org

International Wheelchair & Amputee Sports Federation(2017). *IWAS*. http://www.iwasf.com

Commonwealth Games Federation(2017). *Commonwealth Games*. Bonn: https://www.thecgf.com

Rothfield, J., & Adams, J. (2014). *Great Australian sports rorts: From dodgy dogs to nobbled nags*. Melbourne: Hardie Grant.

Special Olympic International(2017). *Sports and Games*. Bonn: http://www.specialolympics.org.

국가기록원(2017. 2. 21). **제1회 전국장애인체육대회 개최**. Retrieved from http://theme.archives.go.kr/next/daily/viewMain.do?selectDay=20151002

국가보훈처(2017. 3. 20). **전국상이군경체육대회**. Retrieved from http://www.mpva.go.kr/news/news120_view.asp?id=1499&ipp=9

대한농아인체육연맹(2017). **역대대회 개최현황**. Retrieved from http:// www.kdsf.or.kr

대한장애인체육회(2015). **대한장애인체육회 10년사**. 서울: 대한장애인체육회.

제10회 전국장애학생체육대회(2017). **전국장애학생체육대회 종목현황**. Retrieved from http://10thyouth.koreanpc.kr

3부

대한장애인럭비협회(2015). **국제휠체어럭비연맹 IWRF등급분류 매뉴얼**. 서울: 대한장애인럭비협회.

대한장애인보치아연맹(2017. 3. 27). **경기규정**. Retrieved from http://k-boccia.kosad.kr/?menuIdx=182&bbsidx=19

대한장애인사격연맹(2017. 3. 27). **장애등급**. Retrieved from http://ksfd.kosad.kr/event/level.asp

대한장애인사격연맹(2017. 3. 27). **장애등급별 사격종목**. Retrieved from http:// ksfd.kosad.kr/event/level_event.asp

대한장애인올림픽위원회(2008). **한국 장애인 체육의 등급분류제도 정착을 위한 기본 연구**. 서울: 대한장애인올림픽위원회.

대한장애인육상연맹(2017). **등급분류**. Retrieved from http://kafd.kosad.kr/GameIntro/gameintro01.aspx

대한장애인탁구협회(2017. 3. 27). **등급분류**. Retrieved from http://tt.kosad.or.kr /GameInfo/GClass2.aspx?tabno=4

서울장애자올림픽조직위원회(1987). **의무분류규정집**. 서울: 서울장애자올림픽조직위원회.

Gorton, B., & Gavron, S. J. (1987). A Biomechanical Analysis of the Running Pattern of Blind Athletes in 100-m dash. *Adapted Physical Activity Quarterly*, 4, 192-203.

Higgs, C., Babstock, P., Buck, J., Parsons, C. & Brewer, J. (1990). Wheelchair classfication for track and field events: a performance approach. *Adapted Physical Activity Quarterly*, 7(1), 22-40.

International Federation for Intellectual Disability Sport(2017). Athlete Eligibility. Retrieved from http://www.inas.org

International Paralympic Committee(2009). *IPC Athletics Classification Manual for Physical Impairments: Final Report-Stage 1*. Bonn: International Paralympic Committee.

International Paralympic Committee(2015). *Explanatory guide to Paralympic classification*. Bonn: International Paralympic Committee.

International Paralympic Committee(2017). Classification Introduction. Retrieved from https://www.paralympic.org

Sherrill, C. (1993). *Adapted Physical activity, recreation, and sport: Crossdisciplinary and lifespan(4th ed.)*. Dubuque, IA: Brawn & Benchmark.

Special Olympics(2017). Dicisioning. Retrieved from http://resources.specialolympics.
　　org

부록

대한장애인체육회(2015). **대한장애인체육회 10년사**. 서울 : 대한미디어.
문화체육관광부(2015). **체육백서**.
최승권, 강유석, 김권일, 노형규, 박병도, 양한나, 오광진, 이용호, 이재원, 정이루리, 한동기
　　(2015). **특수체육론**. 서울 : 레인보우북스
한민규(2012). **장애인스포츠론**. 서울 : 한림문화사.
http://www.inas.org/about-us/who-we-are-2/history-of-inas
DePauw, K. P., & Gavron, S. J. (2005). Disability sport. Human Kinetics.
http://www.kdsf.or.kr/physical/network03.php

저자소개

한 민 규

학력
- 국민대학교 체육교육과 졸업
- 국민대학교 대학원 체육학석사
- 한국체육대학교 대학원 이학박사

수상경력
- 대한민국체육상(특수체육분야)
- 체육훈장 기린장, 체육포장, 대통령 표창

경력

현
- 한국체육대학교 특수체육교육과 교수
- 스페셜올림픽코리아 정책기획위원장

전
- 국제패럴림픽위원회(IPC) 스포츠협의회 위원(아시아지역 대표)
- 아시아패럴림픽위원회(APC) 부위원장/집행위원/기술위원장
- 인천장애인아시아경기대회조직위원회 집행위원
- 부산아·태장애인경기대회조직위원회 경기본부장
- 서울패럴림픽대회조직위원회 경기담당관/경기운영부장
- 대한장애인체육회 이사/감사/정책기획위원장/국제관계특별위원장